Konfiguration des Menschen

Ellen Kuhlmann · Regine Kollek (Hrsg.)

Konfiguration des Menschen

Biowissenschaften als Arena
der Geschlechterpolitik

Springer Fachmedien Wiesbaden GmbH 2002

In Kooperation mit Umdenken – Politisches Bildungswerk der Heinrich-Böll-Stiftung Hamburg e.V.

Gedruckt auf säurefreiem und alterungsbeständigem Papier.

Die Deutsche Bibliothek – CIP-Einheitsaufnahme
Ein Titeldatensatz für die Publikation ist bei
Der Deutschen Bibliothek erhältlich

ISBN 978-3-663-10513-8   ISBN 978-3-663-10512-1 (eBook)
DOI 10.1007/978-3-663-10512-1

© 2002 Springer Fachmedien Wiesbaden
Ursprünglich erschienen bei Leske + Budrich, Opladen 2002

Satz: Springer Fachmedien Wiesbaden GmbH

Inhalt

Kapitel III
Materialität, Differenz, Subjekt – feministische Konzepte

Konfiguration des Menschen – Entwicklungen in den Biowissenschaften und feministische Theorien

Ellen Kuhlmann und Regine Kollek

Die Allianzen zwischen Biotechnologien, Biowissenschaften und Medizin ermöglichen Eingriffe in und Zugriffe auf den Körper von bisher nicht gekannter Tragweite. Der Körper avanciert zum Gestaltungsfeld, modelliert nach den Anforderungen der Gesellschaft. Auf diesem Feld versammeln sich die verschiedensten Akteure mit unterschiedlichen Interessen. So werden an die forcierte Biotechnologieentwicklung marktwirtschaftliche Interessen, gesundheitspolitische Ziele und soziale Erwartungen geknüpft. Ebenso werden individuelle Hoffnungen auf ein ‚besseres‘ Leben geschürt, in dem Krankheiten, Leid und Behinderungen überwunden und Autonomie und Selbstbestimmung verwirklicht sind.

Gemeinsam sind diesen Entwicklungen Vorstellungen einer weit reichenden Gestaltbarkeit und Transformierbarkeit von Körpern. Grenzen innerhalb und zwischen Körpern stehen zur Disposition. Der Möglichkeitsraum scheint frei von sozialen Zwängen und leiblich-sinnlichen Erfahrungen zu sein. Das autonome Subjekt wird als Konstrukteur seiner selbst und zukünftiger Generationen generiert. Angeleitet durch die Experten aus Biotechnologie und Medizin soll die soziale ‚Passfähigkeit‘ der Individuen nunmehr nicht nur über Sozialisationserfahrungen und kulturelle Normierungen hergestellt, sondern unmittelbar in den Körpern selbst erzeugt werden.

Die ‚Produktion neuer Menschen‘, für die sich die Biowissenschaften rüsten, erzeugt so grundlegend neue Fragen und Ungewissheiten, die angemessener Antworten noch harren. Wir schlagen vor, diese Fragen nicht nur ausgehend von den ‚Effekten‘ der Biowissenschaften her aufzurollen, sondern die Konzeptualisierungen des Körpers selbst zu betrachten. Welche Konsequenzen hat das biowissenschaftliche Modell eines ‚Körpers ohne Kontext‘? Welche alternativen Körperkonzepte stehen zur Verfügung? Welche Erklärungsangebote bieten diese für die aufgeworfenen Fragen?

Die feministische Theoriedebatte und die Geschlechterforschung in unterschiedlichen Disziplinen beinhalten Anknüpfungspunkte für die in den Biowissenschaften verhandelten Problematiken. Auch hier nimmt die Frage der Materialität des Körpers eine exponierte Stellung ein. Auch hier geht es um Transformationen, Flexibilität und Auflösung von Grenzen. Tradierte

Gewissheiten über die Beschaffenheit von Körpern und Geschlechtern stehen auf dem Prüfstand. Die Vorschläge und theoretische Konzepte sind in vielen Punkten heterogen und kontrovers. Gemeinsam ist ihnen jedoch der Versuch, Hierarchien und vorgeblich natürliche Differenzen zu überwinden, die zur fortwährenden Herausbildung und Legitimation von Ungleichheiten und zur Abwertung von Frauen und ‚Anderen' beitragen. Die Erklärungsangebote für die Entwicklungen in den Biowissenschaften auszuloten ist das Anliegen dieses Sammelbandes.

Wir vermuten neue Einsichten, wenn nicht nur die ‚Effekte' der Technologien zur Debatte stehen, sondern die spezifischen Körperkonzepte als die tiefer liegenden Erzeugungsstrukturen in den Blick genommen werden. Wir vermuten auch, dass diese wechselseitige Konfrontation zwischen Theorieangeboten und Prozessen in einem exponierten gesellschaftlichen Bereich wie den Biowissenschaften gleichermaßen für die politisch-praktische Bewertung dieser Entwicklungen sowie für die reflexive Weiterentwicklung der Theorien fruchtbar sein kann. Die in diesem Band versammelten Beiträge bieten einen Einblick in die Vielschichtigkeit der Problemlagen ebenso wie in die Komplexität der Herausforderungen, die die Entwicklungen in den Biowissenschaften erzeugen. Die multidisziplinäre feministische Betrachtung setzt neue Akzente in einer Debatte, in der bisher ‚geschlechtsblinde' Akteure weitgehend synchronisiert den Ton angeben und komplexe Fragen in biotechnologisch-statistische Denkschablonen gepresst werden.

1. *Gender matters* – Ergebnisse und Konzepte der Geschlechterforschung

Donna Haraway hebt auf Simone de Beauvoirs berühmte Aussage anspielend hervor, wir würden nicht als Organismus geboren: „Organismen werden gemacht; sie sind weltverändernde Konstrukte" (1995: 170). Diese Konstruktionen erfolgen in sozialen Kontexten, die von spezifischen Ungleichheiten und Asymmetrien geprägt sind – darunter auch die Geschlechterverhältnisse. Die feministische Naturwissenschaftsforschung zeigt, dass die Geschlechterordnung als strukturierende Axis unmittelbar in die Forschungsfragen und die Interpretation empirischer Ergebnisse eingezogen ist (vgl. z.B. Birke/Hubbard 1995; Fausto-Sterling 2000; Keller 1995). Sie hat die Regeln und Deutungsmuster entschlüsselt und macht sie so der kritischen Reflexion zugänglich. Diese Regeln werden in unterschiedlichen Forschungsfeldern immer wieder (re-)produziert, obschon selbst innerhalb des fachwissenschaftlichen Rahmens oftmals andere Erklärungen zur Verfügung stehen.

Anne Fausto-Sterling (1992) und Tekla Reimers (1994) zeigen beispielsweise für die Bestimmung der Geschlechterdifferenz in der Biologie, dass die empirischen Befunde auf mehr als nur zwei Geschlechterkategorien hinweisen, aber dennoch innerhalb eines zweigeschlechtlichen Ordnungssystems interpretiert werden. Ruth Hubbard (2001) demonstriert in ihren Arbeiten eindrucksvoll die Widerständigkeit dieses Strukturierungssystem gegen empirische Belege und seine Dominanz in ganz unterschiedlichen, auch scheinbar völlig geschlechtsneutralen Bereichen wie der Genetik (vgl. Spanier 1995).

Das mechanistisch-hierarchische Körpermodell und das reduktionistische Menschenbild der Biowissenschaften werden nicht erst seit den Zeiten der Genomforschung kritisch diskutiert. Im Zentrum standen und stehen dabei die Reproduktionstechnologien (vgl. z.B. Pichlhofer 1999), die von Beginn an auch innerhalb der feministischen Debatte anhaltende Kontroversen auslösten. Die Problematik ist also nicht völlig neu, sie wird jedoch durch die aktuellen Entwicklungen – insbesondere durch das Zusammenwirken von Humangenetik und Reproduktionstechnologien – und die fortschreitende Entkoppelung komplexer Körpervorgänge nochmals verschärft und um neue Dimensionen erweitert.

Die Ergebnisse der feministischen Naturwissenschaftsforschung bieten wichtige Anknüpfungspunkte, um Fragen wie die folgenden zu klären: Wie wird Geschlecht – und andere Differenzen – in diesen Prozessen konstruiert? Wie und unter welchen Bedingungen werden diese naturalisierten Differenzen für die Konstruktion von Hierarchien genutzt? Welche Vorschläge zur Konzeptualisierung von Körper, Subjekt und Autonomie stehen zur Verfügung, die ohne den Rückgriff auf fixierte naturalisierte Kategorien und ohne die Hierarchisierung von Differenzen auskommen?

Die kritische Reflexion von Körperkonzepten und naturalisierten Deutungen von (Geschlechter-)Differenzen erfolgen gegenwärtig in unterschiedlichen Disziplinen und mit unterschiedlichen theoretischen Bezugspunkten. Regina Becker-Schmidt (in diesem Band) weist anknüpfend an die Kritische Theorie auf die Einsichten hin, welche die feministische Debatte um Gleichheit und Differenz für eine grundlegende Kritik an identitätslogischen Denkmustern auch in anderen Kontexten, wie zum Beispiel der Gentechnologie, bieten kann. Sie fragt nach den Mechanismen, mit deren Hilfe ‚identifizierendes Denken Differenzen unterdrückt‘. Um die Anerkennung von Differenzen und die Kritik an universalen Normen und verborgenen Machtstrukturen geht es auch in der feministischen Bioethik (vgl. die Beiträge in Donchin/ Purdy 1999). Susan Wolf analysiert die tiefer liegende Struktur der gegenwärtig in der Bioethik favorisierten Konzepte aus philosophischer Perspektive. Sie kritisiert insbesondere die Negierung der sozialen Kontexte, die Marginalisierung von Gruppeninteressen und konkreten empirischen Fällen sowie die fehlende Reflexion von Machtverhältnissen (1996: 5).

Die unter dem Label ‚postmodern‘ oder ‚poststrukturalistisch‘ gefassten Ansätze weisen die Vorstellung eines unveränderlichen biologischen Körpers und die humanistische Konstruktion eines autonomen Subjektes entschieden zurück und entwerfen Vorschläge zur Dekonstruktion. Auf der theoretischen Ebene spiegeln sich gewissermaßen die in den Biowissenschaften generierten Ungewissheiten über den Körper und die Versuche seiner Modellierung. Obschon aus gänzlich unterschiedlichen Perspektiven und mit disparaten Ergeb-

nissen betrachtet, wird der Körper in postmodernen Theorien wie in den Biowissenschaften zu einer relevanten Unsicherheitszone und zu einem Austragungsort neuer Konzeptionen.

Mehrere AutorInnen greifen dabei auf Foucaults Ansatz zurück, der mo-
derne Formen der Macht nicht als repressiv, sondern als produktiv und die
Biowissenschaften als zentrales Feld dieser Machtkonstruktionen betrachtet.
Margrit Shildrick und Janet Price heben hervor,

> „the discursive power of medicine does not simply direct choice among alternati-
> ve models of the body (...) it actively and continuously constructs the body. (...) In
> any case, to forefront the notion of the body as sexed is not just another conside-
> ration to be taken into account, but a factor that changes everything" (1999: 8f.).

Veränderungen des Körpers, wie sie zum Beispiel durch die Reproduktionstechnologien erfolgen, „cannot operate in material isolation, but must neces-
sarily entail a reconstruction of the self" (Shildrick 1997: 181).

Wie die Zusammenhänge zwischen sozialen Konstruktions- und Konsti-
tutionsprozessen und einer wie immer ausformulierten Materialität des Körpers zu denken und zu gestalten wären, diese Frage avancierte zum ‚Grund-
satzstreit‘ – nicht nur – in der feministischen Debatte und brachte mittlerweile
auch im deutschen Sprachraum eine facettenreiche Diskussion hervor. Die
Heftigkeit, mit der insbesondere die Kontroversen um die Arbeiten Judith
Butlers (1990, 1993) ausgetragen werden, verweist darauf, dass die Frage der
Materialität des Körpers einen neuralgischen Knoten feministischer Theoriebildung tangiert (vgl. Kuhlmann/Babitsch 2000).

2. Konstrukteure, ‚Agenten‘, die Biologie und das Soziale

Ein Verdienst der verschiedenen (de-)konstruktivistischen Ansätze ist es, die
vermeintlichen Gewissheiten über den Körper einer radikalen Kritik zu unterziehen und den kontingenten, konstruierten Charakter naturalisierter Kategorien sichtbar zu machen. Aus unterschiedlichen Perspektiven und mit einer
durchaus kontroversen Bewertung der Geschlechterdifferenz wird der Körper
als flexibel und gestaltend – als ‚Agent‘ (Haraway) – gedacht, wie die Vorschläge von Donna Haraway (1997), Elisabeth Grosz (1994) und anderen de-
monstrieren. Fraglich bleibt allerdings, ob die (De-)Konstruktionen allein bereits eine angemessene Antwort auf die Wandlungsprozesse in den Biowissenschaften bieten können und welche Hinweise sich hieraus auf Gestaltungsoptionen ergeben.

Regina Becker-Schmidt hat mehrfach davor gewarnt, von den Möglichkeiten der Dekonstruktion von Ordnungsmustern auf Veränderungen sozialer
Beziehungen zu schließen:

> „Die Phänomene der Zweigeschlechtlichkeit sind strukturell in den gesellschaftli-
> chen Verhältnissen verankert. Dieses Spannungsverhältnis von ‚Geschlecht‘ als

sozialem Verhalten (doing gender, making the difference) und ‚Genus' als einem
Produkt historischer Entwicklung, als einem Bestandteil gesellschaftlicher Objektivität, verweist uns in unseren frauenpolitischen Strategien auf die Betrachtung von Geschichte und Lebensgeschichte sowie auf die gesellschaftlichen Bedingungen, unter denen sich die sozialen Beziehungen zwischen den Frauen und
Männern formieren" (1993: 44; vgl. Knapp 1998).

Mit Blick auf die neuen Technologien hebt auch Anne Balsamo, obschon mit
anderem Akzent als Becker-Schmidt, die sozialen Dimensionen hervor und
fragt, „how to empower technological agents so that they work on behalf of
the right kind of social change" (1996: 156; vgl. Lykke/Braidotti 1996).

Offen bleibt darüber hinaus auch die Frage nach dem Zusammenspiel
zwischen Konstruktionsprozessen und leiblich-sinnlichen Erfahrungen der Individuen. Weder sind Frauen nur ‚Opfer' oder ‚Objekte' der Angebote der
Medizin, noch ist der Körper eine bloße Einschreibfläche für die Diskurse der
Biowissenschaften (vgl. Martin 1994; Davis 1997). Diese Zusammenhänge
zwischen Konstruktionsprozessen der Biowissenschaften und individuellen
Wahrnehmungen könnten sich als wichtige Dimensionen für ein tiefer gehen-
des Verständnis der Prozesse und Motive erweisen, „die so viele Menschen
der Faszination der neuen Möglichkeiten erliegen lassen und die über die individuellen Interessen hinaus den Motor für die Verdinglichung menschlichen
Lebens bilden" (Kollek 1998: 56).

Betrachten wir die Entwicklungen in der biowissenschaftlichen Forschung,
so zeichnen sich Dynamiken im sozialen Feld ab, die zu Grenzverschiebungen auf unterschiedlichen Ebenen führen. Kategorien wie selbst/fremd,
gesund/krank, abweichend/normal verschieben sich bis hin zu einem relativen
Bedeutungsverlust eines Pols. Folgt man den Thesen Donna Haraways, so
bieten Grenzverwischungen oder -auflösungen eine Chance, den naturalisierten Diskursen ein Stück weit den legitimatorischen Boden zu entziehen. Entgrenzungen könnten zu einer Dekonstruktion des Geschlechterdualismus und
zur Überwindung von Hierarchien führen.

Diese Möglichkeiten werden allerdings von anderen Autorinnen wesentlich skeptischer eingeschätzt. Es scheint uns hier kein Zufall zu sein, dass diese Frage aufgrund historischer Erfahrungen gerade in der deutschen Debatte
eine herausragende Bedeutung einnimmt. Zugespitzt läuft die Kontroverse
darauf hinaus, ob tatsächlich alle Grenzen verhandelbar sein sollen (vgl.
Braun 2000). Darüber hinaus wäre noch genauer zu klären, *welche* Grenzen in
den Biowissenschaften gegenwärtig zur Disposition stehen und in welche
Richtung sich diese Prozesse entwickeln. Bisher, so scheint es, werden zwar
Grenzen verschoben, aber in einen Bereich, in dem der Zugriff der Biowissenschaften auf den Körper noch reibungsloser erfolgen kann und die Deutungsmacht der ExpertInnen unhintergehbar wird. Die Entgrenzungen erweisen sich demnach als ein zumindest ambivalenter Prozess. Zwar sind Verwi-
schungen zwischen Natur/Kultur und ihrer zahlreichen metaphorischen Ab-
bilder zu beobachten. Doch ist noch nicht ausgemacht, ob es sich hierbei um
eine ‚Oberflächenkosmetik' handelt, die offen ist für die Renaturalisierung

von Kategorien auf der Basis tiefer liegender Strukturen in den Körpern selbst, wie der Gene und Moleküle.

Linda Birke vermutet, dass zum Teil selbst radikal konstruktivistische Ansätze von einer Vorstellung des biologischen Körpers als fixiert unterlegt sind. So scheint sich vor allem das Körperinnere den kulturellen Analysen zu entziehen. Wenn aber Kultur als auf der Körper*oberfläche* eingeschrieben gedacht wird, so Birke, bestehe die Gefahr, das Körper*innere* im ‚Königreich‘ der Biologie zu belassen. Demgegenüber insistiert sie darauf,

> „culture shapes our internal experience. (...) Living the body means experiencing it as transformable, not only as cultural meanings/readings, but also within itself" (1999: 45).

Sie schlägt vor, Organismen und Körpern „agency and transformativity" zuzuschreiben und so gegen die soziale Abwertung des Körpers und seines Inneren zu arbeiten, die zur Unterdrückung von Frauen und ‚Anderen‘ beiträgt.

Birkes Vorschläge können als Antwort auf die Entwicklungen in den Biowissenschaften gelesen werden: Wenn der Körper immer weiter partialisiert und die Körpersubstanzen von ihrem Kontext isoliert werden, so klingt die Forderung überzeugend, das Körperinnere selbst in die feministischen Analysen zu integrieren. Die Autorin macht auf ein Paradox aufmerksam, dass nämlich der Körper auch innerhalb einer reduktionistischen Logik transformierbar ist. So erlaubt der Reduktionismus der Genetik zwar einen Diskurs der Transformation, aber dem materiellen Körper wird keine „internal agency" zugestanden, „rather, it is a fixed entity which is at odds with what is desired" (1999: 48).

Die Chancen und Risiken von Transformationen und Grenzziehungen sind demnach so einfach nicht zu bewerten. Solche Ungewissheiten kumulieren gegenwärtig auf dem Feld der Embryonenforschung (vgl. Kollek 2000). Die Technisierung und Externalisierung von Reproduktionsvorgängen hat neue Grenzen zwischen Embryo und schwangerer Frau erzeugt. Vereint mit den technologischen Entwicklungen der Humangenetik sind erstmals die Bedingungen vorhanden, Menschen im embryonalen Zustand außerhalb des Frauenkörpers so zu ‚konfigurieren‘, dass sie die Anforderungen der Gesellschaft erfüllen. Diese Vorstellung löst, so ist zu beobachten, gleichzeitig Faszination und Abwehr aus. Die Versuche der Bewertung bleiben allerdings weitgehend in den Logiken und Kategorien gefangen, welche die Biowissenschaften selbst erst konstruieren. Augenscheinlich wird dies zum Beispiel dann, wenn der moralische Status eines Embryos nach dem embryonalen Entwicklungsstadium bewertet wird. Die Lösung für soziale und ethische Fragen wird in der Biologie gesucht und ihr übertragen. Die feministische Forschung zeigt, dass gerade in dieser Naturalisierung ein Schlüssel für das Verständnis biowissenschaftlicher Logiken und ihrer – scheinbaren – Plausibilität und Akzeptanz liegt.

3. Die Beiträge in diesem Buch

Die Beiträge in diesem Sammelband ranken sich lose gekoppelt um einen gemeinsamen Gegenstand – den Körper – und folgen darüber hinaus dem Ziel, Konzepte und Strategien zu entwerfen, die nicht hierarchisieren und nicht ausgrenzen und so *gegen* die Abwertung von Frauen und ,Anderen' arbeiten. Diese gemeinsamen Bezugspunkte fächern sich auf in unterschiedliche Betrachtungsperspektiven und unterschiedliche theoretische Bezugspunkte. So wird ein Rahmen gespannt, der zum Einen die Persistenz reduktionistischer hierarchisierender Denkschablonen und Praxen offenlegt und zum Zweiten vielfältige Möglichkeiten aufzeigt, Körper, Subjekt und Autonomie neu zu denken. Diese Vorschläge weisen nicht unbedingt in die gleiche Richtung, sie bestätigen jedoch in ihrer Gesamtheit den Erkenntnisgewinn feministischer Perspektiven für die in den Biowissenschaften verhandelten und von diesen aufgeworfenen Fragen.

3.1 Körper ohne Kontext – Entwicklungen in den Biowissenschaften

Im ersten Kapitel dieses Buches wird das biomedizinische Modell ,Körper ohne Kontext' in den Blick genommen. Gezeigt wird, dass sich dieses Modell wie eine strukturierende Achse durch unterschiedliche Bereiche der Forschung und der Anwendung zieht. Diskutiert werden die vielschichtigen sozialen Effekte der Anwendung, die tiefer liegenden Ordnungsmuster und erkenntnistheoretischen Defizite. Die Relevanz der Geschlechterkategorie erscheint dabei mal als offensichtlich – wie in der Reproduktionsmedizin – und mal als ,hidden argument'.

Zunächst stellt *Giselind Berg* die Entwicklungen in einem exponierten und umstrittenen Praxisbereich der Biowissenschaften dar – den Reproduktionstechnologien. Sie zeichnet einen Prozess nach, in dem die Fortpflanzung zunehmend zum ,Systembaukasten' wird. Einzelne Bausteine des Fortpflanzungsprozesses werden aus ihrem körperlichen Zusammenhang herausgelöst und hierdurch relativ beliebig verfügbar gemacht. Sie geht anhand der aktuellen Praxis der Frage nach, in welchem Verhältnis diese Techniken zum weiblichen – und männlichen – Körper stehen. Die Ausdifferenzierung der Technik, so ihre Argumentation, lässt den weiblichen und zunehmend auch den männlichen Körper als unzureichend und der medizinischen Intervention bedürftig erscheinen. Der Körper von Frauen erfährt eine Marginalisierung, indem beispielsweise bei der In-vitro-Reifung von Eizellen oder Ovarialgewebe weitere Phasen der Reproduktion aus dem Körper heraus in die Reagenzgläser verlagert werden.

Während sich die Angebote der Reproduktionsmedizin primär an Frauen wenden und vor allem an ihren Körpern ausgeführt werden, nimmt *Ingrid*

Schneider ein ebenso zentrales und umstrittenes, aber scheinbar ‚ent'geschlechtlichtes Feld in den Blick: die Nutzung und den Transfer von Körpersubstanzen. Sie legt die Widersprüche und die Problematik einer Entwicklung offen, die vom Körper abgetrennte Teile wissenschaftlich nutzt und zum Gegenstand der ökonomischen Verwertung beispielsweise über Patentanträge macht. Im Zentrum stehen dabei das Verhältnis der Individuen zu diesen abgetrennten Substanzen und die Verfügungsrechte darüber. Die Autorin rückt die grundlegend neuen Fragestellungen dieser Entwicklungen in den Blick. Sie weist auf die Konsequenzen auf gesellschaftspolitischer Ebene als Problem der rechtlichen Kodifizierung der neuen Forschungspraxis hin und fragt darüber hinaus, welche Selbst- und Fremdverhältnisse zum eigenen Körper und welche neuen Sozialpflichtigkeitslogiken diese Entwicklungen erzeugen.

Ellen Kuhlmann betrachtet die Ordnungsmuster, Erzeugungsstrukturen und Interessen der Humangenetik, die hinter ihrer Objektivitäts- und Neutralitätssymbolik liegen, und stellt die Gender Dimensionen der neueren Entwicklungen in den Vordergrund. Sie zeigt auf, dass Forschung und Praxis auf einer binären Geschlechterordnung und auf asymmetrischen Geschlechterverhältnissen aufbauen. Frauen werden als Ressource für die Durchsetzung von Forschungsinteressen und ihr Körper als Experimentierfeld genutzt. Diese Prozesse, so die Argumentation, vollziehen sich jedoch gleichzeitig als ‚hegemoniale Formationen' der Zugriffe auf den Frauenkörper *und* als neue Konstrukte einer individuell definierten Autonomie. Frauen werden so zu ‚autonomen' Objekten biotechnologischer Praxen. Hieraus ergibt sich eine zentrale Herausforderung, die Interessen individueller Frauen gegen gruppenspezifische soziale Bedarfe und geschlechterpolitische Forderungen zu differenzieren.

Der bereits erwähnte Beitrag von *Regina Becker-Schmidt* analysiert identitätslogische Denkmuster und macht die Erklärungspotenziale der feministischen Forschung sichtbar. Die Autorin verknüpft mit Blick auf die Identitätslogik drei Themenstränge: die Einsichten aus dem Streit um Differenz und Gleichheit der Geschlechter, die Mathematik als paradigmatisches Beispiel für die wissenschaftliche Forderung nach Widerspruchsfreiheit sowie die Subsumtion unterschiedlicher Logiken in eine kohärente Theorie in der Humangenetik am Beispiel der Argumentation von Antoine Danchin. Becker-Schmidt argumentiert, die Genomforschung schaffe Einheiten, die erst eingrenzen, dann ausgrenzen und dann hierarchisieren. So setzen sich die Marginalisierung von Frauen und die Beherrschungsintentionen fort, die maskulin-selbstreferenzielle Identität stiften. Sie zeigt, dass diese ‚Produktion von Junggesellenmaschinen' durch identitätslogisches Denken über die Verknüpfung von Naturbeherrschung und Frauendiskriminierung hinaus weist und Konsequenzen für alle Lebewesen hat.

3.2 Verfügbare Körper – biowissenschaftliche Kodierungen, soziale Beziehungen und subjektives Erleben

Die Verschränkungen zwischen Entwicklungen in den Biowissenschaften und in der Gesellschaft sowie zwischen biowissenschaftlichen ‚Diagnosen' und subjektivem Erleben werden im zweiten Kapitel an exemplarischen Themenfeldern sichtbar gemacht. Dabei geht es um Geschlechterverhältnisse, um eine hierarchische Geschlechterordnung als Interpretationsmuster wissenschaftlicher ‚Fakten' sowie um die Bedeutung der Entwicklungen für ‚Frauen' als soziale Gruppe. Unterschiedliche Zugänge kommen zum Tragen, um die Verweisungen methodisch und konzeptionell zu erfassen. Obschon sich die Themenfelder, die historischen Zeiträume und die eingenommenen Perspektiven und Schlussfolgerungen unterscheiden, zentrieren sich die Beiträge um die Frage, wie und mit welchen spezifischen Konsequenzen der Körper im Spannungsfeld zwischen biowissenschaftlichen Kodierungen und ‚gelebten' Erfahrungen zu verstehen ist.

Kerstin Palm analysiert die Neudefinitionen des Lebensbegriffs im ausgehenden 19. Jahrhundert im Diskurs der Entwicklungsbiologie und stellt diese in Zusammenhang mit den damaligen Umkodierungen in den Geschlechterverhältnissen. Körper- und Lebensauffassungen werden in einer historisch spezifizierten diskursiven Matrix situiert und ‚Körper' und ‚Leben' in den Zusammenhang einer Abfolge kulturspezifischer Deutungsmuster gebracht. So kann sie Bedeutungsverschiebungen der geschlechterkodierten symbolischen Ordnung heraus arbeiten und zeigen, dass die Biologie an der als ‚Krise der Männlichkeit' diskutierten Umbruchprozesse teilnimmt und vor diesem Hintergrund den Lebensbegriff neu definiert. Palm argumentiert, dass diese Entwicklung zur Restrukturierung einer hegemonialen Männlichkeit beitrug und die Biologie selbst wie auch die symbolische Männlichkeit zu Beginn des 20. Jahrhunderts gestärkt aus ihren Krisen herausgingen.

Regine Kollek zeigt, dass die Genetik Teil des Alltagsdiskurses geworden ist und ihre Definitionen und Erklärungsangebote folgenreich für unser kulturelles Verständnis vom menschlichen Körper sind. Sie rekonstruiert die Kodierung des Körpers seit Beginn des 19. Jahrhunderts und beschreibt diese als einen Prozess der fortschreitenden Distanzierung vom Körper. Der Körper wurde zu einem Konstrukt, dessen ‚Bauanleitung' in der DNS niedergelegt ist, und erscheint als fomalisierbares System der Modellierung zugänglich, so ihre Argumentation. Zwei Aspekte dieser Entwicklungen werden hervorgehoben: die Zusammenhänge zwischen hierarchisierenden Aufspaltungen körperlich verankerter Fähigkeiten in den grundlegenden Begriffen der Genetik einerseits und der Geschlechterordnung andererseits sowie die Verfügbarkeit und die Wahrnehmung des Körpers als fragil, die eine ‚Unsicherheit im eigenen Körper' erzeugen. Kollek plädiert für ein Beharren auf der Differenz zwischen der genetischen Beschreibung des Körpers und einer sinnlich-subjektiven Erfahrung des Selbst.

Dem Schicksal des erlebten (Frauen-) Körpers im Schatten der Biowissenschaften geht *Barbara Duden* vom Standpunkt der Historikerin nach. Sie bringt die Geschichte des Körpers in den medizinischen und biologischen Wissenschaften und die ,leibhaftige Selbstwahrnehmung' – die gegenwärtige ,Somatik' – zusammen und zeichnet die Entwicklungen in der Nachkriegszeit als Prozesse der ,Entkörperung' nach. Mit populären Beispielen aus dem Aktionsfeld der Biowissenschaften – wie etwa die Pille, Hormonsubstitution in den Wechseljahren, Pränataldiagnostik, Geburt – wird diese Argumentation konkretisiert; acht ,hygienische Prozeduren' werden auf ihre symbolischen Funktionen hin untersucht. Der Frauenkörper wird zu einer ,Konsumeinheit' umgebaut und in dem Streben nach Optimierung zu einem Körper, ,dem immer etwas fehlt'; diese Entwicklungen erzeugen einen tief greifenden Verlust an ,somatischem Wissen' und einen ,Umbruch' der Selbstwahrnehmungen von Frauen, so lauten ihre Ergebnisse – mit der Aufforderung, ,sich den Spuk vom Leib zu halten'.

3.3 Materialität, Differenz, Subjekt – feministische Konzepte

Im dritten Kapitel des Buches werden grundlegende Fragen von Materialität, Differenz und Subjekt aus unterschiedlichen disziplinären Perspektiven erörtert. Die Arbeiten von Foucault, Nietzsche, Butler, Haraway und die Cybertheorien stellen wesentliche Referenzpunkte dar. Mögliche Erklärungsangebote werden ebenso wie die Defizite verschiedener theoretischer Konzepte ausgelotet und neue Vorschläge entworfen.

Carmen Gramsee greift die Debatten um die subversiven Potenziale transformierender Körper- und Naturkonzepte auf und konfrontiert diese mit den Entwicklungen in den Biowissenschaften. Sie zeigt, dass sich mit der Etablierung informationstechnologischer Theoriekonzepte neue Visionen der Kontrolle und Steuerung des Lebendigen in der Molekularbiologie ausbilden, in denen die Substitution von ,Natur' machbar erscheint. Die Autorin diskutiert die Arbeiten von Donna Haraway und entwickelt in Abgrenzung zu einer Konzeption der Aufhebung des Natur-Kultur Dualismus durch die Vermischung von Text, Technik und Natur Vorschläge, in denen ,Natur' als Grenzbegriff bestimmt wird. Das Denken des Abstraktums einer ,Natur an sich' ist notwendig, so ihre These, um Naturbeherrschung begreifen und kritisieren zu können. Gransee insistiert nachdrücklich auf dieser Notwendigkeit eines kritischen Bezugspunktes und demonstriert dies an den neuen Normierungen und Identitätszwängen beispielsweise durch die pränatale Diagnostik und die neuen Reproduktionstechnologien.

Die Arbeiten von Michel Foucault und Judith Butler nimmt *Christine Hauskeller* zum Ausgangspunkt, um Zusammenhänge zwischen Subjekt und Widerständigkeit zu analysieren. Sie arbeitet zunächst wesentliche Unterschiede zwischen der diskursiven Konstruiertheit der Subjekte bei Butler und

den Vorschlägen Foucaults heraus, der die Machtverhältnisse als am Körper
ansetzend konzipiert. Hauskeller interpretiert Foucault dahingehend, dass er
den Leib als widerständig gegen die Biomacht sieht. Diese Argumentation
entwickelt sie weiter und schlägt vor, den Leib als historische Formation der
Erfahrung von Selbstbewusstsein und ‚Ichhaftigkeit' als Ausgangspunkt für
individuelle Akte des Widerstandes zu betrachten. Ihre These ist, dass konsi-
stente Identitätsbildungen entlang der hegemonialen Subjektkultur zwangsläufig scheitern, da die wissenschaftlichen Raster von Normalität die Vielfalt lebendiger Subjekte und Körper verfehlen und der Widerstand deshalb mit ihrer
historisch gewordenen Leibhaftigkeit verknüpft ist.

Marie-Luise Angerer fragt provokativ nach dem ‚Körper des Geschlechts'.
Sie macht eine zentrale Entwicklungslinie der feministischen Theoriedebatte
aus: Beginnend mit der Kritik an der Kategorie ‚Frau' und der binären Ordnung Mann/Frau über die vor allem durch Judith Butler angeregte Debatte zur
sex/gender Unterscheidung und die Verwerfung von *gender* als redundante
Kategorie bei Elisabeth Grosz schwindet das ‚Vertrauen in das Geschlecht'
zunehmend. Die Autorin schlägt nun vor, Geschlecht im Sinne des von Freud
entwickelten Begriffs als ‚zweite Bearbeitung' zu fassen. Sie greift die Metapher der Fassade auf, die ebenfalls auf Freud zurückgeht, um hierüber Soziales und Psychisches zusammen zu denken und Dichotomien aufzubrechen.
Die Leere des Geschlechts, so ihre Argumentation, werde durch eine Fassade
abgedeckt und verdeckt. Mit dem Hinweis auf die französische Performance-
Künstlerin Orlan weist sie auf die tiefe Verunsicherung hin, die eine Aufhebung der Trennung außen und innen hervorruft – denn dadurch steht auch die
Dichotomie weiblich/männlich auf dem Spiel.

Aus philosophischer Perspektive zeichnet *Brigitte Weisshaupt* eine Entwicklung der Moderne nach, welche die Subjektivität und das Selbstbewusstsein konstitutiv für das Subjekt macht. Hierdurch werden auch Leib und Körper objektiviert und als Gegenstand des begreifenden Geistes konzipiert. Sie
greift anknüpfend an Nietzsche einen vergessenen ‚Leitfaden des Leibes' auf
und zeigt, dass Nietzsches Überlegungen auch für den Geschlechterdiskurs
interessant werden. Die ‚Sprache des Leibes', so ihre Argumentation, eröffnet
neue Erkenntnismöglichkeiten diesseits von ‚Subjekt' und ‚Objekt'. Die Autorin analysiert weiter, wie die Gegebenheiten des Leibes sprachlich zu erfassen sind und welche Rolle dem Leib als ‚Grund' des ‚Ich' zukommt. Sie hebt
die Unterscheidung zwischen diskursiver und metaphorischer Sprache hervor.
Die Bedeutung der ‚Einheit' und der ‚Vielheit' für das Selbst und die Identität
der Person werden neu beleuchtet und Wege aufgezeigt, den Leib nicht mehr
als Objekt zu begreifen.

4. Einblicke und Ausblicke

Die Beiträge in diesem Sammelband belegen in aller Deutlichkeit, dass die in den Biowissenschaften verhandelten Themenkomplexe nicht auf medizinische Aspekte begrenzt werden können. Vielmehr geht es um den schrankenlosen Zugriff auf den Körper selbst, um die Definitionsmacht und die Verfügung über den Körper. Es geht darum, was Mensch-Sein, Körperlichkeit, Subjektivität, Autonomie ausmacht. Die ehrgeizigen Versuche der ,Konfiguration' von Menschen und die immensen Entwicklungsdynamiken in diesem Feld werfen also grundlegende Probleme auf, die nicht biowissenschaftlich-technologisch zu lösen, sondern nur als soziale, politische, ökonomische, kulturelle Fragen zu verhandeln sind.

Der bisherige bioethische Diskurs greift zu kurz und kanalisiert die Perspektiven, weil er sich auf medizinische Aspekte konzentriert und soziale Fragen ausblendet. Nahezu unberücksichtigt bleiben überdies die Veränderungen in den Wahrnehmungen und Selbstbildern der Menschen infolge der Entwicklungen in den Biowissenschaften. Gegenwärtig wird die Debatte vorwiegend von männlichen, sozial hoch positionierten Akteuren westlicher Industrienationen geführt und von hegemonial männlichen (Connell 1999) Interessen und Normen dominiert. Es geht also auch darum, andere Relevanzkriterien in diese Aushandlungsprozesse einzuführen.

Die hier vorgestellten feministischen Betrachtungsperspektiven und Vorschläge bieten Möglichkeiten, die Verengung der gegenwärtigen Debatte zu überwinden und die grundlegenden Fragen zum Gegenstand der Reflexion und der Aushandlung zu machen. Dabei zeichnen sich ähnliche ,Kerne' der Problematik auf sehr verschiedenen Betrachtungsebenen und in unterschiedlichen disziplinären Betrachtungsperspektiven ab: Das Verhältnis von Einheit und Vielfalt erscheint in zahlreichen Facetten – Gesamtheit und Partikularität, individuelle Autonomie und kollektive Interessen, Anlage und Umwelt, Gleichheit und Differenz, um nur einige zu nennen – und wird so zu einer Synapse, um Körper und Geschlechterverhältnisse neu zu denken und zu gestalten. Die verschiedenen Vorschläge in diesem Buch, so hoffen wir, bieten Anregungen, diese Fragen in transdisziplinären Quergängen weiter zu verfolgen und kreative Lösungspotenziale zu entwickeln.

Literatur

Balsamo, A. (1996). Technologies of the gendered body. Reading cyborg women. Durham/London: Duke University Press
Becker-Schmidt, R. (1993). Geschlechterdifferenz – Geschlechterverhältnis: soziale Dimensionen des Begriffes „Geschlecht". Zeitschrift für Frauenforschung, 11 (1/2), 37-46
Birke, L. (1999). Bodies and biology. In Price, J./Shildrick, M. (eds.). Feminist theory and the body. New York: Routledge, 42-49

Birke, L./Hubbard, R. (eds.) (1995). Reinventing biology. Respect for life and the creation of knowledge. Bloomington: Indiana University Press

Braun, K. (2000). Kann man über alles reden? Bioethik und demokratischer Diskurs. In Mürner, C./Schmitz, A./Sierck, U. (Hrsg.). Schöne, heile Welt? Biomedizin und Normierung des Menschen. Hamburg: VLA, 175-187

Butler, J. 1990. Gender touble. New York/London: Routledge

Butler, J. 1993. Bodies that matter. New York/London: Routledge

Connell, R. (1999). Der gemachte Mann. Opladen: Leske + Budrich

Davis, K. (ed.) (1997). Embodied practices. Feminist perspectives on the body. London: Sage

Donchin, A./Purdy, L.M. (eds.) (1999). Embodying bioethics. Recent feminist advances. Lanham: Rowman & Littlefield

Fausto-Sterling, A. (1992). Myths of gender. Biological theories about women and men. New York: Basic Books

Fausto-Sterling, A. (2000). Sexing the body. New York: Basic Books

Grosz, E. (1994). Volatile bodies. Towards a corporeal feminism. Canberra: Allen & Unwin

Haraway, D.J. (1995). Die Biopolitik postmoderner Körper. In Dies. Die Neuerfindung der Natur. Frankfurt/New York: Campus, 160-199

Haraway, D.J. (1997). Modest_Witness@Second_Millenium.FemaleMan©_Meets_ Oncomouse™. New York/London: Routledge

Hubbard, R. (2001). Gender ideology and the biology of sex differences. In Krüger, M./Wallisch-Prinz, B. (Hrsg.). Erkenntnisprojekt Feminismus. Bremen: Donat, 205-215

Keller, E.F. (1995). Refiguring life. New York: Columbia University Press

Knapp, G.-A. (Hrsg.) (1998). Kurskorrekturen. Feminismus zwischen Kritischer Theorie und Postmoderne. Frankfurt/New York: Campus

Kollek, R. (1998). Über die Fortschritte der Reproduktionsmedizin und die Schwierigkeit, um Achtzeller zu trauern. Psychosozial, 21 (1), 49-57

Kollek, R. (2000). Präimplantationsdiagnostik. Embryonenselektion, weibliche Autonomie und Recht. Tübingen: Francke

Kuhlmann, E./Babitsch, B. (2000). Körperdiskurse, Körperkonzepte. Wechselnde Blicke zwischen feministischen Theorien und Frauengesundheitsforschung. Zeitschrift für Frauenforschung & Geschlechterstudien, 18 (3), 27-46

Lykke, N./Braidotti, R. (eds.) (1996). Monsters, goddesses and cyborgs. Feminist confrontations with science, medicine and cyberspace. London: Zed Books

Martin, E. (1994). Flexible bodies. Boston: Beacon Press

Pichlhofer, G. (Hrsg.) (1999). Grenzverschiebungen. Politische und ethische Aspekte der Fortpflanzungsmedizin. Frankfurt: Mabuse

Reimers, T. (1994). Die Natur des Geschlechterverhältnisses. Opladen: Leske + Budrich

Shildrick, M. (1997). Leaky bodies and boundaries. Feminism, postmodernism and (bio)ethics. London/New York: Routledge

Shildrick, M./Price, J. (1999). Openings on the body: a critical introduction. In Price, J./Shildrick, M. (eds.). Feminist theory and the body. New York: Routledge, 1-14

Spanier, B.B. (1995). Im/partial science. Gender ideology in Molecular Biology. Bloomington: Indiana University Press

Wolf, S.M. (1996). Gender and feminism in bioethics. In Wolf, S.M. (ed.). Feminism and bioethics. Beyond reproduction. New York/Oxford: Oxford University Press, 3-43

Kapitel I
Körper ohne Kontext –
Entwicklungen in den
Biowissenschaften

Reproduktionstechnologien oder:
Der ‚Systembaukasten‘ der Fortpflanzung

Giselind Berg

Mit der Möglichkeit, die einzelnen ‚Bausteine‘ des Fortpflanzungsprozesses, also Eizelle, Samenzelle oder Embryo oder alles zusammen, aus dem körperlichen Zusammenhang herauszulösen und – wenn die rechtlichen und vor allem die ökonomischen Voraussetzungen stimmen – über sie beinahe beliebig verfügen zu können, werden viele Annahmen über die menschliche Entwicklung in Frage gestellt. Auch das Konzept von Individualität ist vor diesem Hintergrund neu zu überdenken, allerdings möchte ich auf diesen Aspekt hier nicht weiter eingehen.

Vielmehr werde ich versuchen, anhand aktueller Entwicklungen aus dem Feld der Reproduktionsmedizin aufzuzeigen, in welchem Verhältnis die Techniken zum weiblichen (und männlichen) Körper stehen. Dabei geht es auch um die aktuelle Praxis. Der Schwerpunkt soll jedoch vor allem auf den potenziellen Entwicklungsperspektiven liegen, wie sie bei den Forschungsansätzen im internationalen Bereich sichtbar werden. Die vergangenen Jahre haben gezeigt, dass die Implementationsphasen in der Reproduktionsmedizin sehr kurz sind. Der ‚Systembaukasten‘ erweitert sich folglich erheblich und mit Tempo.

1. Die Symbiose von Gentechnik und Reproduktionsmedizin

Versuche, die menschliche Fortpflanzung zu beeinflussen, sind historisch keineswegs neu, verändert haben sich allerdings die Verfahren und die Qualität der Eingriffe. Michelle Stanworth (1987), eine englische Soziologin, rechnet zu den Reproduktionstechnologien unterschiedliche Methoden, die auf vier Ebenen eingreifen:

- die Kontrolle der Fruchtbarkeit durch Verhütung, Abtreibung und Sterilisation,
- die Geburtshilfe,

- die vorgeburtliche Diagnostik,
- die konzeptiven Technologien, wie Insemination mit Spendersamen oder die In-vitro-Fertilisation.

Hier soll es im weitesten Sinne um die Techniken der extrakorporalen Befruchtung gehen. Ich möchte zunächst die drei zentralen Begriffe erläutern: In-vitro-Fertilisation (IVF), intrazytoplasmatische Spermieninjektion (ICSI) und Präimplantationsdiagnostik (PID).

1.1 Die In-vitro-Fertilisation und ihre Modifikationen

Mit der Einführung der In-vitro-Fertilisation in die Sterilitätsbehandlung hat eine medizintechnische Entwicklung begonnen, deren Praxis und Perspektiven heute weit über die seinerzeit formulierten Ziele hinausreichen. Die Geburt des ersten extrakorporal erzeugten Kindes hat die Vorstellungen über die Entstehung eines Menschen verändert. Die IVF ist ein Verfahren – so erklärten 1978 Robert Edwards und Patrick Steptoe, die ‚wissenschaftlichen Väter‘ von Louise Brown –, das eingeführt wird, um Frauen mit fehlenden oder nicht durchlässigen Eileitern zu einem leiblichen Kind zu verhelfen. Seitdem haben die Verfahren der sogenannten assistierten Reproduktion eine rasante Entwicklung durchlaufen.

Der IVF-Prozess besteht im wesentlichen aus vier Schritten:

- der *Stimulation,* bei der die Eierstöcke der Frau durch Hormongaben angeregt werden, mehrere Eizellen zu produzieren (Superovulation). Zuvor wird zunächst die körpereigene Hormonproduktion unterdrückt, um sie danach kontrolliert zur Reifung von Eibläschen wieder anzuregen. Das Heranwachsen dieser Follikel wird mit Hilfe von Ultraschall überwacht;
- der *Punktion,* also der Eizellentnahme, die vorgenommen wird, wenn sich im Ultraschall sprungreife Follikel zeigen;
- der *Fertilisation,* bei der die Eizellen mit dem durch Masturbation gewonnenen und aufbereiteten Sperma in einer Petrischale zur Befruchtung zusammengebracht werden. Ist die Verschmelzung von Ei- und Samenzelle noch nicht ganz abgeschlossen, können die befruchteten Eizellen im so genannten Vorkernstadium (Pronuclei) eingefroren werden. Diese Vorgehensweise wird gewählt, weil das Embryonenschutzgesetz (ESchG) nicht erlaubt, mehr als drei Embryonen zu erzeugen und zu transferieren;
- der *Embryotransfer.* Ist es zu einer Befruchtung gekommen, können bis zu maximal drei Embryonen in die Gebärmutter der Frau implantiert werden. Wegen des damit verbundenen Mehrlingsrisikos empfiehlt die Bundesärztekammer (1998) mittlerweile, bei Frauen von unter 35 Jahren nur zwei Embryonen zu transferieren.

Schon kurze Zeit nach der Einführung der IVF wurden bereits auf allen Stufen der Behandlung Modifikationen vorgenommen, um die Effizienz der Methode zu steigern. Die Stimulationsmethoden wurden drastisch verändert und neue Formen der Eizellentnahme entwickelt. Die Punktion der Eibläschen erfolgt zum Beispiel nicht mehr im Rahmen einer Bauchspiegelung, sondern wird inzwischen ultraschallgeleitet durch die Scheidenwand vorgenommen. Auf diese Weise entfällt das mit der Laparaskopie verbundene Narkoserisiko.

Wesentlich verändert wurden auch die Laborbedingungen. Dies schließt sowohl die Entwicklung der Kulturmedien, die Aufbereitung der Keimzellen als auch die Entwicklung von Kryotechniken ein. Mit Hilfe der Tiefgefriertechnik können neben Samenzellen auch Embryonen – in Deutschland jedoch nur solche im Vorkernstadium – gelagert werden, um sie für weitere Anwendungen zu nutzen.

Variiert wurde außerdem die Zielstelle des Transfers: Er wurde nicht nur, wie heute meist üblich, in die Gebärmutter, sondern auch in die Bauchhöhle (Douglas-Raum), vor allem jedoch in die Eileiter vorgenommen. Hier ist zunächst der *Intratubare Gametentransfer* (GIFT) zu nennen. Nach der Follikelpunktion werden Ei- und Samenzelle(n) gemeinsam in den Eileiter der Frau gebracht, wo die Befruchtung quasi wie unter natürlichen Bedingungen stattfinden soll. Der Gametentransfer galt als Behandlungsmethode in Fällen männlicher Fruchtbarkeitsstörungen oder wenn sich keine medizinische Sterilitätsursache (idiopathische Sterilität) ermitteln ließ. Er hat seit seiner Einführung in die Sterilitätstherapie im Jahre 1985 immer größere Bedeutung gewonnen. Darüber hinaus wurde die befruchtete Eizelle in unterschiedlichen Stadien transferiert und die Verfahren mit den entsprechenden Namen versehen: zum Beispiel im Vorkernstadium (PROST = Pronuclear Stage Tubal Transfer) oder als Zygote (ZIFT = Zygote Intrafallopian Transfer) beziehungsweise als Embryo (TET = Tubal Embryo Transfer). Bis auf GIFT haben diese Methoden mit der Entwicklung der Mikroinjektion ihre Bedeutung faktisch eingebüßt.

1.2 Die Mikroinjektion

Nachdem die IVF ursprünglich zur Behandlung von Frauen bei fehlenden oder undurchlässigen Eileitern empfohlen wurde, zeichnete sich Ende der achtziger Jahre bereits eine deutliche Indikationserweiterung ab. Etwa zehn Jahre nach der Geburt des ersten ‚Retortenbabys‘ gab es verschiedene Versuche, in den häufigen Fällen, wo es bei der IVF nicht zu einer Befruchtung kam – also besonders bei eingeschränkter Fruchtbarkeit des Mannes – den Spermien mechanisch den Weg in die Eizelle zu bahnen. Bei diesen Versuchen wurde das Spermium unter die Eihaut plaziert (subzonale Spermieninjektion: SUZI) oder die Zona pellucida mit Hilfe von Enzymen oder Laser durchlässig gemacht, um die Durchgängigkeit für die Samenzellen zu erhöhen (partielle Zona-Dissektion: PZD). Diese Bemühungen waren jedoch wenig erfolgreich.

1.3 Die Intrazytoplasmatische Spermieninjektion (ICSI)

Die Situation änderte sich mit der Einführung von ICSI. Die Intrazytoplasmatische Spermieninjektion wurde, seit erstmalig 1992 eine belgische Arbeitsgruppe über die Geburt eines so erzeugten Kindes berichtet hatte, in kürzester Zeit und weitgehend ohne vorherige Prüfung in die Praxis übernommen. Bei diesem Verfahren wird aus dem Ejakulat eine einzelne Samenzelle mittels Pipette entnommen und direkt in das Innere der Eizelle (Zytoplasma) injiziert (Palermo et al. 1992).

Bereits 1995 wurde ICSI in Deutschland als Zusatzmaßnahme zur IVF in den Leistungskatalog aufgenommen. Als Indikation gilt männliche Unfruchtbarkeit oder wenn aufgrund „anderer Gegebenheiten die Herbeiführung einer Schwangerschaft höchst unwahrscheinlich ist" (Bundesärztekammer 1998). In der Praxis sind das in der Regel ein bis zwei gescheiterte IVF-Versuche. ICSI hat sich schnell als erfolgreichste – wenn auch invasivste – Technik herausgestellt.

Mittlerweile werden in Fällen schwerer männlicher Unfruchtbarkeit, beispielsweise bei fehlenden Spermien im Ejakulat, im Rahmen der ICSI auch Spermien verwendet, die aus den Hoden (TESA = testikuläre Spermienaspiration) oder den Nebenhoden (MESA = mikrochirurgische epididymale Spermienaspiration) entnommen werden. Darüber hinaus werden sogar Spermienvorstufen (Spermatide) eingesetzt. Obwohl diese Methode durchaus umstritten ist, liegen Berichte über die Geburt von Kindern vor.

Seit der Einführung von ICSI werden in der medizinischen Literatur verschiedene Risiken diskutiert. So gibt es Bedenken, weil beispielsweise die Ursachen männlicher Sterilität nicht genügend erforscht sind und das Grundlagenwissen über den Befruchtungsvorgang unvollkommen ist. Die Anwendung der Technik selbst birgt das Risiko der Verletzung oder Kontamination der Eizelle (Kim et al. 1998). Hinzu kommen weitere Risiken wie die Möglichkeit einer genetischen Veränderung oder die Weitergabe chromosomaler Veränderungen von Männern, die bisher wegen Unfruchtbarkeit von der Fortpflanzung ausgeschlossen waren. Im Vordergrund aber steht die Frage, ob durch ICSI mehr Fehlbildungen bei den Neugeborenen auftreten. Da die Studien widersprüchlich sind, wird hierüber weltweit heftig gestritten. Eine Reihe von Autorinnen und Autoren (z.B. Ludwig et al. 1999, Ludwig et al. 2001) geht davon aus, dass eine solche Gefahr nicht besteht. Jüngst veröffentlichte Studien ergeben ebenfalls kein eindeutiges Bild. Zwar wird festgestellt, dass es keinen signifikanten Unterschied zwischen natürlich konzipierten und Kindern nach einer ICSI-Behandlung gäbe, doch zeigt sich bei Kindern, deren Väter Fruchtbarkeitsstörungen aufweisen, ein erhöhter Anteil von Fehlbildungen (Sutcliffe et al. 2001).

Auf Beschluss des Bundesausschusses der Ärzte und Krankenkassen wurde ICSI seit Beginn des Jahres 1999 nicht mehr von den Gesetzlichen Krankenkassen erstattet, weil keine Nachweise der Unbedenklichkeit vorliegen[1]. Eine daraufhin initiierte prospektive Studie sollte die Frage erhöhter Fehlbildungen nach ICSI klären. Eine vorläufige Auswertung dieser – wegen ihrer Stichprobengröße epidemiologisch aussagefähigen Studie – weist auf eine erhöhte Zahl von Fehlbildungen bei genetisch ‚vorbelasteten' Kindern hin (Leinmüller 2001). Die abschließenden Ergebnisse waren für den Herbst 2001 angekündigt.

1.4 Die Entwicklung der IVF in Deutschland

Die Reproduktionsmedizin ist in mehrfacher Hinsicht ein dynamischer Bereich. Neben der Technik selbst und der kontinuierlichen Erweiterung der Methoden gilt dies ebenfalls für deren praktische Anwendung, so etwa für die zahlenmäßige Entwicklung der Teams und die Zahl der Behandlungen. Die IVF wurde zu Beginn der 80er Jahre in beiden Teile Deutschlands eingeführt. In der ehemaligen DDR war die Behandlung auf sechs universitäre Zentren in Berlin, Halle, Leipzig, Jena, Magdeburg und Rostock konzentriert. In der (alten) Bundesrepublik war es zunächst ähnlich, die Situation änderte sich jedoch bald: Zu den Universitäten kamen Privatpraxen und auch einige städtische Krankenhäuser hinzu. Im Jahr 1986 arbeiteten 36 IVF-Arbeitsgruppen (Barbian/Berg 1997). Diese Zahl hatte sich zehn Jahre später für Gesamtdeutschland fast verdoppelt, etwa die Hälfte der Gruppen arbeitete in privater Praxis. Inzwischen trifft dies für mehr als die Hälfte der 103 aktuell tätigen Arbeitsgruppen zu (DIR 2000; siehe Tab. 1).

Tabelle 1: Entwicklung der Teams

	1990	1991	1992	1993	1994	1995	1996	1997	1998	1999	2000
IVF	53	52	51	53	66	65	66	70	86	92	100
ICSI					32	47	59	70	85	92	98

Quelle: DIR 2000

Die Anzahl der Behandlungszyklen hat sich in diesem Zeitraum vervielfacht. Waren es 1986 noch unter 5.000, so weist das aktuelle Register mehr als 60.000 Behandlungszyklen aus (DIR 2000).

Besonders dynamisch verlief die Entwicklung der Intrazytoplasmatischen Spermieninjektion (ICSI). Sie taucht 1994 mit knapp 6.000 Behandlungen zum ersten Mal in der Statistik der deutschen IVF-Arbeitsgruppen auf. Be-

---

1 Nachdem mehrere Paare auf Kostenerstattung geklagt haben, hat das Bundessozialgericht in einem Urteil im Mai 2001 festgelegt, dass ICSI im Rahmen der Kassenleistung zu erstatten ist, da bereits bei der Aufnahme der IVF in das Sozialgesetzbuch V auf die Risiken der IVF hingewiesen worden sei und demnach das Paar nach entsprechender Aufklärung entscheiden muss, ob es diese inkauf nehmen will (vgl. Fuchs et al. 2002).

reits zwei Jahre später hatte sie die In-vitro-Fertilisation überrundet. Im Jahr 1998 lag die Zahl der Mikroinjektionen (mit ca. 23.600) bereits um ein Drittel über der Zahl der IVF-Behandlungen (DIR 1998). Das Verhältnis von ICSI und IVF in Deutschland änderte sich erst wieder 1999 (siehe Tab. 2), nachdem der Bundesausschuss der Ärzte und Krankenkassen die ICSI vorübergehend aus dem Leistungskatalog der Gesetzlichen Krankenkassen gestrichen hatte und nicht mehr wie zuvor vier Behandlungszyklen erstattet wurden.

Tabelle 2: Behandlungszyklen und klinische Schwangerschaften nach
            IVF/ICSI

Jahr	Behandlungszyklen			Klinische Schwangerschaften				
	IVF	ICSI	IVF/ ICSI	IVF	% *	ICSI	%	IVF/ ICSI
1990	7.343			1.057	14,4			
1991	8.492			1.249	14,7			
1992	12.867			1.891	14,7			
1993	12.941			2.211	17,1			
1994	16.175	5.856						
1995	18.731	13.598		3.617	19,3	2.902	21,3	
1996	14.494	16.233		2.943	20,3	3.628	22,3	
1997	9.902	15.365		1.980	20,0	3.248	21,1	
1998	16.763	23.578	673	3.478	20,7	6.075	25,8	163
1999	21.880	21.244	962	5.342	24,4	5.819	27,4	270
2000°	28.945	15.752	790	6.345	21,9	3.885	24,7	144

*   auf Punktionen berechnet
°   vorläufige Daten
Quelle: DIR 1996-2000

In der Anwendung von ICSI hat Deutschland derzeit (zusammen mit Frankreich) weltweit einen Spitzenplatz inne. Bereits 1995 wurden in keinem anderen Land so viele ICSI-Punktionen wie in Deutschland vorgenommen. Die Ziffer lag mehr als doppelt so hoch wie in den USA oder in Frankreich (de-Mouzon/Lancaster 1997). Zwei Jahre später – so zeigt die Auswertung von 1997 – wurden in beiden Ländern jeweils über 15.000 ICSI-Behandlungszyklen begonnen (Nygren/Nyboe 2001). Lediglich in den Vereinigten Staaten wurde das Verfahren mit 18.300 Zyklen häufiger angewendet (SART 2000).
    Die Ergebnisse reproduktionsmedizinischer Behandlungen wie IVF und ICSI werden im Deutschen IVF-Register (DIR) erfasst. Dabei handelt es sich um eine Sammelstatistik, die die Ergebnisse der IVF-Arbeitsgruppen als Durchschnittswerte dokumentiert. Mit der Einrichtung eines Zentralregisters sollte bereits 1990 eine systematische Dokumentation geschaffen werden. Um zuverlässigere Behandlungsdaten zu gewinnen, wurde das Register 1996 reformiert und allmählich auf eine prospektive Datenerfassung umgestellt. In der Zwischenzeit hat sich auch die Beteiligung der Zentren deutlich verbessert. Dennoch bleiben hinsichtlich der Aussagefähigkeit im Vergleich mit in-

ternationalen Dokumentationen noch Wünsche offen (vgl. Berg 1999). Für den letzten Bericht haben alle Zentren ihre Ergebnisse gemeldet, davon wurden 86 Prozent der Behandlungen prospektiv, also vom Beginn fortlaufend, dokumentiert (DIR 2000).

Inzwischen wird auch die Zahl der behandelten Frauen genannt: 1998 waren es ca. 30.000, zwei Jahre später unterzogen sich beinahe 39.000 Frauen einer IVF/ICSI-Behandlung. Da in der Statistik jeweils Zyklen erfasst werden, erfahren wir nicht, wie sich diese auf die Behandlungsformen verteilen. Es interessiert also darüber hinaus, wie viele Frauen IVF oder ICSI (oder beides) in Anspruch genommen haben. Der Durchschnittswert ist wenig aussagefähig, da die Behandlung mitunter auf einer frühen Stufe abgebrochen wird und nicht bis zu einer Eizellentnahme führt. Werden lediglich Behandlungszyklen dokumentiert, können Abbrecherinnen gar nicht sichtbar werden.

Betrachtet man die Behandlungsergebnisse, kommt es bei etwa jeder vierten Frau, der Eizellen für eine IVF entnommen wurden, zu einer Schwangerschaft. Der Anteil bei ICSI liegt etwas höher (vgl. Tab. 2). Die Schwangerschaftsraten sind altersabhängig. Die Wahrscheinlichkeit, schwanger zu werden, ist bei jüngeren Frauen größer und nimmt jenseits von 39 Jahren erheblich ab. Legt man einen erfolgreichen Embryotransfer als Berechnungsgrundlage zugrunde, steigen die Erfolge etwas an. Obwohl die Ergebnisse möglichst auf den Behandlungsbeginn – also die Stimulation – bezogen werden sollten, dient in der Praxis die Punktion überwiegend als Datenbasis. Dementsprechend sind die Tabellen (2 und 3) auf Punktionen berechnet.

Doch nicht alle Schwangerschaften führen zur Geburt eines Kindes. 1999 ging etwa ein Viertel der assistiert erzeugten Embryonen durch einen Abort oder eine Extrauterinschwangerschaft verloren (DIR 2000). Die Präsentation der Ergebnisse im IVF-Register spiegelt in gewisser Weise die klinische Perspektive wider, die sich jedoch von derjenigen der Paare unterscheidet. Während aus medizinischer Sicht bereits das Erreichen einer Schwangerschaft als Erfolg gesehen wird, liegt das Ziel der Behandlung für die Paare in der Geburt eines Kindes. Als Orientierungsgröße gilt die so genannte ‚Baby-take-home-Rate‘. Sie gibt an, wie viele Behandlungen prozentual zur Geburt (mindestens) eines Kindes führen. Für das Jahr 1999 dokumentiert das IVF-Register über 7.000 Geburten nach IVF und ICSI (DIR 2000). Daraus ergibt sich eine ‚Baby-take-home-Rate‘ von etwa 16 Prozent für beide Verfahren (siehe Tab. 3). Rechnerisch führt also jeder sechste Versuch zur Geburt eines Kindes.

Tabelle 3: Geburten und Kinder nach IVF/ICSI

	Geburten				Kinder			Mehrlingsgeburten %		
Jahr	IVF% ①	ICSI %	IVF/ICSI	%	IVF	ICSI	IVF/ICSI	IVF	ICSI	IVF/ICSI
1996	1408 14,2	1726 10,6						44,1②	39,6②	
1997	1197 13,3	2043 13,3		③						
1998	2155 13,6	3753 15,1	98	14,6	2789	4824	122	25,4	25,0	24,5
1999	3436 14,7	3684 16,1	176	16,6	4482	4630	224	27,3	23,3	25,6
2000④	3186 11,0	2048 13,0	881	1,1	4125	2588	110			24,4

① ‚baby-take-home-Rate' = Anzahl der Geburten durch Anzahl der durchgeführten Behandlungen in Prozent
② Mehrlingsschwangerschaften, erst ab 1998 als Mehrlingsgeburten dokumentiert
③ Umstellung der Erhebung, größter Teil der Angaben fehlt
④ Daten noch nicht vollständig
Quelle: DIR 1996-2000

Zu den Charakteristika der extrakorporalen Befruchtung gehört der hohe Anteil von Mehrlingsschwangerschaften und -geburten. Sie sind eine Folge der Tatsache, dass meist mehrere Embryonen übertragen werden, um die Erfolgschancen zu erhöhen. Die Mehrlingsgeburten lagen 1999 in Deutschland bei etwa 25 Prozent nach IVF/ICSI (vgl. Tab. 3) im Vergleich zu 1,2 Prozent bei Spontankonzeptionen. Mehrlingsgeburten sind mit spezifischen Risiken wie Schwangerschaftskomplikationen, Kaiserschnittentbindungen, Frühgeburtlichkeit, Untergewicht sowie einer erhöhten Sterblichkeit oder Entwicklungsstörungen der Kinder verbunden.

1.5   Die Präimplantationsdiagnostik

Die Entwicklung reproduktionsmedizinischer Techniken ist keinesfalls abgeschlossen, sie beschleunigt sich sogar. Zur Illustration kann die Präimplantationsdiagnostik (PID) herangezogen werden. Seit einiger Zeit ist in der Bundesrepublik eine lebhafte gesellschaftliche Debatte um ihre Zulassung entbrannt. Ihre Anwendung ist in verschiedenen europäischen Ländern erlaubt, während sie zum Beispiel in Österreich und Irland verboten ist. Bei der PID handelt es sich um eine genetische Untersuchung des Embryos, die vor dem Transfer in die Gebärmutter durchgeführt wird. Es gibt verschiedene Methoden, zum Beispiel die Polkörperdiagnostik oder die Embryobiopsie, auf die ich mich hier konzentrieren möchte. Die PID setzt eine In-vitro-Fertilisation (IVF) voraus. Kommt es zu einer Befruchtung, werden die entstandenen Embryonen mehrere Tage bis zum 8-Zellstadium kultiviert. Danach werden ein bis zwei Zellen abgetrennt und einer molekulargenetischen Untersuchung unterzogen. Danach gelangen nur solche Embryos in die Gebärmutter der Frau, die ohne Befund, also ‚normal' sind. Der erste klinische Versuch wurde

1989 von Handyside beschrieben, zwei Jahre später berichtete seine Arbeitsgruppe von der Geburt eines gesunden Mädchens.

Mit Hilfe der PID soll Paaren mit hohem Risiko für eine genetische Erkrankung die Möglichkeit eröffnet werden, ein eigenes Kind zu bekommen, das frei von dieser Krankheit ist. Besonders den Frauen soll auf diese Weise der Stress einer Pränataldiagnostik und möglicherweise die Belastung eines späten Schwangerschaftsabbruches erspart werden. Dies ist allerdings ein fragwürdiges Versprechen, da die Methode bisher nicht zuverlässig ist. Nach wie vor wird zur Absicherung des Ergebnisses eine Pänataldiagnostik empfohlen.

Bisher gilt die Durchführung der PID in Deutschland nach dem Embryonenschutzgesetz als nicht erlaubt, auch wenn es mittlerweile abweichende Interpretationen gibt. Seit einigen Jahren gibt es Bemühungen, die PID in Deutschland einzuführen, mit der Begründung, das Embryonenschutzgesetz sei nicht berührt. Der wissenschaftliche Beirat der Bundesärztekammer (BÄK) formulierte in seinem Entwurf vom 24. Februar 2000 Bedingungen, unter denen die assistierte Reproduktion – also die In-vitro-Fertilisation und verwandte Techniken – um die PID als zusätzliche Indikation erweitert werden soll. Die Anwendung soll eng begrenzt sein und nur für Paare mit einem hohen Risiko für eine bekannte schwerwiegende, genetisch bedingte Erkrankung in Betracht kommen. Für welche Krankheiten dies allerdings zutrifft, wird nicht ausgeführt. Gleiches gilt für den Schweregrad der Krankheit. Einige Indikationen werden explizit ausgeschlossen: eine Geschlechtsbestimmung aus nicht-medizinischen Gründen, die Nutzung der PID für ältere Paare zur Verbesserung der IVF-Ergebnisse sowie eugenische Ziele. Auch Krankheiten, die sich erst später im Leben manifestieren, sollen in der Regel nicht als Indikation gelten.

Aus dem Richtlinienentwurf der Bundesärztekammer ergeben sich mehrere Fragen: Da ist zunächst das Problem der Definition, denn was eine ‚besonders schwere‘ genetische Krankheit ist, wird selbst von Humangenetikern nicht einheitlich beantwortet. Schwierig ist zudem, die Zumutbarkeit der Belastung für das Paar oder die künftige Schwangere zu klären. Da noch keine Schwangerschaft eingetreten ist, handelt es sich um eine antizipierte Größe.

Betrachtet man außerdem die internationale Entwicklung der PID, so stellt sich die Frage, ob sich die geforderten strengen Kontraindikationen in der Realität durchhalten lassen. Die Erfahrungen mit der Pränataldiagnostik weisen in eine andere Richtung. Schon jetzt macht in Europa die Anwendung der PID im Hinblick auf eine Effektivierung der IVF wegen Alter oder Abortrisiko einen erheblichen Teil der PID-Praxis aus (ESHRE 2002). In der internationalen Debatte um die PID nimmt die Möglichkeit, die Erfolge der IVF zu verbessern, breiten Raum ein. Durch molekulargenetische Untersuchungen können chromosomale Abweichungen identifiziert werden, die für Schwangerschaftsverluste verantwortlich gemacht werden. Durch die Auswahl der besten Embryonen soll dann die Abortrate gesenkt werden. Außerdem wird die PID schon jetzt für nicht-medizinische Zwecke – zum Beispiel für eine

Geschlechtswahl aus sozialen Gründen – eingesetzt und von den meisten Zentren angeboten. Nach Auffassung einiger Ethiker sollten Eltern zumindest in privaten Einrichtungen die Möglichkeit haben, über das Geschlecht ihres Kindes zu entscheiden (Savalescu/Dahl 2000). Über die genannten Anwendungsmöglichkeiten hinaus eröffnen sich weitere hoch attraktive Möglichkeiten.

Mit der PID bietet sich nicht nur die Möglichkeit der Embryonenforschung, sie eröffnet auch weiter reichende Perspektiven auf Stammzellforschung, therapeutisches Klonen, Keimbahntherapie oder das Klonen von Menschen, wie es von einigen Protagonisten in Aussicht gestellt wird. Die Anwendung der Präimplantationsdiagnostik eröffnet zwar Paaren mit einem hohen genetischen Risiko die Chance, diese Erkrankung für ihr Kind auszuschließen. Doch gleichzeitig wirft die Präimplantationsdiagnostik einige grundsätzliche ethische und soziale Fragen auf. Anders als bei der Pränataldiagnostik kann eine positive Auswahl der Embryonen stattfinden und somit eine Entscheidung über deren ‚Lebenswert‘ getroffen werden. Dem damit verbundenen Eugenikvorwurf wird entgegengehalten, dass hier ja keinerlei staatliche Zwangsmaßnahmen beteiligt sind. Aus der soziologischen Forschung ist aber bekannt, dass infolge des gesellschaftlichen Individualisierungsprozesses soziale Normen und Wertvorstellungen verinnerlicht und im Rahmen individueller Entscheidungen umgesetzt werden. Auf diese Weise kann ‚Eugenik‘ als sozio-kulturelles Projekt verstanden werden, das sich über vermeintlich ‚autonome‘ Einzelentscheidungen vollzieht (Graumann 1999). Im Zusammenhang mit der PID weisen insbesondere Behinderte immer wieder darauf hin, dass durch deren Anwendung ihr Lebensrecht in Frage gestellt wird. Hinzu kommt die Befürchtung, dass damit einem behindertenfeindlichen Klima in der Gesellschaft Vorschub geleistet werden könnte.

Bei schwangeren Frauen besteht häufig die irrtümliche Vorstellung, die Nutzung vorgeburtlicher Diagnostik verschaffe ihnen die Sicherheit für ein gesundes Kind. Dies trifft nicht zu, vielmehr lassen sich nur bestimmte Merkmale identifizieren und ausschliessen. Mitunter entsteht der Eindruck, durch die Nutzung medizinischer Untersuchungsmethoden seien Behinderungen vermeidbar. Dabei wird nicht berücksichtigt, dass lediglich etwa zehn Prozent erblich bedingt sind. Die meisten Behinderungen entstehen bei der Geburt oder durch Krankheiten und Unfälle.

Nicht selten wird die PID als eine zeitlich vorverlegte Pränataldiagnostik dargestellt. Es gibt allerdings erhebliche Unterschiede. Zunächst setzt die PID eine In-vitro-Fertilisation mit ihren geringen Erfolgsaussichten und ihren erheblichen Risiken voraus. Zum Anderen ist es ethisch keineswegs dasselbe, wenn eine Frau in einer Konfliktsituation über den Abbruch einer Schwangerschaft entscheidet oder aber über mehrere, erst im Labor für diesen Zweck erzeugte Embryonen verfügt, zu denen sie in keiner körperlichen Beziehung steht. Der Frau wird zwar auch von der Bundesärztekammer hohe Entscheidungskompetenz eingeräumt, doch die faktische Entscheidung darüber, welche Embryonen transferiert und welche zu verwerfen sind, wird wohl kaum von ihr, sondern von einer Ärztin oder einem Arzt getroffen werden. Wenn zukünftig Tests im Rahmen der PID verfügbar sein werden, wird für Frauen – gleichzeitig mit den Optionen – der bereits mit der Einführung der Pränataldiagnostik entstandene Entscheidungsdruck steigen, das technische Angebot zu nutzen und so die Verantwortung für die Geburt eines gesunden Kindes zu übernehmen.

Trotz aller Bekundungen, durch die IVF das Leid unfruchtbarer Frauen lindern zu wollen, reichte das interne Arbeitsprogramm schon 1978 weit darüber hinaus. Neben dem wissenschaftlichen Erkenntnisgewinn über die eigene Spezies, so hatte es Edwards bereits 1973 beschrieben, ging es ihm auch darum, die Qualität des menschlichen Lebens zu verbessern, indem die Ursachen verschiedener Anomalien identifiziert und unterbunden werden sollten.

Von kritischer Seite war seinerzeit geargwöhnt worden, dass es mit Hilfe der Reproduktionstechniken möglich werde, in die Vererbung und die Fortpflanzung einzugreifen (Corea 1998). Längerfristig solle außerdem die Anwendung der Gentechnik am Menschen voran gebracht werden. Die Verbindung von Gentechnik und Reproduktionsmedizin ist mehrdimensional. Einerseits werden molekulargenetische Methoden eingesetzt und fortentwickelt, um im Rahmen von Pränataldiagnostik und Präimplantationsdiagnostik das künftige Kind einer genetischen Kontrolle zu unterziehen, gleichzeitig übernehmen diese Methoden auch die Aufgaben einer Qualitätssicherung reproduktionsmedizinischer Praxis. Umgekehrt eröffnet die Reproduktionsmedizin den materiellen Zugang zu sonst nicht verfügbaren Forschungsfeldern und Therapieoptionen in einem ethisch umstrittenen Bereich. Hier sei nur beispielhaft auf die Herstellung von Embryonen aus eigens für diesen Zweck gespendeten Keimzellen verwiesen, die das ‚Jones Institute for Reproductive Medicine' in Norfolk im Juli 2001 bekannt gab – ausschließlich um daraus embryonale Stammzellen herstellen zu können (Washington Post 12.7.2001). Am nächsten Tag meldete eine Biotech-Firma, sie hätte – ebenfalls für die Stammzellgewinnung – Embryos geklont. Einige Monate später, Mitte Oktober 2001, trat dieselbe Firma mit einer umstrittenen Publikation über den ersten geklonten menschlichen Embryo an die Öffentlichkeit (Cibelli et al. 2001).

2. Grenzverschiebungen

Die Reproduktionsmedizin ist ein Feld kontinuierlicher Grenzverschiebungen. Die Grenzen liegen immer gerade hinter dem derzeitigen Arbeitsfeld. Zu Beginn wurde Wert darauf gelegt, dass die Natürlichkeit bei der Befruchtung – das Eindringen des Spermiums in die Eizelle – erhalten blieb. Die Familienstruktur sollte geschützt und keine überzähligen Embryonen erzeugt werden. Im Zeitalter von ICSI ist es nunmehr wichtig, dass zumindest die Kernverschmelzung noch selbstständig stattfindet und keine genetische Manipulation vorgenommen wird. Embryonenforschung, Klonen oder Keimbahneingriffe galten als absolute Grenzen, die keinesfalls überschritten werden sollten. Die Realität sieht nach zwanzig Jahren erheblich anders aus. Geblieben ist jedoch das Credo, Paaren zu einem Kind zu verhelfen – auf jede mögliche Weise.

Das Klonen von Menschen, eine der allerletzten Grenzen, wird trotz heftiger – und manch halbherziger – Proteste gegenwärtig medienträchtig vorangetrieben. Dies erfolgt nicht nur von obskuren Sekten wie den Raelianern, sondern auch von bekannten Reproduktionsmedizinern wie Zavos und Antinori. Letzterer kündigte unlängst in der BBC an, er rechne demnächst mit der ersten Schwangerschaft. Ungeachtet des Wahrheitsgehaltes seiner Äußerungen muss man feststellen, dass heftige Proteste aus den Reihen der ForscherInnen sowie aus Politik und Öffentlichkeit ihn ebensowenig zu stören wie wirksam zu behindern scheinen. Ärztliche KollegInnen und ReproduktionsbiologInnen verweisen auf die Unsicherheiten der Methode und die enormen Risiken für die Nachkommen, die sich bei Tierversuchen gezeigt haben. Jenseits bestehender Verbote, wie sie von der UNESCO und dem Europarat beschlossen wurden, gibt es politische Vorstöße, international verbindliche Regelungen für das reproduktive Klonen zu initiieren. Die Vorschläge reichen von einem in Großbritannien favorisierten Moratorium bis hin zu einem Verbot, wie es Frankreich und Deutschland anstreben. Dennoch – die Debatte verhindert auch in Europa keinesfalls die Forschung. Es gibt außerdem widersprüchliche Berichte über erfolgreiche Versuche bei Primaten, quasi als Ermutigung für das Klonen von Menschen. Trotz rechtlicher Einschränkungen ist zu lesen, dass renommierte Forscher Versuche durchführten und publizierten, einen Kerntransfer in menschliche Eizellen vorzunehmen – quasi als Variation der Dolly-Methode (Tesarik et al. 2000).

Betrachtet man die verschiedenen Stellungnahmen zum Klonen von Menschen näher – noch vor kurzem ein Tabu, – fällt die Kritik keineswegs immer grundsätzlich aus. Die ,European Society of Human Reproduction and Embryology' (ESHRE), ein Zusammenschluss überwiegend europäischer ReproduktionsmedizinerInnen und NaturwissenschaftlerInnen, hat im März 2001 ihr fünfjähriges Moratorium zum Klonen erneuert. Nach ihrer Auffassung bieten die vorhandenen Techniken der assistierten Reproduktion für die Mehrheit der infertilen Paare ausreichende Chancen für eine erfolgreiche Behandlung (ESHRE 2001). Vor einem Jahr hat das Ethik-Kommittee der Amerikanischen Gesellschaft für Reproduktionsmedizin eine Stellungnahme zum *somatischen Kerntransfer* (SCNT – somatic cell nuclear transfer) herausgegeben und darin die ethischen Vorzüge und Nachteile einander gegenüber gestellt. Zu beachten ist hier auch die Wortschöpfung ,somatischer Kerntransfer'. Dieser Bezeichnung wird empfohlen, da der Begriff des Klonens in der Öffentlichkeit eine negative Konnotation hat. Zu verteidigen sei demnach eine Anwendung dieser Methode für infertile Paare, wenn einer der Partner keine Keimzellen bilden kann. Ist etwa der Mann nicht in der Lage, Spermien zu bilden, könnte seine Partnerin eine oder mehrere Eizellen ,spenden', die dann entkernt und mit seinem Erbgut ausgestattet werden. Dass in diesem Fall die sonst so hoch geschätzten genetischen Bande zur Mutter (fast) entfallen, wird jedoch nicht weiter erörtert.

Außerdem sei diese Methode anwendbar, wenn bei einem Paar das Risiko der Weitergabe einer schweren genetischen Krankheit besteht. Klonen stelle somit eine Alternative für Paare dar, die die Präimplantationsdiagnostik oder einen Schwangerschaftsabbruch nach Pränataldiagnostik ablehnen. Auch wenn durch diese Technik unter Umständen die Erosion der ‚Zwei-Partner-Familie' vorangetrieben werden könnte, eröffne sie doch gleichzeitig eine ‚prokreative Freiheit' für fruchtbare Individuen, denen der Partner fehle. Die Kommission kommt zu dem Schluss, eine eindeutige ethische Bewertung des reproduktiven Klonens sei nicht möglich. Trotz der diversen angeführten Bedenken bedeute es nicht, dass die Methode auf Dauer von der Unfruchtbarkeitsbehandlung auszuschließen sei (The Ethics Committee 2000). Dass Klonen aus ethischer Perspektive besonders im Hinblick auf Konzeptionen von Autonomie als moralisch falsch anzusehen wäre, wird auch von anderen Autoren entschieden zurückgewiesen (McCarthy 1999).

Aufsehen erregte kürzlich ein Bericht, aus dem hervorgeht, dass ein weiteres Tabu gefallen ist. Chinesische Forscher stellen seit einigen Jahren Chimären – Mischwesen aus menschlichen und tierischen Zellen – her, um daraus Stammzellen zu gewinnen. Diese Vorgehensweise ist in den meisten Ländern verboten (Abbott/Cyranoski 2001).

Beinahe täglich werden wir mit Nachrichten sensationellen Charakters und Grenzüberschreitungen in jeglicher Hinsicht konfrontiert. Das betrifft allgemeine Vorstellungen über physiologische Prozesse, wie etwa die Fortpflanzung, ebenso wie Konzepte sozialer Beziehungen, wie Elternschaft oder Verwandtschaftsverhältnisse. Bisher der Biologie zugerechnete Grenzen/Festlegungen, wie zum Beispiel das Geschlecht eines Kindes, werden mit den neuen Verfahren zunehmend zur Disposition gestellt. Weitere Eigenschaften eines Kindes, etwa Langlebigkeit oder Musikalität, gehören nach Auffassung mancher AutorInnen in den Kanon der Wünsche, mit denen Eltern ihre Kinder möglicherweise künftig ausstatten wollen (Henn 2000).

3. Fortpflanzung als ‚Systembaukasten'

Fortpflanzung im Rahmen der assistierten Reproduktion folgt zunehmend – um es salopp auszudrücken – der Logik eines Systembaukastens. Die notwendigen Bestandteile werden aus dem Zusammenhang des (weiblichen und/oder männlichen) Körpers genommen und entsexualisiert. Sie werden bearbeitet – aufbereitet, zerlegt oder ergänzt beziehungsweise aufgebessert – oder zukünftig neu konstruiert.

Dieser Prozess lässt sich auch bei der Behandlung von Männern beobachten. Die Gewinnung von Spermien kann, wie zuvor dargestellt wurde, aus dem Ejakulat, aber auch aus den Hoden beziehungsweise den Nebenhoden

vorgenommen werden. Auch der Samen von bereits Verstorbenen wird eingesetzt und hat bereits zur Geburt von Kindern geführt (Belker et al. 2001). Insgesamt sollen auf diese Weise 24 Kinder entstanden sein (Jardine 2001).

Nimmt man eine aktuelle Meldung hinzu, könnte es künftig möglich
werden, Babies völlig ohne männliche Beigabe entstehen zu lassen: Anlässlich der 57. Jahrestagung der ,American Society of Reproductive Medicine'
berichtete Jerry Hall – der bereits vor zehn Jahren ein Klonexperiment durch
Embryosplitting durchführte, um die ethische Debatte anzustoßen, – es sei
ihm bei Mäusen gelungen, eine Eizelle mit Hilfe eines chemischen Cocktails
anstelle eines Spermiums zur Bildung einer ,embryoartigen Form' anzuregen.
Mit dieser Art der ungeschlechtlichen Fortpflanzung hoffen er und seine
Kollegen, einen weniger umstrittenen Weg zur Herstellung von Stammzellen
gefunden zu haben.

Im zweiten Teil des Versuches wurden diese ,Embryonen' in Mäuse-
Leihmütter implantiert und entwickelten sich dort bis zum dreizehnten Tag
normal (Feng/Hall 2001). Würde man diese Vorgehensweise auf den Menschen übertragen, wäre jedes Baby, das auf eine solche Weise entstünde, ein
mit seiner Mutter genetisch identisches Mädchen. Also: ein alter feministischer Traum? Eine solche Methode käme jedenfalls nach Äußerungen anderer
Forscher Frauen mit unfruchtbaren Männern zugute, die eine Befruchtung mit
Spendersamen ablehnen.

Als Hilfe für infertile Männer wird derzeit bereits eine weitere Methode
in Aussicht gestellt, die ebenfalls erst bei Mäusen wirksam war. Zur Befruchtung wird dabei nicht ein Spermium, sondern das genetische Material
aus einer Körperzelle eingesetzt. Durch Verwendung von Chemikalien ist es
gelungen, die Eizelle zu veranlassen, den (überzähligen) Chromosomensatz
aus der Körperzelle abzustoßen (Lacham-Kaplan/Daniels 2001). Auch wenn
es primär als Hilfe für Männer ohne Spermien gedacht ist, ließe sich dieses
Verfahren, wenn es sich als sicher erweist, nicht zuletzt für lesbische Frauen
einsetzen, die ein genetisch eigenes Kind wollen.

Die Qualität der Eizelle zu beeinflussen steht im Zentrum weiterer Versuche mit vornehmlich experimentellem Charakter. Damit sollen vor allem
bei älteren Frauen die Anzahl der Chromosomenabweichungen verringert und
die Chancen auf eine Schwangerschaft erhöht werden. Da ist zunächst der
Zytoplasmatransfer: Dabei wird das Ooplasma der reifen Eizelle einer jungen
Spenderin in die Eizelle einer älteren Frau injiziert, in der bisher unbewiese-
nen Hoffnung, Embryonenqualität und Einnistung in die Gebärmutter so zu
verbessern. Das ,gealterte' Ooplasma gilt als Ursache der höheren Rate für
Chromosomenaberrationen bei älteren Frauen (Bals-Pratsch/Diedrich 2001).
Obwohl diese Vorgehensweise noch umstritten ist, wird bereits über die Ge-
burt von Kindern berichtet (Cohen et al. 1997).

Einen anderen Versuch in dieser Reihe stellt die sogenannte Kerntrans-
plantation dar. In die entkernte unreife Eizelle einer Spenderin wird der Kern
einer ,gealterten' Eizelle injiziert und durch einen elektrischen Impuls entsteht eine Eizelle mit den genetischen Informationen des eingeführten Kerns

(Takeuchi et al. 2001a). Noch einen Schritt weiter geht der Versuch, menschliche Eizellen herzustellen. Dazu wurden Eizellen verwendet, deren Spenderinnen über den Verwendungszweck vollständig aufgeklärt wurden und ihr Einverständnis erklärt haben (,informed consent').

Auf der 57. Jahrestagung der ,American Society of Reproductive Medicine' wurde über die Ergebnisse einer Studie berichtet, wonach es gelungen ist, menschliche Eizellen mit einem aus Köperzellen stammenden Genom herzustellen. Unreife Eizellen wurden gereift, anschließend wurde ihr Kern entfernt und der Kern von Körperzellen injiziert. Durch chemische oder physikalische Impulse wurde der aufgenommene somatische Zellkern angeregt, die Hälfte seiner Chromosomen abzustoßen. Dieses gelang in einigen Fällen, wodurch die Voraussetzung für die potenzielle Verschmelzung mit einer Samenzelle geschaffen war. Ist die Methode einmal erprobt, wird damit jenen Frauen Hilfe in Aussicht gestellt, die keine eigenen Eizellen produzieren können – sei es auf Grund altersbedingter Sterilität, vorangegangener Krebsbehandlungen oder vorzeitiger Wechseljahre (Takeuchi et al. 2001b).

Seit einigen Jahren wird für Karzinompatientinnen und Frauen mit früher Menopause die Kryokonservierung von Eierstockgewebe und die anschließende Reifung diskutiert, um ihre Fertilität zu erhalten. Inzwischen gewinnt diese Technik mit der anschließenden In-vitro-Reifung unreifer Eizellen außerdem Bedeutung im Rahmen der assistierten Reproduktion, zum Beispiel für IVF oder ICSI. Zu berücksichtigen ist, dass in der reproduktionsmedizinischen Forschung die Senkung der Risiken hormoneller Stimulation – wie auch von deren Kosten – zu den vorrangigen Aufgaben zählen. Gleichzeitig entsteht damit prinzipiell die Möglichkeit, mehr Eizellen als für die IVF benötigt zur Verfügung zu haben. Es gibt zwei Wege der Gewinnung: zum Einen die Gewinnung unreifer Eizellen aus unstimulierten Zyklen und deren Reifung mit Hormongaben ,in Kultur'; zum Anderen besteht die Möglichkeit, aus Ovarbiopsien (die kryokonserviert werden können) Eibläschen zu gewinnen und zu kultivieren. Das Springen des Follikels wird medikamentös ausgelöst – allerdings nicht im Körper der Frau, sondern ,in vitro'. Die reife Eizelle kann dann per IVF oder ICSI befruchtet und im Spontanzyklus transferiert werden (Nawroth/Sudik 1999; Schöpper et al. 1999).

Noch gilt das Verfahren als experimentell, doch die erfolgreiche Reimplantation von gefrorenem Ovarialgewebe, das wieder normal arbeitet, hat die Debatte belebt. Roger Gosden, der erfolgreiche Operateur und Reproduktionsmediziner, möchte zwar zunächst die Transplantationstechnik perfektionieren. Aber schon sind die Verwendung von fötalem Ovarialgewebe oder Ovarialspenden ,von Frau zu Frau' im Gespräch (Holzgreve 1999). So plädiert Gosden im Hinblick auf die Zielgruppe der älteren Frauen dafür, die Unterschiede zwischen vorzeitiger und natürlicher Menopause beiseite zu lassen. Vielmehr können nach seiner Auffassung „die Kombination von technischem Fortschritt und sozialen Lebensumständen ethische Bedenken nichtig machen" (Gosden et al. 2000).

4. Die Marginalisierung des weiblichen Körpers

Welche Schlussfolgerungen lassen sich aus all dem im Hinblick auf Körperkonzepte ziehen? Infolge einer ausdifferenzierten Technik und deren Nutzung
verstärkt sich der Eindruck, dass Ausstattung und Funktion des weiblichen –
und zunehmend auch des männlichen – Körpers unzureichend sind und der
Verbesserung durch medizinische Interventionen bedürfen. Dieses Phänomen
ist seit längerem als *Medikalisierung* bekannt. In Verbindung mit Rationali-
sierungsprozessen innerhalb der Reproduktionsmedizin und dem Herauslösen
weiterer Phasen des Fortpflanzungsprozesses aus dem Körper der Frau – wie
etwa bei der In-vitro-Reifung von Eizellen oder Ovarialgewebe – erfährt der
weibliche Körper eine weitere Marginalisierung. Permanente technische Fort-
entwicklungen dienen einerseits der Erweiterung des Angebotes beziehungsweise werden als Ersatz für bereits Vorhandenes, wie Pränatal- oder Präimplantationsdiagnostik, offeriert.

Dieser Entwicklungsprozess – einschließlich der zu beobachtenden
Grenzüberschreitungen – wird mit hochrangigen Zielen begründet. Da ist zunächst der Kinderwunsch gefolgt von/oder in Verbindung mit Zielen, die den
Prinzipien des Helfens und Heilens folgen, wie etwa bei der Stammzellforschung. Der Rekurs auf den Kinderwunsch kann, wenn einige der vorgestellten Techniken sich umsetzen, allerdings paradoxe Züge bekommen. Mit ihrer
Hilfe könnte sich nämlich das ‚unfruchtbare Paar' als zentrale Argumentationsfigur der Reproduktionsmedizin auflösen zugunsten des Modells eines individuell zu realisierenden Kinderwunsches.

Literatur

Abbott, A./Cyranoski, D. (2001). China plans ‚hybrid' embryonic stem cells. Nature, 413
    (6854), 339
Bals-Pratsch, M./Diedrich, K. (2001). Assistierte Reproduktion bei Frauen mit einer be-
    ginnenden Perimenopause. Reproduktionsmedizin, 17 (1), 10-19
Barbian, E./Berg, G. (1997). Die Technisierung der Zeugung. Die Entwicklung der In-
    vitro-Fertilisation in der Bundesrepublik Deutschland. Pfaffenweiler: Centaurus
Belker, A./Swanson, M./Cook, C./Carillo, A./Yoffe, S.H. (2001). Live birth after sperm
    retrieval from a moribund man. Fertility and Sterility, 76 (4), 841-843
Berg, G. (1999). Die Entwicklung der IVF und ihre Modifikationen. In Gen-ethisches
    Netzwerk, Pichlhofer, G. (Hrsg.). Grenzverschiebungen. Politische und ethische Aspekte
    der Fortpflanzungsmedizin. Frankfurt: Mabuse, 27-47
Bundesärztekammer (1998). Richtlinien zur Durchführung der assistierten Reproduktion.
    Deutsches Ärzteblatt, (95), A 3166-3171
Cibelli, J.B/Kiessling, A.A./Cunniff, K./Richards, C./Lanza, P./West, M.D. (2001). Rapid
    communication: Somatic cell nuclear transfer in humans. Pronuclear and early embry-
    onic development. e-biomed: Journal of Regenerative Medicine, 2, 25-31
Cohen, J./Scott, R./Schimmel, T./Levron, J./Willadsen, S. (1997). Birth of infant after transfer
    of anucleate donor oocyte cytoplasm into recipient egg. Lancet, 350 (19), 186-187

Corea, G. (1998). Das Manhattan-Projekt der Reproduktionstechniker. In Weikert, A./Riegler, J./Trallori, L.N. (Hrsg.). Schöne neue Männerwelt. Beiträge zu Gen- und Fortpflanzungstechnologien. Wien: Verlag für Gesellschaftskritik, 139-154

De Mouzon, J./Lancaster, P. (1997). World collaborative report on in vitro fertilization preliminary data for 1995. Journal of Assisted Reproduction and Genetics, 14 (5), Suppl., 251-265

DIR Jahrbuch 1996, 1997, 1998, 1999, 2000. Deutsche Gesellschaft für Gynäkologie und Geburtshilfe. Bad Segeberg: Deutsches IVF-Register

Edwards, R. G. (1965). Maturation in vitro human ovarian oocytes. Lancet, 2 (7419), 929-929

ESHRE PGD Consortium Steering Committee (2002). ESHRE Preimplantation Genetic Diagnosis Consortium: data collection III (May 2001). Human Reproduction, 17 (1), 233-246

European Society of Human Reproduction and Embryology (ESHRE) (2001). Voluntary Moratorium on Cloning Human Beeings, 5. 4. 2001

The Ethics Committee of the American Society for Reproductive Medicine (2000). Human somatic cell nuclear transfer (Cloning). Fertility and Sterility, 74 (5), 873-876

Feng, Y./Hall, J.L. (2001). Production of neurons from stem cells derived from parthogenetic mouse embryos. Fertility and Sterility, 76 (3), Suppl. 1

Fuchs, R./Berg; G./Barbian, E./Werth, I. (2002). Paare vor der Entscheidung für eine reproduktionsmedizinische Behandlung (ICSI). Psychomed, 2/2002 (im Druck)

Gosden, R./Tan S.L./Oktay, K. (2000). Oocytes for late starters and posterity: are we on to something good or bad? Fertility and Sterility, 74 (5), 1057

Graumann, S. (1999). Selektion im Reagenzglas. Versuch einer ethischen Bewertung der Präim-plantationsdiagnostik. In Emmrich, M. (Hrsg.). Im Zeitalter der Biomacht. Frankfurt a. Main: Mabuse, 105-23

Henn, W. (2000). Consumerism in prenatal diagnosis: a challenge for ethical guidelines. Journal of Medical Ethics, 26, 444-446

Holzgreve, W. (1999). Weiterer Schritt zur „Brave New World"? Ovarialtransplantation beim Menschen erstmalig gelungen. Reproduktionsmedizin, 15 (6), 391-192

Jardine, A. (2001). Welches Kind hätten Sie gern? Spiegel Reporter: Das perfekte Kind, 25-34

Kim, E.D./Bischoff, F.Z./Lipschultz, L.I./Lamb, D.J. (1998). Genetic concerns for the subfertile male in the era of ICSI. Prenatal Diagnosis, 18, 1349-1365

Lacham-Kaplan, O./Daniels, R. (2001). Fertilization using cumulus cells as artificial gametes. Human Reproduction, 16 (6), 5

Leinmüller, R. (2001). Mainzer ICSI-Studie verstärkt Bedenken der Kostenträger. Deutsches Ärzteblatt, 98 (47), C2436-2437

Ludwig, M. et al. (1999). Intrazytoplasmatische Spermieninjektion – ICSI (I): Verlauf von 310 Schwangerschaften, Ergebnisse der Pränataldiagnostik und Diskussion eines noninvasiven Konzepts zur Pränataldiagnostik. Geburtshilfe Frauenheilkunde, 59 (8), 387-394

McCarthy, D. (1999). Persons and their copies. Journal of Medical Ethics, 25 (2), 98-104

Nawroth, F./Sudik, R. (1999). Methodische Probleme und klinischer Nutzen der Kryokonservierung von Ovarialgewebe sowie der In-Vitro-Reifung von Follikeln und Oozyten. Reproduktionsmedizin, 15 (2), 115-123

Nygren, K.G./Nyboe, A. (2001). Assisted reproductive technology in Europe, 1997. Results generated from European registers by ESHRE. Human Reproduction, 16 (2), 384-391

Palermo, G. D./Joris, H./Devroey, P./van Steirteghem, A.C. (1992). Pregnancies after intracytoplasmic injection of single spermatozoon into an oocyte. Lancet, 340, 17-18

Society for Assisted Reproductive Technology and American Society for Reproductive Medicine (SART) (2000). Assisted reproductive technology in the United States: 1997 results generated from the American Society for Reproductive Medicine/Society for Assisted Reproductive Technology Registry. Fertility and Sterility, 74 (4), 641-653

Savulescu, J./Dahl, E. (2000). Sex selection and preimplantation diagnosis. A response to the Ethics Committee of the American Society of Reproductive Medicine. Human Reproduction, 15 (9), 1879-1880

Schöpper, B./Ludwig, M./Al-Hasani, S./Diedrich, K. (1999). In-vitro-Reifung und In-vitro-Wachstum von Oozyten und primordialen Follikeln. Reproduktionsmedizin, 15 (3), 179-185

Stanworth, M. (1987). Reproductive technologies and the deconstruction of motherhood. In Stanworth, M. (ed.). Reproductive technologies. Gender, motherhood and medicine. Cambridge: Polity Press, 10-35

Sutcliffe, A.G./Taylor, B./Saunders, K./Thornton, S./Lieberman, B.A./Grudzinskas, J.G. (2001). Outcome in the second year of life after in-vitro fertilization by intracytoplasmic sperm injection: a UK case-control study. Lancet, 357, 2080-2084

Takeuchi, L./Gong, J./Veeck, L./Rosenwaks, Z./Palermo, G. (2001a). Preliminary findings in germinal vesicle transplantation of immature human oocytes. Human Reproduction, 16 (4), 730-736

Takeuchi, L./Veeck, L./Rosenwaks, Z./Palermo, G. (2001b). How to generate human oocytes from diploid somatic nuclei. Fertility and Sterility , 76 (3), Suppl. 1, 68

Tesarik, J./Nagy, Z.P./Mendoza, C./Greco, E. (2000). Chemically and mechanically induced menbrane fusion: non-activating method for nuclear transfer in mature human oocytes. Human Reproduction, 15 (5), 1149-1154

Wissenschaftlicher Beirat der Bundesärztekammer (2000). Diskussionsentwurf zu einer Richtlinie zur Präimplanationsdiagnostik

Körper und Eigentum – Grenzverhandlungen zwischen Personen, Sachen und Subjekten

Ingrid Schneider

Durch die Nutzbarmachung und den Transfer von Körpersubstanzen in der wissenschaftlichen Forschung und in biomedizinischen Verwendungskontexten sind neue Herausforderungen an Recht und Politik entstanden. Mein Beitrag widmet sich der Vergesellschaftung des Körpers durch neue Verwertungsweisen von Körpersubstanzen und den juridischen Kodifizierungen, in welche diese gefasst wird.

Bis vor kurzem galten Körpersubstanzen – abgesehen von den Blutspenden – als ökonomisch wertlos. Sie konnten zwar aufschlussreich sein im Hinblick auf die medizinische Diagnostik (wie etwa Blutproben, Urindiagnostik, Gewebeschnitte), aber sie hatten keine eigenständige ökonomische Bedeutung. Sie wurden kaum ‚weiterverarbeitet‘ oder benutzt. Dies hat sich im Zuge gegenwärtiger biowissenschaftlicher und technologischer Entwicklungen verändert (vgl. Andrews/Nelkin 1998). Wir erleben derzeit eine tief greifende Transformation hinsichtlich der Verfügbarkeit und Verwertbarkeit des menschlichen Körpers – und zwar als *Substanz* – nicht ‚nur‘ als Arbeitskraft oder Handlungspotenzial. Körpersubstanzen können für wissenschaftliche, diagnostische, therapeutische und industrielle Zwecke verwertet werden, sowohl auf der Ebene von Organen und von Fortpflanzungssubstanzen (Eizellen, Sperma, Embryonen) wie auch auf der Ebene von Zellen und Genen als Produktionsfaktoren für neue medizinische Produkte. Neue rechts- und gesellschaftspolitische Fragen entstehen darüber hinaus durch die Verleihung von geistigen Eigentumsrechten an vom Körper isolierten Bestandteilen, die durch technisches Wissen erschlossen werden und als gewerblich anwendbare ‚Erfindungen‘ Gegenstand von Patentanträgen sind (vgl. Schneider 2002a, b).

Diese Transformationsprozesse werfen Fragen nach dem Verhältnis und den Verfügungsrechten des Individuums zu seinen abgetrennten Substanzen auf. Auf der gesellschaftspolitischen Ebene geht es um die politische Regulierung der Entnahme, Zirkulation und Allokation der Körpersubstanzen, ihren rechtlichen Status und die Modalitäten des Transfers. Aufgrund des Changierens zwischen Markt und Gemeinnützigkeit sind die rechtlichen Kodifizierungen der neuen Forschungspraxen von besonderem Interesse. Diese haben gleichzeitig Auswirkungen auf die Subjektkonstitution.

Ich werde in diesem Zusammenhang verschiedene Formen von Grenzziehungen und Grenzverschiebungen thematisieren. Dabei beschäftige ich mich vor allem mit dem *Materialcharakter* menschlicher Körpersubstanzen und den Zugriffen, die durch Forschung und Technologie einerseits und Ökonomie andererseits darauf genommen werden. Indem die Materialität beziehungsweise das durch Wissen erschlossene oder konstituierte Artefakt fokussiert wird, tritt der ganze Körper und auch das Geschlecht – vielleicht gar das Humanum selbst – in den Hintergrund oder verschwindet gar ganz von der Bildfläche. Körperzellen und Gene werden vom Individuum abgelöst und ‚universalisiert‘. Sie sollen also gerade von jeder Partikularität und Individualität ‚gereinigt‘ und als *das* Gen *für* eine bestimmte Funktion oder als *die* Zelle zur Herstellung einer bestimmten therapeutisch wirksamen Substanz genutzt werden (vgl. Schneider 2002b). Die Herkunft dieser Materialien aus menschlichen Körpern wird somit tendenziell ausgeblendet. Auch wird alles, was daran erinnern könnte, sprachlich und bildlich nicht mehr repräsentiert.

Es wäre interessant zu untersuchen, wie in den aktuellen Kontroversen beispielsweise um die Stammzellforschung die Herkunft der Stammzellen aus einem Embryo einerseits von KritikerInnen betont und moralisch ins Zentrum gestellt wird. Andererseits wird jedoch von BefürworterInnen dieser Forschung diese Bindung semantisch verschleiert, indem ausschließlich von ‚Blastozysten‘, ‚Stammzellen‘ oder von ‚totipotenten Zellen‘ statt von Embryonen gesprochen wird. In der Debatte um die rechtliche Regelung des Schwangerschaftsabbruchs war der Embryo als ‚Miniaturmensch‘ anhand von Lennart Nilssons Föten-Fotos bildlich immer präsent – eine Form der Darstellung, die von Feministinnen als *Embryo im Weltraum*, losgelöst von der Frau und ihrer Leiblichkeit, kritisiert wurde (vgl. Duden 1991; Schneider 1995: 204ff.). Gegenwärtig begegnen uns medial vermittelt vor allem Bilder von brombeerartigen Zellhaufen, die in nichts an eine menschliche Gestalt erinnern. Auch spricht man niemals von einer ‚weiblichen‘ oder ‚männlichen‘ embryonalen Stammzell-Linie, obgleich die Forscher in ihren wissenschaftlichen Aufsätzen die Stabilität der Chromosomensätze, der Karyotypen, über viele Kulturpassagen hinweg betonen (vgl. Thomson et al. 1998) und dabei auch die geschlechtsmarkierenden X- und Y-Chromosomen Gegenstand ihrer Aufmerksamkeit sein dürften.

Kurzum, Gene und Zellen werden neutralisiert, entsexualisiert und entkörperlicht. Umso wichtiger bleibt anzumerken, dass zweifelsohne bestimmte Techniken wie insbesondere das ‚therapeutische‘ Klonen sowohl von ihren Anwendungskontexten (Hormonstimulierung beziehungsweise In-vitro-Fertilisation) wie auch von den Zugriffen auf Substanzen, die Teil der Diffusionsdynamik einer Technologie bilden, für Frauen wesentlich andere und gravierendere Implikationen haben als für Männer. Ich habe diesen Aspekt an anderer Stelle ausführlich diskutiert (Schneider 2002c) und werde später auf einige Konfigurationen in den Darstellungen zurückkommen, die zumindest traditionell mit Geschlechterdualismen aufgeladen waren oder sind.

1. Der Körper im Recht

Für unsere derzeit gültige Rechtsordnung ist die Trennung zwischen *Person und Sache* konstitutiv. Der Dualismus von Person und Sache, mit dem Eingriffe in *Freiheit und Eigentum* korrespondieren, durchzieht sowohl das Zivilrecht wie auch das Strafrecht, das öffentliche Recht bis hin zum Verfassungsrecht (Brohm 1998: 198; Höfling 2001: 98). Auch auf den Körper bezogen wird von binären Oppositionen ausgegangen, die sich einerseits auf den *lebenden* Körper[1], andererseits auf seine *Teile* beziehen.

1.1 Der lebende menschliche Körper in seiner Gesamtheit

Der lebende menschliche Körper als solcher gilt als *res extra commercium*[2], als Teil und Konstituens der Person, welcher dem Rechts- und Warenverkehr entzogen ist. Appel fasst zusammen, dass der menschliche Körper

> „nicht als eine Sache im Rechtssinne behandelt wird und folglich dem Rechtsverkehr entzogen ist. Er ist eine res extra commercium und somit auch nicht Gegenstand des Eigentumsrechts" (1996: 125, vgl. Koppe 1907: 28f.).

Man beruft sich dabei auf das alte römische Recht. Schon in den Digesten heißt es, bezogen auf den freien Menschen: „Dominus membrorum suorum nemo videtur" – niemand ist Eigentümer seiner Körperteile" (Ulpian, D: 9,2.13 pr, zit. nach Gareis 1900: 62). Der Körper sei keine Sache und könne folglich nicht Gegenstand des Eigentumsrechts sein.

Die wesentliche Eigenschaft einer Sache besteht darin, dass sie Gegenstand des Rechtsverkehrs und damit verkehrsfähig sein kann. Ein bestimmendes Element des Eigentums ist seine Übertragbarkeit. Eigentum verleiht Herrschaftsbefugnisse und schließt neben der beliebigen Nutzung das Recht zur Vernichtung einer Sache ein. Neben dem *Objektverhältnis* zwischen der Person und der Sache besteht eine weitere Dimension des Eigentums in seiner *Relationalität* zwischen Personen. Damit sind die dem Eigentumsrecht inhärenten Ausschlussrechte gegenüber einer anderen Person charakterisiert (vgl. Brohm 1998: 198; Schünemann 1985).

Begründet wird diese Kategorisierung mit der logischen Untrennbarkeit von Körper und Person: Kein Mensch dürfe als Sache dem Willen anderer Menschen total unterworfen werden. Eigentum am Körper anderer wäre notwendig Eigentum am ganzen Menschen und damit an seiner Person. Damit

---

1   Auch eine *Leiche* gilt im Rechtssinne nicht als Sache: Für eine Leiche gilt das nachwirkende Persönlichkeitsrecht. Angehörige oder Erben sind Wahrnehmungsberechtigte dieses Persönlichkeitsrechts, sie nehmen es treuhänderisch wahr. Umstritten ist ein Totensorgerecht der Angehörigen.

2   Zur Kritik des in diesem Zusammenhang falschen Begriffes der *res* siehe Koppe (1907: 26f.).

wäre der Mensch seiner Rechtssubjekthaftigkeit beraubt, es gebe kaum noch einen qualitativen Unterschied zum Zustand der Sklaverei.[3]

Juristisch drückt sich dies darin aus, dass der Körper dem *Persönlichkeitsrecht*, nicht dem Sachenrecht unterliegt. Das Recht am Körper gilt als besonderes Persönlichkeitsrecht. Daraus ergibt sich zum Einen Rechtsschutz (insbesondere Schutz der Unversehrtheit), und zum Anderen verleiht das Selbstbestimmungsrecht eine gewisse Dispositionsbefugnis über den Körper, allerdings innerhalb enger sittlicher Schranken. Vom Persönlichkeitsrecht geschützte Rechtsgüter sind ‚Leben', ‚Körper', ‚Gesundheit' und ‚Freiheit' (vgl. Taupitz 1995: 745 unter Verweis auf § 823 I BGB). Dies gilt für den lebenden Körper in seiner Gesamtheit, nicht jedoch, wenn Teile vom Körper gelöst sind.

1.2   Vom Körper abgetrennte Teile

Für vom Körper abgetrennte Teile beziehungsweise Substanzen konkurrieren aus zivilrechtlicher Sicht zwei Ansätze miteinander. Vielfach wird ein *sachen- und eigentumsrechtlicher* Ansatz geltend gemacht: Abgetrennte Körpersubstanzen werden also als Sachen konzipiert, die verkehrsfähig sind, übereignet werden können und den eigentumsrechtlichen Vorschriften des BGB und zivil- wie strafrechtlichen Bestimmungen unterliegen (Schünemann 1985). Die Körpersubstanzen sind somit ökonomisch geprägt und können Gegenstand vertragsrechtlicher Aushandlungen von Abgabekonditionen wie auch eines monetären Gegenwerts sein. Abgetrennten Körperteilen kann nach der Rechtslehre Sachqualität zugesprochen werden, wonach der Eigentümer des abgetrennten Körperteils darüber verfügen kann. Dies ist allerdings strittig beziehungsweise nur innerhalb enger Grenzen möglich, da nach der jetzigen Gesetzeslage beispielsweise der Verkauf von Organen nach dem Transplantationsgesetz von 1997 verboten ist. Insgesamt bleibt die Möglichkeit der entgeltlichen Veräußerung von Teilen des eigenen Körpers umstritten. Die diesbezüglichen Kontroversen drehen sich darum, ob beispielsweise Blut nur gespendet oder auch verkauft werden darf (vgl. Müller 1997: 111-123; Titmuss 1971). Zu unterscheiden ist zudem zwischen der Eigenkommerzialisierung

---

3   Brohm (1998: 198) erinnert daran, welch eines Jahrhunderte währenden historischen Prozesses es bedurfte, bis es zu der Internationalen Sklaverei-Konvention von 1926 und zur nahezu weltweiten Abschaffung der Sklaverei kam. Und dies, obgleich sich seit der Aufklärung die Idee der Selbstzwecklichkeit des Menschen durchsetzte, welche ein Instrumentalisierungsverbot impliziert. Bereits die antike Philosophie und die jüdisch-christliche Tradition errichteten mit der Vorstellung der Gottesebenbildlichkeit des Menschen Barrieren hinsichtlich einer absoluten Verfügungsgewalt von Menschen über andere Menschen. Insofern setzt man sich mit der Ablehnung sachenrechtlicher Geltung für den Körper ausdrücklich von alten Rechtsverhältnissen, insbesondere der Sklaverei, ab.

und Folgekommerzialisierungen menschlicher Körpersubstanzen (Müller 1997).

Diese Kategorisierung wirft die Frage auf, wie der *Übergang* zwischen dem Teil und dem Ganzen vorzustellen ist; immerhin wird von einer seltsamen Metamorphose des Körpers von der Person hin zu einer Sache ausgegangen. Um diesem genauer nachzugehen, werde ich auf Kontroversen in der Rechtswissenschaft eingehen. Überwiegend wird angenommen, dass *unmittelbar* nach der Trennung ein *Eigentumsverhältnis* desjenigen besteht, von dessen Leib der Bestandteil entfernt wurde.[4] Andere juristische Positionen gehen davon aus, dass nach der Abtrennung zunächst ein *herrenloses Gut* entsteht, an dem jeder durch Inbesitznahme Eigentum erwerben könne – Dritte können es sich also aneignen und darüber verfügen. Demjenigen, von dem das abgetrennte Teil stammt, stehe jedoch ein primäres Aneignungsrecht zu.[5]

Allerdings wird dieser Auffassung, dass vom Körper getrennte Substanzen eigentumsrechtlich zu fassen seien, auch eine andere, *persönlichkeitsrechtliche Konzeption* entgegengesetzt: Demnach soll das Persönlichkeitsrecht am eigenen Körper „für den getrennten Teil fortbestehen" (Forkel 1974: 595). Aus der Rechtsliteratur wird deutlich, dass dabei auch die jeweiligen Verwendungskontexte relevant sind. Bei der Verwendung von Organen in der Transplantationsmedizin geht die Mehrheitsmeinung davon aus, dass das Persönlichkeitsrecht des Spendenden bis zur Einpflanzung in einen anderen Körper fortbesteht, dann gehe das Implantat in das Persönlichkeitsrecht des Empfängers über (Forkel 1974: 599)`. Mit der Abtrennung von Körperteilen gehe die persönlichkeitsrechtliche Beziehung nicht automatisch verloren, sondern setze sich gleichsam als ‚Eigenschaft' fort. Entscheidendes Kriterium dafür bilde die ‚Nähe' beziehungsweise intensive persönliche Bindung. Hier differenziert man zwischen abgetrennten Haaren, Nägeln oder bei Operationen entfernten Teilen, für die Sachenrecht gilt. Hingegen blieben entnommene Eizellen, Sperma oder zur Eigentransplantation bestimmte Hautteile persönlichkeitsrechtlich gebunden (Appel 1996: 128).

Ein Erlöschen des Persönlichkeitsrechts sei möglich, aber nicht allein die Tatsache der Abtrennung vom Leib macht ein Körperteil zur Sache. Die Trennung und der Verzicht darauf bedürfen der Willenserklärung der Person, erst dann fällt das Körperteil unter den Sachschutz. Bei Übereignung an den Arzt, die Klinik oder ein Pharmaunternehmen gehe das Eigentum auf diese über. Insbesondere bei Teilen des Körpers, die konserviert oder anderweitig gelagert und einer Bearbeitung unterzogen werden, bedürfe es sachenrechtlicher Regelungen (Deutsch 1999: 358f.).

Inzwischen werden vor allem Mischformen zwischen diesen beiden polaren Konzeptionen diskutiert:

---

4   Hier wird auf eine analoge Anwendung von §953 BGB verwiesen (vgl. Forkel 1974: 595; Höfling 2001: 100).

5   Maßgeblich sind §998 BGB und §958 Abs. 2 BGB (siehe Höfling 2001: 100; Müller 1997: 35ff.; Schröder/Taupitz 1991: 35ff.).

- Zum Einen gibt es die *Überlagerungsthese* (Schünemann 1985: 89ff.), dem ein Zwei-Ebenen-Modell zugrunde liegt. Demnach ist das Eigentumsrecht am Körper bei der lebenden Person völlig vom Persönlichkeitsrecht überlagert. Mit der Trennung löse sich diese Überlagerung und das zugrunde liegende Eigentumsrecht gewinne an Bedeutung, bis hin dazu, dass die persönlichkeitsrechtliche Bindung völlig erlöschen könne (Schünemann 1985: 89ff.).
- Zum Anderen geht der sogenannte fortentwickelte sachenrechtliche Ansatz (Müller 1997; Taupitz 1991a) von einer *Parallelisierung* beziehungsweise Dopplung von sachen- und persönlichkeitsrechtlicher Geltung aus: Das ursprüngliche Persönlichkeitsrecht bleibe nach der Abtrennung neben dem dann einsetzenden Eigentumsregime bestehen.

Die juristische Debatte bewegt sich in und zwischen diesen beiden Konzeptionen. Es wird indes gemeinhin nichts oder nur wenig darüber ausgesagt, was eigentlich geschieht, wenn es zu Kollisionen zwischen Eigentumsrecht und Persönlichkeitsrecht kommt, wenn also die Ausübung der Eigentumsrechte – insbesondere durch Dritte – als Eingriff in das Persönlichkeitsrecht dessen, von dem die Körpersubstanz stammt, zu bewerten ist (vgl. Höfling 2001: 102; Müller 1997; Schröder/Taupitz 1991: 42ff.).

2. Implikationen persönlichkeits- und eigentumsrechtlicher Konzeptionen

Welche Implikationen und rechtlichen Folgewirkungen haben diese unterschiedlichen Konzeptionen? Zentral beim Persönlichkeitsrecht sind der Wille, die Handlungsfreiheit und das Selbstbestimmungsrecht der Person. Der Inhalt des *persönlichkeitsrechtlichen Ansatz* geht in zwei Richtungen (Forkel 1974: 594f.): Er ist vor allem als *Abwehrrecht* zu charakterisieren. Es geht also um *negative Rechte*, um einen *Schutz* vor schädigenden Eingriffen und die Bewahrung der *körperlichen Integrität*. Daraus ergibt sich vor allem ein Abwehrrecht des Menschen vor unbefugter Nutzung seiner Körpersubstanzen durch Dritte, beispielsweise die wissenschaftliche Forschung und die pharmazeutische Industrie. Aus dem Grundrecht auf Schutz der *Privatsphäre* und den *Freiheitsrechten* ist die Notwendigkeit des Datenschutzes abzuleiten, also der Schutz der persönlichen Information vor unbefugter Nutzung, insbesondere durch Anonymisierung oder Pseudonymisierung der am Material erhobenen beziehungsweise gewonnenen genetischen Daten oder anderweitigen für die Gesundheit und den Lebensentwurf des Individuums relevante Informationen.

Der *positive* Inhalt des Persönlichkeitsrechts bezieht sich auf die Dispositionsbefugnis über die eigenen Körperteile (*Autonomie*). Dies bedeutet zunächst vor allem, dass jeder Eingriff, der der Gewinnung humanbiologischen Materials dient, die freiwillige Zustimmung nach Aufklärung, den *informed consent* der Betroffenen zur Voraussetzung hat (Laufs 1999). Weitere positive Verfügungsbefugnisse werden hinsichtlich der Reichweite des *informed consent* diskutiert. Neben der Zustimmung oder Ablehnung der Entnahme und Weiterverarbeitung des Körpermaterials können beispielsweise weiter gehende Informationsrechte über Forschungsziele, Dauer der Lagerung (zeitliche Befristung), gewerbliche Nutzung der Substanzen und über anhängige oder geplante Patentanträge geltend gemacht werden (vgl. Annas et al. 1995). Daneben könnten auch – beispielsweise bei Blut oder Organen – Bestimmungsrechte über spezifische Empfänger(-gruppen) postuliert werden. Inzwischen reichen die diesbezüglichen Vorstellungen bis hin zum Postulieren eines „Grundrechts" auf „bio-materielle" (Taupitz 1991a) beziehungsweise „bio-informationelle Selbstbestimmung" (Höfling 2001: 119), was aber bisher wenig konkretisiert ist. Vielmehr bestehen zahlreiche Fragen, Zweifel und Unsicherheiten, sodass bisher kaum gesetzliche Regelungen in diesem Bereich zu finden sind.

Dies gilt auch für die andere Form, den *eigentumsrechtlichen Ansatz* in Bezug auf abgetrennte Körpersubstanzen: Aus der eigentumsrechtlichen Bestimmungsbefugnis ergibt sich zum Einen ein Recht zum – zunächst einmal fast beliebigen – Umgang mit der Sache Körpersubstanz: Man kann sie verwenden, anderen übertragen, aber auch vernichten und ebenso Dritte von der Verfügung darüber ausschließen. Vor allem jedoch besteht die Möglichkeit des *Verkaufs*, also der entgeltlichen Veräußerung von Körperbestandteilen. Dieses Recht wird allerdings nach geltendem Umgang mit vielen Körpersubstanzen – zum Beispiel mit Organen, aber auch mit Blut, Augenhornhäuten, Hirnhäuten (Durae) oder etwa der Plazenta – nur Dritten zugestanden, nicht den ursprünglichen Trägern, Inhabern beziehungsweise ‚Quellen' der Substanz selbst.[6] Gemeinnützige Institutionen wie das Rote Kreuz hingegen können ebenso wie privatwirtschaftliche Firmen Blut verkaufen, gleichermaßen können Lagerbanken Zellproben gegen Gebühr abgeben.

3. Gründe für den Ausschluss der Substanz-UrheberInnen aus der kommerziellen Verwertung

Ironischerweise ist daher zu konstatieren, dass inzwischen alle Drittverwerter – ÄrztInnen, ForscherInnen und Pharmafirmen – Eigentumsrechte an menschlichen Zellen geltend machen können, nur nicht der Mensch selbst, von dem sie stammen. Die *Rohstoff-LieferantInnen* werden faktisch von den Gewinnen ausgeschlossen, die mit ihren Substanzen auf dem Markt erzielt

---

6 Bezeichnend für das Problem ist, dass es weder im Deutschen noch im Englischen einen Begriff gibt, um diejenige Person, von der das Ausgangsmaterial stammt, adäquat zu benennen. Der meist gebrauchte Begriff *Spender* beziehungsweise *Donor* impliziert allerdings gerade eine nicht monetär honorierte Abgabe der Körpersubstanz.

werden. Mehr noch: Sie sollen selbst durch ‚informierte Zustimmung' in die Übergabe einwilligen und sich damit die aktive, pekuniäre Teilhabe an diesem Markt verunmöglichen. Allerdings besteht vertragsrechtlich schon jetzt die Möglichkeit, sich etwa für eine Blut-, Haut- oder Speichelabgabe bezahlen zu lassen oder sogar eine patentrechtliche Gewinnbeteiligung auszubedingen. Angewandt wird dies jedoch bisher kaum.

Als Begründung für den weithin praktizierten Ausschluss der Substanz-UrheberInnen von der kommerziellen Eigenverwertung ihrer Körpermaterialien werden meistens Sittlichkeitsargumente angeführt (vgl. Höfling 2001: 106; Müller 1997). Die Selbstverfügung im Sinne einer Eigenkommerzialisierung wird als *sittenwidrig* und damit rechtswidrig eingestuft. Zweifelsohne sind hier Moral und Ethik gefragt, und sei es zunächst nur, um Kriterien zu liefern für ethische und gesetzliche Normsetzungen. Denn der vage und notorisch unpräzise Begriff der Sittenwidrigkeit hat seine Ausgrenzungsfunktion in liberalen, pluralistisch verfassten Gesellschaften weitgehend verloren, da es über den Verstoß gegen die ‚guten Sitten' keinen Konsens mehr geben dürfte.

Zum Einen wird gegen die Zulassung des *fleischlichen Eigenverkaufs* die ethische Norm der Nicht-Kommerzialisierbarkeit des menschlichen Körpers ins Feld geführt. Auch gute und nachvollziehbare Argumente, dass es bei Freigabe des Verkaufs von Körperstücken die ökonomisch Unterprivilegierten seien, die dann ihre Haut zu Markte tragen würden, und somit ein Transfer von Körpersubstanzen ‚von arm zu reich' einsetzen würde, ist bei bestimmten Körperteilen – insbesondere Organen (Nieren) – durchaus nachvollziehbar. Hier wird gegen eine neue Form der Manifestation sozialer Ungleichheit die Norm der Verteilungsgerechtigkeit sowohl national wie international gesetzt. Es fragt sich aber, ob dieses Argument für regenerierbare Körpersubstanzen wie etwa Blut oder Speichel ebenso gilt beziehungsweise gelten sollte. Für zu Transfusions- und Plasmaverarbeitungszwecken eingesetztes Blut sind die negativen Konsequenzen für die entlohnt ‚Spendenden', insbesondere hinsichtlich des Imports aus Dritte-Welt-Ländern, historisch gut belegt (vgl. Starr 1999; Titmuss 1971). Allerdings ist fraglich, ob dies in gleichem Maße für kleine Mengen von mit nicht-invasiven Verfahren gewonnenen Körpermaterialien zuträfe, aus denen bestimmte Stoffe wie beispielsweise Antikörper extrahiert werden sollen oder die dem Erkenntnisgewinn hinsichtlich genetischer Prädispositionen dienen sollen.

Ein gewichtiges Argument scheint mir zu sein, dass jede Bezahlung die Freiwilligkeit der Abgabe einschränken könnte, also geradezu ein dem Postulat des *informed consent* entgegenstehender und entgegenwirkender Faktor wäre. In diesem Zusammenhang wäre jedoch genauer zu untersuchen, wie hoch der Preis für ein spezifisches ‚Körperprodukt' ist und wie dies im Verhältnis zum sonstigen Einkommen des sogenannten Spenders steht, sodass sich daraus eine ‚Zwangslage' hin zur Abgabe entwickeln könnte.

4. My body – my property?

Der politische Umgang mit den oben genannten Paradoxien wird bereits seit längerem kontrovers bewertet. Die linksliberale, feministische US-amerikanische Juristin Lori Andrews (1986) hat als Antwort auf die biomedizinischen Kommodifizierungen des menschlichen Körpers bereits 1986 die Losung „my body – my property" ausgegeben. Sie will die Verhandlungsposition der Individuen auf den neu entstandenen Körpermärkten durch Eigentumsrechte am eigenen Körper stärken. Ihre Begründung:

> „such an approach gives people more clear control over what is done to their bodies. In our market-based society, our laws are often more protective of property than persons" (Andrews 1992: 2150f.).

Ihrer Meinung nach ist die rechtliche Ausgangslage bei Zuwiderhandlungen beziehungsweise unbefugten Zugriffen auf Körperteile innerhalb der Eigentumsposition besser aufgehoben als unter den Grundrechtspositionen der Selbstbestimmung, des Schutzes der Privatsphäre oder des Schutzes vor Körperverletzung und vor Gefährdungen der emotionalen und psychischen Gesundheit. Dabei ist sie sich der Fußangeln dieser Forderung durchaus bewusst und will deshalb als ‚Sicherheitsmaßnahme' folgendes einbauen: Menschen sollten nicht von anderen als Eigentum behandelt werden dürfen, sondern nur selbst die Autonomie haben, ihre Körperteile als Eigentum behandeln zu können (Andrews 1986; 1992: 2151). Es sollte also kein Richter jemanden dazu verurteilen dürfen, beispielsweise seine Schulden durch den Verkauf von Substanzen seines Körpers abtragen zu müssen. Aus der Möglichkeit der Eigenkommerzialisierung des Körpers dürfen also keine schuldrechtlichen Verpflichtungsverhältnisse erwachsen.

Auf Andrews Forderung hat Maria Mies (1992) mit harscher Kritik reagiert. Sie formuliert ihre Position vor allem mit dem Blick auf Leihmutterschaft und andere Formen der reproduktionsgenetischen Vermarktung des Körpers und der prokreativen Fähigkeiten von Frauen. „Naturrecht" (Mies) – insbesondere hinsichtlich des Grundsatzes, dass ‚Mutter' diejenige ist, die das Kind geboren hat – werde dabei durch Vertragsrecht ersetzt und die während einer Schwangerschaft wachsende emotionale Beziehung einer Frau zu ihrem Ungeborenen ignoriert. Mies warnt einerseits vor einer „Verrechtlichung, d.h. Durchstaatlichung der Körper" (1992: 108). Zum Anderen geht ihre Analyse dahin, dass die grundlegende bürgerliche Kategorie des Privateigentums in der kapitalistischen Gesellschaft nun auch auf den Körper ausgedehnt werde. Es finde also eine Extension von kapitalistischen Verhältnissen statt. Vielleicht ließe sich hier im Hinblick auf Rosa Luxemburgs Imperialismustheorie (1975) formulieren, es finde eine Subsumtion bisher ‚unberührter' Territorien unter das Kapitalverhältnis statt. Mies zufolge geschieht dies jedoch zum Preis der ‚Zerstückelung', ja gar des Verschwindens des Subjekts selbst:

„Der Mensch ist ‚Mensch' und damit bürgerliches Subjekt nur als Eigentümer. Das war und ist der Kern aller bürgerlichen Rechte: der Freiheit, der Gleichheit, der Unverletzlichkeit der Person, der Selbstbestimmung. Wer kein Eigentümer ist, ist nicht frei, nicht autonom. Frauen waren bisher eben noch nicht Eigentümerinnen ‚ihrer Person'. Nun aber soll das geändert werden. Endlich sollen sie auch Eigentümerinnen ihres Körpers werden, nur dadurch werden sie ‚frei'. Nur dadurch haben sie eine Chance auf Gleichheit. Allerdings nur um den Preis ihrer eigenen Zerstückelung. Das klingt konsequent. Doch mir stellt sich hier die Frage: Wer ist denn dann noch ‚*die Person, ‚das Individuum', ‚das Unteilbare'*? Wenn das Individuum, das Unteilbare aufgeteilt wird in seine vermarktbaren Teile, gibt es das Individuum nicht mehr, gibt es eigentlich auch das Subjekt nicht mehr, das da verkauft. Es gibt nur noch die Teile, das Dividuum. Wobei sich sofort die Frage erhebt, wieviel Teile denn verkauft werden können, ehe jener ‚Rest' angegriffen wird, der hier noch als ‚Verkäufer' fungiert? (...) Wo bleibt also die Rest-Instanz, (...) die ja frei entscheiden, Verträge abschließen und einhalten soll, die losgelöst von allen Gefühlen für den eigenen Körper nur noch die Marktgesetze akzeptiert, selbst wenn es um den Preis der eigenen körperlichen Unversehrtheit geht? Diese Instanz, die wir bisher Person, Subjekt, Individuum genannt haben, ist *verschwunden*" (1992: 108f.).

Mies spricht hier wiederum das schwierige Verhältnis zwischen Teil und Ganzem, zwischen dem Individuum und seinen Körperteilen an. Das Subjekt könne nur im Körper selbst, in seiner Leiblichkeit verankert sein. Sie nimmt daher eine – keineswegs unproblematische – Ineinssetzung von Subjekt und Körper vor, die der komplexen Verschränkung nicht gerecht wird. Demgegenüber betreibt Andrews eine klare Spaltung zwischen Subjekthaftigkeit und Körper: Sie verweist auf den Verkauf ihrer Arbeitskraft und ihrer geistigen Tätigkeit. Sie sehe die Einzigartigkeit ihrer Person stärker in ihren intellektuellen als in ihren körperlichen Produkten. Ihrer Ansicht nach kommerzialisiere es sie als Person weniger, ihr Knochenmark zu verkaufen als ihre intellektuellen Produkte zu verkaufen. In der Bezahlung von Körperteilen läge daher keine Kommerzialisierung des Menschen (1986: 35).

Zweifelsohne ist die von Mies aufgeworfene Frage nach der ‚Verortung' des Subjekts beziehungsweise der ‚Seele' oder des ‚Bewusstseins' im Körper insbesondere kulturhistorisch spannend (vgl. Benedum 1995). Allerdings ist das logische *Slippery-Slope*-Szenario, wonach sich ein Individuum nach und nach jedes Körperteils veräußernd entledigen beziehungsweise es austauschen könnte, das Mies entwirft, empirisch nicht zu halten; es trifft meines Erachtens auch nicht den Kern der biowissenschaftlichen Verwertung von Körperflüssigkeiten, Geweben und Zellen. Die Abgabe einer Niere kann zur Verletzung der körperlichen Unversehrtheit führen, diejenige von regenerativen Körpersubstanzen wie Blut jedoch wohl kaum, jedenfalls bei spendenüblicher Menge. Die Zugriffe – etwa über die Gewinnung genetischen ‚Wissens' über die Person, von der Körpermaterial stammt – sind hier auf einer anderen Ebene angelegt (vgl. Schneider 2001).

Andere Kritiken formulieren, das Vernutzen der Physis als Substanz stelle die hautnahe Frage nach der Materialität des Bürgers/der Bürgerin: Körpersubstanzen erschienen als letzte Bastion der noch nicht genutzten, aber nutzbar gemachten ‚Natur‘. Sie würden zu einer Ressource, zur Ware und zum rechtsförmigen Eigentum und gingen in den Prozess der Wertschaffung ein. Nach der eigentumsrechtlichen Privatisierung der ‚äußeren Natur‘ falle dieser nun auch die ‚innere Natur‘ des Menschen anheim (Gehring 1994). Selbst wenn man diesen emphatischen Befund teilt, bleibt die Frage nach der moralischen Signifikanz der Differenz zwischen ‚innerer und äußerer Natur‘ unbeantwortet. Die Natur selbst ist keine moralische Instanz. Dies gilt auch dann, wenn man davon ausgeht, es gäbe keine dem Sozialen vorgängige Natur. Dabei wäre die Nutzung als neue Form eines gesellschaftlichen Naturverhältnisses zu analysieren, wobei die normativen Fragen bestehen bleiben. Das trifft ebenso zu, wenn man die gegenwärtige Transformation theoretisch als neue Formen der Materialisierung und Naturalisierung des Körpers fasst, wobei sowohl das ‚alte‘ Maschinenmodell des Körpers in der Nutzung von Organen wie auch ein neues Modell der genetischen Determinierung des Körpers aufzufinden sind.

Genauer zu klären bleibt darüber hinaus, *was* subsumiert oder angeeignet wird: der Körper als (vermeintlich) naturhafter? Oder handelt es sich um neue Formen der Aneignung des eigenen Körpers als Ressource, um die Umdefinition der materiellen, körperlichen beziehungsweise ‚fleischlichen‘ Leistung zur Dienstleistung, die entlohnt werden kann wie andere auch? Und es stellt sich die Frage, wie tief der ‚Eingriff in den Körper‘ reicht: Es geht nicht nur um den Eingriff selbst hinsichtlich seiner physischen Invasivität, sondern auch im Hinblick auf den *Prozess* der Materialisierung, Verdinglichung und Objektivierung des Körpers. Dies wird in statischen Modellen zu wenig berücksichtigt.

5. Elemente einer Kritik der Kommerzialisierung des Körpers

Im Folgenden soll – ohne den Anspruch auf Vollständigkeit – der Versuch unternommen werden, wesentliche Argumentationslinien zu unterscheiden und unterschiedliche philosophisch-ethische Bezugspunkte zu explorieren.

– Die am häufigsten verbreitete Form der Kritik an der *Kommerzialisierung des Körpers* richtet sich lediglich gegen die oben bereits genannten negativen Folgen einer Bezahlung von Körpersubstanzen. Eine Abgabe von Körperbestandteilen als ‚altruistische Spende‘ wird jedoch für akzeptabel oder gar für gesellschaftlich förderungswürdig gehalten (vgl. Murray 1987 a, b). Dabei bleiben jedoch die Asymmetrien in der Bezahlung der Glieder der weiteren Verwertungskette unberücksichtigt. Auch fehlt die Betrachtung der gesellschaftlichen Dimension, der Etablierung neuer sozialer Verpflichtungsverhältnisse und der Legitimierung von Interventio-

nen der ‚Öffnung' des individuellen Körpers für Wünsche und Ansprüche
Dritter.

- Dass die Zugriffe auf den Körper mit dem ärztlichen Heilauftrag konfli-
gieren, insbesondere wenn die fremdnützige medizinische Intervention
dem Gebot der Schädigungsfreiheit ärztlichen Handelns widerspricht, und
so zu einer Unterminierung eines vertrauensvollen ÄrztIn-PatientInnen-
Verhältnisses führen, kann ein plausibles Element einer Kritik bilden
(vgl. Feuerstein 1995: 203f.; Schneider 1995: 262f., 2002c).

- Wenn eine Kritik an der Vermarktung von Körperbestandteilen sich als
Kritik an einer entstehenden biomedizinischen Körperindustrie als gesell-
schaftlichem Phänomen begreift, bleibt zu fragen, worin denn die „individuelle Zumutung und unzulässige Ausbeutung" (Feyerabend 2001: 130)
besteht und was die jeweiligen maßgeblichen Normen, Kriterien und
Kritikpunkte sind.

- Auch der Verweis auf negative kulturelle Transformationseffekte ist kritisch zu betrachten. Diese These besagt, dass Eigentumsverhältnisse für
Körperteile zwangsläufig auf ein Selbstverhältnis als Besitz- und Eigentumsverhältnis hinauslaufen. Hier stellt sich die Frage, ob die Annahme
eines ‚Domino-Effekts' tatsächlich zutrifft (vgl. Radin 1987). Die Existenz von käuflicher Sexualität beispielsweise hat nicht alle sexuellen Beziehungen in käufliche und als käuflich perzipierte verwandelt. Kognitive
und moralische Distinktion ist möglich, wäre dem entgegenzusetzen.

- Eine *deontologisch* orientierte Kritik bezieht sich entweder auf religiöse
Einbindungen, in der jüdisch-christlichen Tradition insbesondere auf den
‚Leib als Tempel Gottes' und den Menschen als Hüter beziehungsweise
Verwalter (stewardship) seines Körpers (vgl. Murray 1987 a, b). Oder sie
beruft sich in ihrer säkularen Form auf die Aufklärung, insbesondere auf
Kant, die Selbstzwecklichkeit des Menschen und das Instrumentalisierungsverbot. Eine solchermaßen kategorische Kritik rekurriert meist implizit auf die ‚Heiligkeit' des Körpers und strebt gewissermaßen eine Re-
Sakralisierung an; sie will also das Tabu einer Unverfügbarkeit des Leibes, einer Unveräußerlichkeit seiner Teile wieder einführen oder neu er-
richten. Die Begründung für eine solche normative Setzung wird jedoch
ohne metaphysische Bezüge schwierig.

Allerdings kommt man vielleicht auch ohne Letztbegründungen aus und
verweist stattdessen auf Intuitionen, Plausibilitäten oder historisch tradierte Unverfügbarkeiten. Eine solche kategorische Kritik scheint freilich
angesichts der Faktizität der vollendeten Tatsachen, der Ubiquität der bereits realisierten Körperverwertungen und ihrer täglichen Fortentwicklung
gesellschaftspolitisch ins Leere zu laufen – der Rubikon ist hier bekannt-
termaßen bereits seit langem überschritten. Auch stellt sich die Frage, ob
ein Unverfügbarkeitspostulat nur *individuell* realisiert werden soll und
kann oder ob es die Public Policy bestimmen soll. Zum Einen wäre dies
also im Sinne eines persönlichen Abwehrrechts, einer privaten Entschei-
dungsmöglichkeit zum Nein gegen die Abgabe von Körpersubstanzen,

wie es etwa hinsichtlich der Zustimmung zur Abgabe von Organen im deutschen Gesetz zur Transplantationsmedizin geregelt wurde. Sollte hingegen zum Anderen eine *prinzipielle* Unverfügbarkeit von Körpersubstanzen für die Übertragung in andere Menschen oder für wissenschaftliche und kommerzielle Verwertungszwecke zum Maßstab von Gesetzen werden, so würde damit der ‚Ausstieg‘ aus einer Reihe von Feldern der biomedizinischen Praxis und Forschungslandschaft angestrebt.

– *Konsequentialistisch* argumentierende Kritiken rücken insbesondere die negativen Folgen einer technischen Entwicklung, etwa von gendiagnostischen Tests, oder von sozialen Verfahrensweisen, wie der einer Entlohnung bei der Abgabe von Körperbestandteilen, auf die Individuen oder auf gesellschaftliche Werte in den Vordergrund. Das Problem dieser Kritik liegt zum Einen darin, dass ihnen (oft rationalistisch oder ökonomistisch verkürzte) Kosten-Nutzen- oder Risiko-Nutzen-Analysen zugrunde liegen. Die Bewertung der ‚Posten‘ in der Verrechnung beziehungsweise der einzelnen Abwägungen ist jedoch eine ethische; sie wird daher je nach normativer Grundorientierung verschieden ausfallen. Außerdem müssen in der Abschätzung *zukünftiger* Entwicklungen Prognosen aufgestellt werden, deren empirisches Eintreten zweifelhaft ist. Überdies richtet sich die Einschätzung über eine Verwendungsform nach dem Ergebnis einer jeweiligen Case-to-case-Beurteilung. Dies hat den nicht zu unterschätzenden Vorteil, dass eine differenzierte Betrachtung der Besonderheiten der jeweiligen Körpersubstanz und der Art(en) und Modalitäten ihrer Verwertung erreicht wird. Bei zuviel ‚Detailgenauigkeit‘ kann jedoch der Blick auf das gesellschaftliche Ganze, auf umwälzende Transformationsprozesse und paradigmatische Verschiebungen verloren gehen.

6. Rechtsfolgen bei nicht-konsentierter Verwendung von Körpersubstanzen

Andrews’ (1986) Blick auf die Materie ‚Körper und Eigentum‘ ist weniger analytisch und normativ, sondern stärker auf den pragmatischen Umgang ausgerichtet. Tatsächlich stellt sich ja die Frage, welche praktischen Konsequenzen der jeweilige Ansatz hat, insbesondere, wie rechtlich mit Verletzungen der Pflicht zum *informed consent* umzugehen ist. Denn trotz aller hehren Beteuerungen soll es bekanntlich durchaus Fälle geben, in denen Menschen nicht zuvor der Weiterverwertung ihrer Körpersubstanzen zugestimmt haben.

Bei einem rein *persönlichkeitsrechtlichen* Ansatz müsste der Kläger belegen, dass die unbefugte Nutzung seiner Körperzellen seine körperliche Unversehrtheit und seine Autonomie tiefgreifend verletzt hat. Es wäre kaum nachzuweisen, dass einem die Zellen ‚fehlen‘, wenn kein funktioneller Verlust von Körperabläufen auszumachen ist. Bei der Verwendung von ‚Restblut‘ oder anderen sogenannten ‚Resten‘ eines diagnostischen oder therapeutischen

Eingriffs wird es ihm/ihr aber schwer fallen, einen Nachweis der Verletzung der Persönlichkeitsrechte zu führen.

Taupitz (1991b) zufolge ist die eigentliche Frage nicht die unrechtmäßige Erlangung, sondern die unbefugte Verwendung der Körperbestandteile. Geschützt ist nicht der Körper vor Verletzungen, sondern die Achtung der Bestimmungsbefugnisse an abgetrennten Substanzen. Schmerzensgeld würde man wohl nur bei Ausweis einer schweren Persönlichkeitsrechtsverletzung beanspruchen können, was kaum jemals der Fall sein dürfte. So halten Taupitz (1991b) und ebenso Müller (1997) eine Persönlichkeitsrechtsverletzung nur aufgrund einer Interessen- und Güterabwägung im Einzelfall für möglich. Man müsse einzelne Nutzungsarten danach befragen, ob sie Persönlichkeitsrechte verletzen. Bejaht werden könne dies beim Klonen, bei der unkonsentierten Genomanalyse und beim ungewollten Aidstest. Keine Bedenken haben sie hingegen bei ‚normaler' Forschung an Zellen und Geweben.

Einem angemessenen Entgelt für die Erlaubnis des Zugriffs auf die Körpersubstanz dagegen wäre wohl stattzugeben, aber nicht im Sinne eines Schadenersatzanspruches (für Immaterialgüter). Die Forderung eines Anteils am Gewinn aus der kommerziellen Verwertung des Produkts würde laut Taupitz (1991a) allerdings nur bei vorsätzlich herbeigeführten Persönlichkeitsrechtsverletzungen zum Erfolg führen. Auch die Unbestimmtheit und Diffusität des Persönlichkeitsrechts macht ein Ahnden seiner Verletzung schwierig. Daher wäre gerichtlich wohl nur – wenn überhaupt – eine geringe Entschädigung wegen der Verletzung des Aufklärungsgebots zu erzielen.

Dagegen wären *eigentumsrechtlich* viel klarere deliktsrechtliche Einordnungen und Straftatbestände möglich, beispielsweise als Diebstahl oder Unterschlagung. Es ergeben sich daraus einschlägige strafrechtliche Zuordnungen und Sanktionen. Die Rechtsfolgenseite des Tatbestandes nicht-konsentierter Weiterverwendung und Weiterverwertung von Körpersubstanzen kann deshalb Schadensersatz und Bereicherungsansprüche nach sich ziehen (Höfling 2001: 147). Allerdings ist die Frage nach der Höhe des Werts des entwendeten Guts Körperzelle zu stellen: Wonach bemisst er sich? Wohl nur in seltenen Fällen wird eine Körperzelle, die besonders herausragende Eigenschaften hat, entdeckt werden. Im Allgemeinen werden die Stoffe, die aus dem einen Körper zu extrahieren sind, auch in einem anderen zu finden sein. Unter Marktverhältnissen bei der Beschaffung wird aufgrund der möglicherweise entstehenden Konkurrenz um die Abgabe von Körpersubstanzen vermutlich nur bei außergewöhnlichen Objekten ein hoher Marktwert zu erzielen sein. Im Übrigen wird der Preis eher niedrig sein. Wenn sich ein Mensch vertragsrechtlich eine Gewinnbeteiligung aus Patenten, Lizenzen und anderen Formen der kommerziellen Verwertung seiner Substanzen ausbedingt, würden Forscher vermutlich auf die Nutzung der körperlichen Stoffe dieses Patienten verzichten und sich die Substanz beim nächsten holen. Daher ist davon auszugehen, dass die Verhandlungsposition derer, die ihre Körpersubstanzen auf den Markt bringen wollen, eher schlecht ist. So vermerkt Taupitz dazu zusammenfassend: „Der Schatz im eigenen Körper entpuppt sich dann eher als

Schätzchen" (1991a: 246). Dies bedeutet wiederum, Körpersubstanzen wären auch in einer eigentumsrechtlichen Beziehung zum Körper nicht viel wert.

In beiden Fällen – sowohl beim persönlichkeits- wie auch beim eigentumsrechtlichen Ansatz – wird bisher eine *Teilhabeanspruch* auf Gewinne aus der Kommerzialisierung und gewerblichen Nutzung der Körpersubstanzen verneint. Ausschlaggebend für diese in den USA bereits gerichtlich bestätigte Haltung[7] ist jedoch, dass die Erschließung wichtiger Entwicklungsfelder medizinischer Forschung ökonomisch und rechtlich gefördert und nicht durch die Stärkung persönlicher Eigentumsrechte behindert werden soll (vgl. Feuerstein 1995: 376f.). Aus der Konvergenz in der Zurückweisung eigentumsrechtlicher Rechtstitel für die Person, die als ‚Quelle‘ für das ‚Ausgangsmaterial‘ fungiert, könnte man ableiten, dass die ethische Norm der Nichtkommerzialisierung des Körpers eine ‚unheilige Allianz‘ mit den Interessen der Biomedizin-Industrie eingeht.

Hier stellt sich jedoch die Frage, ob die aufgeworfenen Problematiken auf der Ebene individueller Dispositionsbefugnisse und Eigentumsansprüche adäquat zu beantworten sind. Vielmehr wären auf der Ebene der Public Policy Entscheidungen darüber zu treffen, ob bestimmte Körpersubstanzen überhaupt in den allgemeinen (Waren-)Verkehr eintreten und zum Tauschgegenstand werden sollen und wie sie in den Tauschverkehr einbezogen werden. Dabei wird auch zu entscheiden sein, welchen Zugriffswünschen auf spezifische Körpersubstanzen unter welchen Konditionen Rechnung getragen wird und welche forschungspolitischen Entwicklungspfade gefördert werden. In besonderem Maße sind hier kritische Fragen zu stellen, wenn konservierte Blut- und Gewebeproben, verbunden mit gespeicherten Daten über Krankheiten, Familienanamnesen und Genealogien ganzer nationaler Bevölkerungen von Seiten der Regierung gesetzlich privatwirtschaftlichen Genforschungsfirmen zur Verfügung gestellt werden, wie dies bereits in Island, Estland und Tonga der Fall ist (vgl. Rose, 2001, zu Island).

Bei populationsbasierten Studien, wie sie auch dem Humangenomprojekt (insbesondere bezüglich spezifischer Krankheits‚populationen‘) zugrunde liegen, ist die Frage der umfassenden Aufklärung und Einwilligung zweifelhaft; hier ergeben sich Widersprüche zwischen dem individualrechtlichen Schutz und populationsbezogenen Forschungsansätzen. Darüber hinaus ist die Frage zu diskutieren, ob statt der Verallgemeinerung von Eigentumsverhältnissen auch für die ursprünglichen Träger der Körpersubstanzen ein Zurückdrängen bereits zugestandener Eigentumsrechte von Personen, Institutionen und Unternehmen (insbesondere hinsichtlich der geistigen Eigentumsrechte an humanbiologischem Material) anzustreben wäre. Dieses Feld der Public Policy bedarf einer eigenen Analyse, die hier nicht geleistet werden kann.

---

7 Präzedenzfall ist die Entscheidung des kalifornischen Supreme Court im Fall John Moore (vgl. Taupitz 1991a; Annas 1988, 1990).

7. Die Wiederkehr der Dualismen: Materie und Form, Körper und Geist

Ein weiterer Gesichtspunkt kann an dieser Stelle nur gestreift werden. Schlaglichtartig soll auf die auffällige Reinszenierung hierarchisierender Dualismen hingewiesen werden, nämlich die von Materie und Form, Körper und Geist. Diese Dualismen treten beispielsweise in Erscheinung beim Verhältnis vom Körper zum Markt, in dem sich durch die anwendungsorientierte Forschung eine Fusion mit Technik und Wissensproduktion herstellt. Patentrechte – als Form geistigen Eigentums – werden inzwischen auch für aus dem Körper isolierte Zellen verliehen. Diese gelten nicht als ‚Natur‘, sondern als Produkt des Forschungsprozesses, welcher als ‚erfinderische Leistung‘ gefasst wird. Damit wird geistiges Eigentum beansprucht an wissenschaftlich-technischen Erfindungen, die im Material selbst inkorporiert sind. Die Patentrechtler Straus und Moufang vermerken, dass bisher „die *strukturell-informationelle Doppelnatur* (Hervorhebung im Original, I.S.) der Ergebnisse biotechnologischer Forschung und Entwicklung fast durchweg vernachlässigt" (1989: 95) worden sei:

> „Wenn ein Forscher (...) eine neuartige Hybridom-Zellinie entwickelt (...), so schafft er zum einen Struktur in Form körperlicher Gegenstände der Außenwelt, zum anderen entwickelt er neue Information, nämlich eine neue technische Lehre zum planmäßigen Handeln (...). Die Information ist an den körperlichen Gegenstand (den Mikroorganismus, die Zellinie, das Plasmid, das DNS-Molekül) gebunden, sie kann ohne ihn noch nicht vermittelt werden. Der körperliche Gegenstand gewinnt darüber hinaus dank seiner biologischen Natur einen besonderen Wert, da er die notwendige Information für die Entstehung künftiger körperlicher Gegenstände (Nachfolgegenerationen etc.) in sich trägt und weitergeben kann" (1989: 95f.).

Die Materialität wird somit als technisch produzierte markiert. In diesem Modell wird die Körpersubstanz zur Rohmasse, die durch die erfinderische Idee geformt wird. Sie wird zum Unvermeidlichen und gleichzeitig Vernachlässigbaren, zur *quantité négligeable* für den schöpferischen Geist. Dies erinnert stark an die Neuauflage eines bekannten männlichen Schöpfungsmythos und ließe sich auch als zeitgemäße Inszenierung der Frau als *Gefäß* für die männliche Zeugungskraft begreifen (vgl. den Beitrag von Becker-Schmidt in diesem Band).[8]

---

8   Die Körpersubstanz als (wertlose) Ressource wird unterschiedlich gefasst: Nach der *marxistischen* Werttheorie wäre es allein die Arbeit, die daran aufgewendet wird, die ihr Wert verleiht. Im *Patentrecht* ist das ‚Eigentliche' die geistige Leistung, die traditionell mit der Imprägnierung des Namens des Wissenschaftlers, inzwischen mit der Vergabe patentrechtlicher Monopolstellung für die gewerbliche Nutzung für 20 Jahre honoriert wird.

8. Subjektkonstitution und Körper

Die juridischen Kodifizierungen nehmen die cartesianische Spaltung zwischen Geist und Körper und den Leib-Seele-Dualismus auf: Der Körper wird objektiviert, versachlicht, verdinglicht, dem freien Willen und der Verfügungsgewalt des Selbst unterworfen. Insbesondere in Andrews Ansatz ,Körper als Eigentum' (1986) wird das autonome, aufgeklärte Subjekt der Moderne angerufen, das frei über die Substanzen seines Körpers eigentumsrechtlich verfügt. Dieses bürgerliche Subjekt, das sich rational, kontrolliert und nach Maßgabe ökonomischer Kosten-Nutzen-Abwägungen verhält, macht den eigenen Körper zum Objekt seiner Beherrschung und zum Gegenstand vertragsrechtlicher Beziehungen. Wie wir aus der feministischen Kritik wissen, folgt diese Argumentation einem ,männlichen' Individuationsmodell, das frei von leiblichen Abhängigkeiten und der Angewiesenheit auf (,weibliche') Fürsorgebeziehungen ist. Es handelt sich daher um die Reformulierung eines bürgerlichen Subjektbegriffs, der nicht nur von feministischen Wissenschaftlerinnen kritisiert wird.

Will man die Schemata von Subjekt und Objekt, von Person und Sache überwinden, da es darin vor allem um Herrschaftsverhältnisse geht und Relationen schwerlich gedacht werden können, wären theoretische Ansätze zu favorisieren, welche die Relationalität berücksichtigen. Das Ich, das frei entscheiden soll, existiert nämlich nicht *vor* dem Markt oder Feld, sondern wird gerade *in* diesem erst konstituiert. Je stärker die Vorstellung eines bio-materiellen oder bio-informationellen Verfügungsrechts über die eigenen Körpersubstanzen politisch konkretisiert wird, desto mehr konstituiert sich ein Subjekt, das volle Dispositionsbefugnisse oder gar Eigentumsrechte am eigenen Körper hat und dessen partielle Abtrennbarkeit antizipiert. Die Verheißungen eines solchen Selbstbestimmungsrechts sind jedoch vor dem Hintergrund der bio-ökonomischen Subjektkonstitution kritisch zu bewerten: Die Devise ,Sell yourself to Science' wird zum Modell, den Körper in einem neuen Sinne zu Humankapital zu machen und Selbstbestimmung als Selbstvermarktung auszudeuten.

Die bei Andrews (1986) eingebaute ,Sicherheitsmaßnahme' – Eigentum sei der Körper nur für das Selbst, nicht für andere – verkennt, dass moderne Subjektkonstitution über die Unterwerfung unter internalisierte soziale Normen verläuft, dass Subjekte gerade hervorgebracht werden durch die vermeintlich freie Entscheidung über Körpersubstanzen und deren Abgabe. Zu den Technologien des Selbst gehört die Selbstinstrumentalisierung, die sich als Autonomie ausgibt. Die juristische Trennung, der lebendige Körper sei nur als Person, von ihm Abgetrenntes aber als Sache zu denken, ist ein sehr schematisches Modell. In diesem Modell wird vollständig ausgeblendet, dass Menschen Erwartungen anderer beziehungsweise Vermarktungschancen antizipieren und sich dementsprechend verhalten.

Es fragt sich also, ob nicht zwangsläufig – selbst bei individueller Ablehnung bestimmter Eingriffsformen durch das Verfahren des *informed consent* – neue Selbst- und Fremdverhältnisse zum eigenen Körper als disponiblen Gegenstand konstituiert werden. Werden dadurch nicht auch Anspruchsrechte auf Teile des Körpers der Anderen für legitim erklärt? Daran ließe sich dann die Frage anschließen, welche *Sozialpflichtigkeitslogiken* entstehen, wenn die Körper der BürgerInnen für ‚übergeordnete Interessen' – sei es für den abstrakten wissenschaftlich-technischen Fortschritt, für gegenwärtige und zukünftige PatientInnenkollektive (im Rahmen postulierter Heilungsoptionen) oder für die Stimulierung der Ökonomie (im Sinne der Argumentation von Standortfaktoren und volkswirtschaftlichem Nutzen) – verfügbar gemacht werden beziehungsweise BürgerInnen ihren Körper selbst dafür verfügbar machen.

Literatur

Andrews, L. (1986). My body, my property. Hastings Center Report, 16 (5), 28-38
Andrews, L. (1992). The body as property: some philosophical reflections – a response to J.F. Childress. Transplantation Proceedings, 24 (5), 2149-2151
Andrews, L./Nelkin, D. (1998). Wem gehört eigentlich der Körper? Konflikte um Körpergewebe im Zeitalter der Biotechnologie. In Flitner, M./Görg, C./Heins, V. (Hrsg.). Konfliktfeld Natur. Opladen: Leske + Budrich, 233-246
Annas, G. (1988). Whose waste is it anyway? The case of John Moore. Hastings Center Report, 18 (5), 37-39
Annas, G. (1990). Outrageous fortune: selling other people's cells. Hastings Center Report, 20 (6), 36-39
Annas, G./Glantz, L./Roche, P. (1995). The Genetic Privacy Act and commentary. Boston: Boston University School of Public Health
Appel, B. (1996). Der menschliche Körper im Patentrecht. Köln: Carl Heymanns Verlag
Benedum, J. (1995). Der Stellenwert des Gehirns in der Leib-Seele-Diskussion aus medizin-historischer Perspektive. Zentralblatt für Neurochirurgie, 56, 186-192
Brohm, W. (1998). Forum: Humanbiotechnik, Eigentum und Menschenwürde. JuS, 3, 197-205
Deutsch, E. (1999). Medizinrecht. Berlin: Springer, 4. Aufl.
Duden, B. (1991). Der Frauenleib als öffentlicher Ort. Vom Mißbrauch des Begriffs Leben. Hamburg/Zürich: Luchterhand
Feuerstein, G. (1995). Das Transplantationssystem. Weinheim/München: Juventa
Feyerabend, E. (2001). Kapital und Körper. Jahrbuch für Kritische Medizin, 34, 114-134
Forkel, H. (1974). Verfügungen über Teile des menschlichen Körpers. Juristische Zeitschrift, 19, 593-599
Gareis, K. (1900). Das Recht am menschlichen Körper. In Festgabe für Schirmer. Königsberg: Hartungsche Verlagsdruckerei, 61-100
Gehring, P. (1994). Bio-Macht und Bio-Körper. Leibverfassung heute. Korrespondenz, Nr. 84, 9-19
Höfling, W. (2001). Verfassungsrechtliche Aspekte der Verfügung über menschliche Embryonen und „humanbiologisches Material". Gutachten für die Enquete-Kommission des Deutschen Bundestages „Recht und Ethik der modernen Medizin"
Koppe, F. (1907). Das Recht am eigenen Körper. Elberfeld
Laufs, A. (1999). In Laufs, A./Uhlenbruck, W. Handbuch des Arztrechts. München: C. H. Beck, 2. Aufl., 1034-1050

Luxemburg, R. (1975). Die Akkumulation des Kapitals. In Dies. Gesammelte Werke, Bd. 5. Berlin: Dietz

Mies, M. (1992). Wider die Industrialisierung des Lebens. Pfaffenweiler: Centaurus

Müller, R. (1997). Die kommerzielle Nutzung menschlicher Körpersubstanzen. Rechtliche Grundlagen und Grenzen (Juristische Dissertation Universität Erlangen 1995). Berlin: Duncker & Humblot

Murray, T. (1987a). Gifts of the body and the needs of strangers. Hastings Center Report, 17 (2), 30-38

Murray, T. (1987b). On the human body as property. University of Michigan Journal of Law Reform, 20, 1055-1088

Radin, M. J. (1987). Market-inalienability. Harvard Law Review, 100 (8), 1849-1937

Rose, H. (2001). Bioinformation als Ware. Die isländische Health Sector Database. Das Argument, 43 (4/5, Nr. 242) 495-514

Schneider, I. (1995). Föten – der neue medizinische Rohstoff. Frankfurt/New York: Campus

Schneider, I. (2001). Menschenrechte und Biomedizin. In von Arnim, G./Deile, V. et al. (Hrsg.). Jahrbuch Menschenrechte 2001. Frankfurt/Main: Suhrkamp, 339-352

Schneider, I. (2002a). Beschleunigung – Merkantilisierung – Entdemokratisierung? Zur Rolle von Patenten in der embryonalen Stammzellforschung. In Oduncu, F./Schroth, U./Vossenkuhl, W. (Hrsg.). Stammzellforschung und therapeutisches Klonen. Göttingen: Vandenhoeck & Ruprecht

Schneider, I. (2002b). Die Kontroverse um die Patentierung von Genen menschlicher Herkunft. Zur EU-Richtlinie über den rechtlichen Schutz biotechnologischer Erfindungen und ihrer Umsetzung in Deutschland. In Goebel, B./Kruip, G. (Hrsg.). Gentechnologie und die Zukunft der Menschenwürde. Münster: Lit (im Druck)

Schneider, I. (2002c). Überzähligsein und Überzähligmachen von Embryonen: die Stammzellforschung als Transformation einer Kinderwunscherfüllungs-Technologie. In Brähler, E./Stöbel-Richter, Y./Hauffe, U. (Hrsg.). Vom Stammbaum zur Stammzelle – Reproduktionsmedizin, Pränataldiagnostik und menschlicher Rohstoff. Gießen: Psychosozial (im Druck)

Schröder, M./Taupitz, J. (1991). Menschliches Blut: verwendbar nach Belieben des Arztes? Zu den Formen erlaubter Nutzung menschlicher Körpersubstanzen ohne Kenntnis der Betroffenen. Stuttgart: Ferdinand Enke

Schünemann, H. (1985). Die Rechte am menschlichen Körper. Frankfurt/Main: Peter Lang

Starr, Douglas (1999). Blut. Stoff für Leben und Kommerz. München: Gerling Akademie Verlag

Straus, J./Moufang, R. (1989). Hinterlegung und Freigabe von biologischem Material für Patentierungszwecke: patent- und eigentumsrechtliche Aspekte. Baden-Baden: Nomos

Taupitz, J. (1991a). Die Zellen des John Moore vor den amerikanischen Gerichten: Ende der „heimlichen“ Nutzung menschlicher Körpersubstanzen? Versicherungsrecht, 42, Heft 13, 369-375

Taupitz, J. (1991b). Wem gebührt der Schatz im menschlichen Körper? AcP, 191, 201-246

Taupitz, J. (1995). Der deliktsrechtliche Schutz des menschlichen Körpers und seiner Teile. Neue Juristische Wochenschrift, 745-752

Thomson, J. A./Itskovitz-Eldor, J./Shapiro, S. S./Waknitz, M. A./Swiergiel, J. J./Marshall, V. S./Jones, J. M. (1998). Embryonic stem cell lines derived from human blastocysts. Science, 282, 1145-1147

Titmuss, R. (1971). The gift relationship: from human blood to social policy. New York: Vintage Books

Humangenetik und Geschlecht – Formationen zwischen Hegemonie und Autonomiekonstrukten

Ellen Kuhlmann

> "DNA, the chemical, has material reality, but the concept of the gene has been constructed to fill a host of political, economic, and cultural as well as scientific needs" (Hubbard 1994: 204).

Diese Argumentation Ruth Hubbards greife ich auf und diskutiere die in die theoretischen Modelle, die Praxisfelder und die Legitimationsstrategien eingelagerten Gender-Dimensionen. HumangenetikerInnen agieren als Designer und Konstrukteure von Körpern, die den Bedürfnissen der Gesellschaft in optimaler Weise entsprechen sollen. Sie erzeugen neue soziale Differenzierungen oder verfestigen bestehende Differenzen. Zugleich greift die Humangenetik auf soziale Ordnungmuster und vorgefundene Geschlechterverhältnisse zurück, um ihre Angebote zu generieren und mit Akzeptanz auszustatten. Diese sozialen Dimensionen bleiben jedoch wie in einem Behälter verborgen und präsentieren sich stattdessen als ‚biologische Fakten‘. Umhüllt von dieser ‚natürlichen‘ Aura scheinen sie weder erklärungsbedürftig noch der sozialen Aushandlung und der Veränderung zugänglich zu sein.

Wenn wir die Gene jedoch als einen Behälter für vielfältige soziale Interessen betrachten, tritt auch die tief greifende Wirkungsmacht der Geschlechterkategorie – wie auch anderer an den Körper gebundenen Differenzierungen – hervor. Der gender bias ist keineswegs darauf begrenzt, dass Frauen und Männer in unterschiedlicher Weise von den Entwicklungen betroffen sind. Er steckt vielmehr bereits in den Theoremen der Humangenetik und reicht tief in die Ebene des Unbewussten hinein. Ich gehe davon aus, dass ‚Geschlecht‘ oder ‚Gender‘ ein zentrales, aber nicht das einzige Strukturierungssystem darstellt. Ich beschränke mich jedoch hier auf die Geschlechterkategorie und muss offen lassen, wie sich die verschiedenen „Achsen der Differenz" (Knapp 2001a) überlagern, verschieben und möglicherweise mit jeweils spezifischen Akzentuierungen relevant werden.

Mit Bezug auf feministische Theorien und empirische Ergebnisse der Frauen- und Geschlechterforschung sollen die sozialen Konstruktionsprozesse hinter der scheinbar natürlichen Fassade sichtbar gemacht und die darin eingelagerten Interessen und Machtstrategien in den Blick gerückt werden. Ich werde an einigen Beispielen aufzeigen, dass hinter den geschlechtsneutralen Präsentationen der neueren Entwicklungen in der Humangenetik Legitimationsmuster und Erzeugungsstrukturen liegen, die auf einer hierarchischen Geschlechterordnung, auf asymmetrischen Geschlechterverhältnissen und auf dem Körper von Frauen als Ressource für Forschungs- und Marktinteressen basieren. Dabei greife ich die Vorschläge zur Differenzierung der Ebenen auf, auf denen Geschlecht mit durchaus unterschiedlichen Ergebnissen relevant wird oder werden kann (vgl. Becker-Schmidt 1998; Knapp 2001a). Geschlecht ist also nicht nur ein kategoriales Differenzierungssystem, sondern ebenso eine sozialstrukturelle Ungleichheitskategorie.

Die Berücksichtigung vielschichtiger Gender-Dimensionen ermöglicht es, die Ambivalenzen der Entwicklungen in der Humangenetik sichtbar zu machen und die Gleichzeitigkeit von hegemonialen Formationen und Autonomiepostulaten zu erfassen. Meine These ist, dass die Geschlechterordnung nicht nur in ihrer hierarchischen Variante reproduziert, sondern zugleich neu verhandelt wird. Somit wird sie auch offen für Veränderungen. Der Wandel in den sozialen Beziehungen und die Umwertungen kultureller Normen beinhalten Öffnungsmomente für symmetrische Beziehungen der Geschlechter. Zu fragen ist also, ob und wie Frauen nicht nur individuell, sondern als soziale Gruppe diese Handlungsspielräume nutzen und ausweiten können.

1. Geschlecht als Ordnungsmuster des Wissenschaftsfeldes – die hierarchische Ordnung der Körpersubstanzen

Die Objektivitäts- und Neutralitätspostulate der Humangenetik gehen einher mit einer ,Geschlechtsblindheit', die in dieser Ausprägung mittlerweile nur noch in wenigen Wissenschaftsfeldern anzutreffen ist. Das gilt für die Forschung wie für die Praxisfelder. Es handelt sich nicht nur um einen Nachholbedarf oder eine gering ausgeprägte Sensibilität für Geschlechterfragen, vielmehr haben wir es mit einer systematischen Ignoranz und einem Unsichtbar-Machen sozialer Strukturierungsprinzipien und Einflüsse zu tun. Auch auf der politischen Ebene sind trotz der neuen Strategie Gender Mainstreaming (vgl. Stiegler 2000) und mehrjähriger Gleichstellungspolitik keine ernst zu nehmenden Versuche erkennbar zu intervenieren und Geschlecht in den Debatten um die Humangenetik relevant zu machen. Donna Haraway hat diese Praxis von Wissenschaft und ihrer Anwendung treffend beschrieben als

> „Sprung aus dem markierten Körper hinein in den erobernden Blick von nirgendwo. (...) Dieser Blick bezeichnet die unmarkierte Position des Mannes und des Weißen" (1996: 224).

Gegen eine solche ,unmarkierte Position' setzen Autorinnen insbesondere aus dem Spektrum der feministischen Naturwissenschaftsforschung die Analyse der sozialen Prozesse, in denen biomedizinisches Wissen konstruiert wird. Sie zeigen, wie dieses Wissen das Gesundheitsversorgungssystem dominiert und zur Abwertung von Frauen sowie zur Missachtung ihrer gesundheitlichen Bedürfnisse führt (z.B. Birke 2000; Hubbard/Wald 1993; Spanier 1995). Die Arbeiten von Emily Martin (1999) und Evelyn Fox Keller (1995) belegen, dass kulturelle Stereotype über das Verhalten von Frauen und Männern in die Deutung reproduktiver Vorgänge einfließen. Die Eizelle erscheint als passiv, „as damsel in distress, shielded only by her sacred garments" und die Samenzelle als aktiv, als „heroic warrior to the rescue" (Martin 1999: 183). Infolge der Veränderungen in den Geschlechterverhältnissen werden diese Vorgänge in den Termini von Chancengleichheit präsentiert als ein „process by which egg and sperm find each other and fuse" (Keller 1995: XII). Die politische Gleichheitsrhetorik, so lässt sich konstatieren, wirkt also bisweilen auch bis in die Biologie hinein.

Die von Martin beschriebene aktiv-passiv Dichotomie prägt auch die Suche nach einem „'binary switch' which by its presence or absence 'controls' sex" (Hubbard 2001: 212). Ein solcher ‚Schalter' wurde zunächst auf dem Y-Chromosom lokalisiert, wohingegen das X-Chromoson nichts zu tun schien. Wie Ruth Hubbard weiter ausführt, fand man jedoch eine ähnliche DNA-Sequenz auch auf dem X-Chromosom. Dies führt nicht zur Revision der Geschichte vom aktiven, dominanten Y-Chromosom, sondern „that simply means they are busily engaged looking for it elsewhere on the Y-chromosome" (Hubbard 2001: 212).

Die symbolische Geschlechterordnung bietet demzufolge eine Folie für die Generierung von Forschungsfragen und die Interpretation empirischer Ergebnisse. Komplexe Körperprozesse werden auf hierarchische Funktionslogiken reduziert und Zusammenhänge zwischen Körpersubstanzen nach der Choreographie der Geschlechterordnung inszeniert. Nach diesem Muster werden auch sexuell indifferente Körpersubstanzen wie die Gene geordnet. Bonnie Spanier (1995) zeigt auf, wie die Humangenetik eine Suprematie der Gene als Kontrollzentralen des Organismus konstruiert und Grenzen zwischen der DNA-Sequenz und ihrer Umgebung zieht. Gene, die mit der Kodierung des Zellmetabolismus in Verbindung stehen, werden als „housekeeping genes" bezeichnet (Spanier 1995: 87). Ihrer Argumentation folgend spiegelt *und* erzeugt die dekontextualisierte und reduktionistische Definition des Gens eine Dichotomie von ‚nature' (DNA) versus ‚nurture' (Umgebung) auf der molekularen Ebene der Organisation innerhalb der Zelle. Auf diese beiden Pole reduziert, wird die Funktionsweise von Zellen und Organismen in eine Hierarchie gesetzt, die mit geschlechtlich konnotierten Bewertungen aufgeladen ist und zur Abwertung der nährenden und reproduzierenden Funktionen führt.

Die altbekannte Geschichte des *master molecule* DNA bleibt trotz der enormen Dynamik und Expansion der Genetik tonangebend. Darin liegt ein Paradox, denn innerhalb des fachwissenschaftlichen Diskurses wird seit Jahren kaum ernsthaft in Abrede gestellt, dass Gene mit ihrer Umwelt in Interaktion stehen und nicht als die alleinigen Determinanten von Krankheiten und Behinderungen zu betrachten sind.

"It is quite true that biologists know perfectly well that genes do not act in isolation. Yet the story that they do, and that they are primary, has enormous power", konstatiert Linda Birke und stellt die Frage, "how – if biologists themselves scorn the master molecule story – has that tale become so culturally predominant?" (2000: 139).

Wissenschaftliche Ergebnisse und Rationalitäten scheinen demnach auch innerhalb der Humangenetik nur ein Mosaik zu sein. Wie Donna Haraway vermutet, kommt auch hier eine schwer zu fassende Ebene des Unbewussten ins Spiel, den sie mit dem Begriff des „gene fetishism" umreißt (1997: 145). Auf solche Zusammenhänge weisen auch Dorothy Nelkin und Susan Lindee (1995) mit ihrer Kennzeichnung der Gene als kulturelle Ikone hin.

Die zentralisierte Kontrolle sowie die Markierung von Differenzen und ihre hierarchische Anordnung sind Kernelemente des biowissenschaftlichen Kanons. Symmetrische Beziehungen sind in dieser Denkschablone gar nicht vorgesehen.

"Biologists have been able to wrap the mantle of science around racism and sexism by inventing significant characteristics to describe and sort different groups of people, and have performed the measurements that made the answers come out the way political prejudices predicted they would" (Hubbard 1990: 209).

Auch Donna Haraway insistiert, obschon mit einem anderen Akzent als Hubbard darauf, dass Körpersubstanzen keine statischen biologischen Fakten, sondern „material-semiotic generative nodes" sind:

"Their boundaries materialize in social interaction. Boundaries are drawn by mapping practices; 'objects' do not preexist as such. Objects are boundary projects" (1991: 200f.).

Soziale Differenzierungen werden demzufolge in die Körper hinein verlegt und zu naturalisierten Differenzen. Als so gestaltete ‚natürliche' Unterschiede stellen sie ein Legitimationspotential für die Konstruktion von Hierarchien bereit und stützen die Persistenz hegemonialer Praxen in ganz unterschiedlichen Forschungs- und Anwendungsfeldern. Ich möchte diese These mit den nachfolgenden Beispielen verdeutlichen:

–   Genetisch lassen sich mehr als zwei Geschlechter bestimmen. Folglich könnte die Humangenetik die sozialen Erosionstendenzen eines zweigeschlechtlichen Kategoriensystems unterstützen, die sich gegenwärtig auf breitem Feld abzeichnen – vom Arbeitsmarkt über Körperinszenierungen bis hin zur Transsexualität. Stattdessen wird die empirisch gefundene Vielfalt jedoch auf eine dichotome Matrix gespannt und der Genotyp auf zwei Pole reduziert. Dabei kommt dem Y-Chromosom hegemoniale Deutungsmacht zu. Ein einziges Y- neben mehreren X-Komponenten kodiert den Genotyp als männlich (vgl. Hubbard 2001). Biowissenschaftlich betrachtet gibt es dafür keine rationalen Begründungen, vielmehr sind diese in kulturellen Normen zu suchen. Anne Fausto-Sterling (2000) beschreibt die Erfahrungen einer Olympiateilnehmerin, die nie Zweifel an ihrer ‚Weiblichkeit' hatte, aber aufgrund der geforderten genetischen Bestimmung als Mann definiert wurde. Neben dem Ausschluss vom Wettkampf und dem Ende ihrer Karriere wurde sie auch ihrer Geschlechtsidentität beraubt und zu Neudeutungen gezwungen. Dieses Beispiel verdeutlicht, welche Macht und Eingriffsmöglichkeiten in individuelle Lebenschancen und Körperwahrnehmungen die genetische Diagnostik hat.

– Hierarchische Beziehungen werden nicht nur innerhalb des Genotyps, sondern ebenso zwischen Phänotyp und Genotyp konstruiert, wie die Intersexualität offenlegt. Zeigen diese beiden Typisierungen empirisch keine Übereinstimmung, wird daraus eine behandlungsbedürftige Anomalie konstruiert und die sozial erwünschte ‚Passfähigkeit' zwischen Genotyp und Phänotyp durch chirurgische Eingriffe in den Körper hergestellt (vgl. Fausto-Sterling 2000). Richtungsweisend ist dabei die genetische Bestimmung des Geschlechts. Biologische Vielfalt wird reduziert, damit soziale Ordnungsmuster stabil bleiben. Differenzen werden als Abweichungen von der Norm pathologisiert und so der Deutungs- und Gestaltungsmacht der ExpertInnen überantwortet.

– Solche Formationen durchziehen auch neue, expandierende Angebotsfelder wie die prädiktive Genetik und Genchip-Diagnostik. Grenzen zwischen gesund/krank, abweichend/normal, behindert/nicht-behindert und fremd/selbst werden genetisch gezogen, verschoben, aufgelöst oder neu etabliert. Wie Anne Waldschmidt am Beispiel der Pränataldiagnostik zeigt, greift die Humangenetik dabei auf „normalistische Landschaften" (2001: 193), auf Durchschnittswerte und statistisch-probabilistische Fundierungen zurück. Die subjektiven Wahrnehmungen werden demgegenüber abgewertet und marginalisiert. Leiblich-sinnliche Erfahrungen wie spüren, tasten, fühlen und ein körperbezogenes Erfahrungswissen haben in diesen Modellen ebensowenig Raum wie die lebensweltlichen Kontexte, die gleichsam Erfahrung (vor-) strukturieren.

Die Möglichkeiten, diese hierarchischen Funktionslogiken zu überwinden, werden gegenwärtig kontrovers eingeschätzt. Donna Haraway (1997), neben anderen AutorInnen, betrachtet die Metapher der ‚Information' und die mit dem Begriff des/der Cyborg umrissene Vorstellung von Grenzauflösungen und Transformationen von Körpern als Anknüpfungspunkte, um gegen Grenzziehungen und die darin eingelagerten Hierarchien zu arbeiten. Die weitreichende Problematik einer solchen Deutung ist mittlerweile sowohl aus einer naturwissenschaftlichen als auch einer philosophischen und sozialwissenschaftlichen Perspektive dargelegt (z.B. Becker-Schmidt 1998; Birke 2000; Kollek 1996; Kuhlmann/Babitsch 2000; List 2001). Ich möchte darunter zwei meines Erachtens wesentliche Kritiken hervorheben: die Reproduktion der geschlechtlich kodierten Geist-Körper-Dichotomie und die ‚suspekten Nähen' zwischen biomedizinischen und postmodernen Diskursen.

Regine Kollek (1996) argumentiert, im Informationsbegriff werde zumindest gedanklich die Gebundenheit der Lebensprozesse an die Materie überwunden. Die „generative Kraft" wird danach nicht mehr „im Schoß der Frau", „sondern in der Doppelhelix und der darin eingelagerten Information und damit in den Reagenzgläsern der Molekularbiologen" verortet (1996: 145). Sie entschlüsselt einen grundlegenden Geschlechtersymbolismus: Die Überwindung des als weiblich kodierten Materiellen durch die genetische Information geht mit einer Aufwertung eines als männlich kodierten ‚Geistes' einher:

> „Auf der symbolischen Ebene steht die genetische Information deshalb für die maskuline Schöpferkraft, die – Körperlichkeit und Materialität transzendierend – dennoch mit der Fähigkeit zur Selbstreplikation (sprich Selbstherstellung) begabt ist" (Kollek 1996: 146; vgl. Becker-Schmidt in diesem Band).

Ebenfalls kritisch, aber mit einer Akzentuierung der Ambivalenz, diskutiert Linda Birke (2000) die Metapher des *information flow*. Wie Haraway sieht sie hierin eine Möglichkeit, um polarisierte Denkschemata aufzulösen. Sie insistiert jedoch zugleich darauf, dass Organismen nicht so fluide sind, dass alles geht:

> "The information modell challenges the centrality of the individual – and hence of individualism – through its insistence on information flows across boundaries. By contrast, exchange between inner and outer tends to disappear from reductionist accounts. But the other side of the coin is that the open-ended flexibility of information flow is itself reductionist, precisely because it reduces 'information' to simple molecules like DNA, thus prioritising them over other components or processes of cell, tissue or organ. And as it does so, it feeds into the crass and dangerous assumption that we can easily move bits of DNA around in genetic engineering, without thought or consequence. The primacy of the moveable gene in biomedical discourse and practice runs parallel to its primacy in the leaky information flows of postmodern narratives" (2000: 146f.).

Die Metapher der Information lässt demnach unterschiedliche und kontroverse Interpertationen zu. Hierüber kann die kulturell verankerte Suprematie des logozentrierten Denkens und die implizierte Geschlechterhierarchie für die Herrschaftsansprüche der Humangenetik nutzbar gemacht werden. Sie kann jedoch ebenso über diese Metapher dekonstruiert werden, wie Haraway vorführt. Festzustellen ist jedoch, dass Modelle der Flexibilisierung und Transformation allein noch keine Garantien für die Überwindung von hierarchischen Denkschablonen bieten. Vielmehr zeichnet sich gegenwärtig ab, dass sich die Humangenetik den Diskurs um die Transformation des Körpers ‚einverleibt'. Die Vision der Herstellung menschlicher Organe aus adulten oder embryonalen Stammzellen, die nach Bedarf in einen Körper implantiert werden und vorhandene Defekte beheben sollen, ist ein eindrucksvolles Beispiel dafür. Hierdurch werden reduktionistische Körpermodelle verstärkt statt überwunden.

Hierarchische Ordnungsmuster und partialisierte Körpermodelle und die Hegemonie biotechnologischer Gestaltungsoptionen verharren nicht auf der Ebene symbolischer Deutungen und Interpretationen von Körperprozessen.

Die ,Ingenieure' der Genetik erheben Herrschaftsansprüche auf die reproduktiven Fähigkeiten von Frauen, auf ,Natur' und Menschen, wie Ingrid Schneider mit der Aussage eines führenden Genetikers belegt:

> „IVF bringt den Embryo aus der Dunkelheit der Gebärmutter ans Tageslicht. Und indem sie das tut, liefert die IFV den Zugang zum genetischen Material darin. (...) Wir haben nun die Macht, Kontrolle über unser evolutionäres Schicksal auszuüben" (Stock/Campbell 1998; zitiert nach Schneider 1999: 61).

Die darin eingelagerte Abwertung von Frauen und ,weiblich' kodierten Merkmalen wird spürbar für Frauen und für ,Andere', die von der Norm abweichen.

2. Frauen als Nutzerinnen und als Ressource der Humangenetik

Obschon die Diskurse der Humangenetik durch Neutralitätssymbolik und Geschlechtsblindheit gekennzeichnet sind, ist die ,Symbiose' zwischen der Humangenetik und den Frauen nicht zu übersehen. Frauen stellen bei weitem die Mehrheit der Patienten und sind die bevorzugte Zielgruppe der Angebote (vgl. Mahowald 2000; Wolf 1999). Diese Symbiose tritt vor allem in den zentralen Anwendungsfeldern und bei den umstrittenen Technologien hervor. Sie wird perfekt in dem Zusammenspiel zwischen Humangenetik und Reproduktionsmedizin (vgl. Berg in diesem Band). Ich greife nachfolgend einige Beispiele auf, um den ,perfect match' sowie die Zusammenhänge zwischen den reproduktiven und gesundheitlichen Interessen von Frauen und den Angebotsstrategien der Humangenetik und Reproduktionsmedizin zu illustrieren:

- Die Screenings auf das Down Syndrom im Rahmen der Schwangerschaftsvorsorge sind als zentrales Angebotsfeld der Humangenetik zu betrachten, obschon sie es mit anderen medizinischen Professionen teilt. Unter Marktaspekten weist dieses Feld eine enorme Entwicklungsdynamik und Expansion auf. Solche Diagnostiken können darüber hinaus als Wegbereitung für die Akzeptanz von Selektionstechniken in der Schwangerschaft betrachtet werden. Der Wunsch von Frauen nach einem gesunden und sozial akzeptierten Kind wird von der Humangenetik erfolgreich aufgegriffen und in ein genetisch und statistisch definiertes Risikomanagement kanalisiert (vgl. Pieper 1998; Waldschmidt 2001).
- Auch das Screening auf Anlageträgerschaft für die Cystische Fibrose, eine schwerwiegende chronische Erkrankung vor allem der Atemwege, wird primär als Pränataldiagnostik und somit für Frauen angeboten (vgl. z.B. Nippert 1997). Dieser Diagnostik kommt in Deutschland keine so hohe Relevanz zu wie in einigen anderen europäischen Ländern und den USA, doch mit Blick auf die internationale Debatte wird die exponierte

Rolle von Frauen deutlich. Der Zugang zur Kontrolle der genetischen Ausstattung der Bevölkerung erfolgt auch hier bevorzugt über (schwangere) Frauen. Männer geraten erst bei positivem Testergebnis ihrer Partnerin und somit um ein Vielfaches seltener ins Blickfeld der Humangenetik. Da beide Geschlechter gleichermaßen Träger der Mutation sein können, ist diese Strategie nicht medizinisch, sondern sozial begründet. Frauen sind weitaus williger als Männer, präventive Angebote in Anspruch zu nehmen. Sie sind zudem in höherem Maße an eine Überwachung und Kontrolle ihres Körpers durch das medizinische System gewöhnt.

– Der von der Humangenetik herbei gesehnte Zugriff auf Embryonen zu Forschungszwecken bleibt (vorerst) an den Frauenkörper gebunden. Zugleich schafft die Embryonenforschung, vereint mit den reproduktiven Technologien, erstmals Bedingungen für eine Separierung der Schwangeren und des Embryos. Frauen werden zum ‚fötalen Umfeld' und zu Rohstofflieferantinnen für die Forschung und die Industrie (vgl. Schneider 1999). Die Debatte um die Präimplantationsdiagnostik zeigt, dass der Kinderwunsch von Frauen als Vehikel für die Durchsetzung von Forschungsinteressen und für die Auflösung moralischer Grenzen genutzt wird (vgl. Kollek 2000).

– Bei der Einführung prädiktiver genetischer Screenings und Tests auf multifaktorielle Erkrankungen, einem neuen und sehr zukunftsträchtigen Feld, wird Frauen die Rolle der Marktöffnung zugewiesen (vgl. Biesecker et al. 1993). Die Etablierung dieser Diagnostiken ist bei den Tests auf erblichen Brustkrebs (BRCA-Mutationen) am weitesten fortgeschritten. Die in Deutschland in einem Modellprojekt der Deutschen Krebshilfe in mehreren klinischen Zentren angebotenen Tests sollen Auskunft über statistische Verteilungen der Mutationen in der Bevölkerung und über die Akzeptanz der prädiktiven Genetik geben (vgl. Feuerstein/Kollek 2000). Die Körper von Frauen werden zum Experimentierfeld und zum Austragungsort von Forschungs- und Marktinteressen. Die Humangenetik nutzt das höhere Präventionsbewusstsein und die von der Gesundheitsforschung mehrfach nachgewiesene höher ausgeprägte vorsorgende Haltung von Frauen für eine Ausweitung ihres Angebotsspektrums.

In keinem Praxisfeld innerhalb der Humangenetik nehmen Männer eine vergeichbar exponierte Position als Nutzer der Angebote ein. Ihre Körper stehen nicht in gleicher Weise wie die von Frauen als Ressource für die Forschung zur Verfügung. Zwar werden zunehmend genetische Diagnostiken diskutiert und angeboten, die sich auch an Männer wenden, doch bisher zeichnet sich nicht ab, dass der Zugriff auf Männer in ähnlichem Umfang wie der auf Frauen erfolgt oder erfolgen könnte.

Die symbiotische Beziehung zwischen der Humangenetik und den Frauen erstreckt sich nicht nur auf die Nutzerfrequenz, sie hat darüber hinaus auch eine höchst bedeutsame qualitative Dimension. Eine britische Studie identifiziert die enorme Expansion der pränatalen Diagnostik insbesondere auf das Down Syndrom als wesentlichen Einflussfaktor für den Aufstieg der Humangenetik und als „service core for the geneticization of medicine" (Coventry/Pickstone 1999: 1232). Für Deutschland werden Zusammenhänge zwischen einer steigenden Zahl von Amniozentesen und pränataler genetischer Beratungen mit der Professionalisierung der Dienstleistungen und erfolgreichen Professionalisierungsprozessen der Medizinischen Genetik beschrieben (Nippert et al. 1997: 197). Der steile Aufstieg der Humangenetik aus einem relativ unbedeutenden – und historisch belasteten – Schattendasein an die Spitze des Wissenschaftsfeldes ist demzufolge unmittelbar verknüpft mit der Nutzbarmachung der gesundheitlichen und reproduktiven Bedürfnisse von Frauen.

Diese enge Beziehung zwischen der Humangenetik und den Frauen weist eine erhebliche ‚Schieflage' auf. Auf Seiten der Humangenetik ist der ‚Profit' nicht zu übersehen, wohingegen ein vergleichbarer Nutzen für die Frauen kaum auszumachen ist. Wohl mögen einzelne Frauen von den Angeboten profitieren und hierüber ihre Handlungsspielräume erweitern, doch als soziale Gruppe betrachtet sind sie neuen Belastungen und Entscheidungszwängen bis hin zu gesundheitlichen Risiken ausgesetzt. Die Bedürfnisse von Frauen – sei es nach einem gesunden Kind oder nach Verhinderung von Brustkrebs – werden nach der Verfügbarkeit biotechnologischer Angebote und nach den Interessen der ExpertInnen modelliert und hierauf reduziert.

Andere als die von der Humangenetik und Reproduktionsmedizin vorstrukturierten Lösungsmuster geraten aus dem Blick. So könnten beispielsweise statt einer Ausweitung der Pränataldiagnostik die Angebote zur Unterstützung von Müttern und Vätern behinderter oder chronisch kranker Kinder und die gezielte Förderung dieser Menscher verbessert werden. Ebenso wären die Adoption eines Kindes oder der Verzicht auf Kinder anstelle der Präimplantationsdiagnostik als mögliche Optionen zu diskutieren (vgl. Kollek 2000). Die Dominanz biotechnologischer Gestaltungsoptionen gegenüber subjektiven sowie sozialen Lösungsmustern durchzieht also auch die Praxisfelder der Humangenetik – insbesondere in ihrer Verbindung mit der Reproduktionsmedizin.

Die exponierte Rolle von Frauen als Nutzerinnen der Humangenetik ist zwar auf die scheinbar so perfekte Kompatibilität ihrer Bedürfnissen mit den Angeboten zurückzuführen. Doch sind es nicht – oder nicht primär – die Bedürfnisse von Frauen als sozialer Gruppe, die diese Beziehung strukturieren und die Handlungsoptionen definieren, sondern vielmehr die Interessen der Humangenetik. Dennoch sind Frauen nicht nur Opfer oder Objekte der Angebote der Humangenetik. Auch sind die Entwicklungen über Begriffe wie ‚Pathologisierung' und ‚Medikalisierung' nicht hinreichend zu erfassen. Wenn der Erfolg der Humangenetik, wie gezeigt wurde, in so hohem Maße an die Zustimmung von Frauen gebunden ist, so liegen hierin prinzipiell auch Möglichkeiten, den ‚perfect match' zu durchkreuzen.

3. Moralische Pionierinnen und ‚change agents' kultureller Normen – Verschränkungen zwischen Akteurin und Objekt

Die pränatale Diagnostik belegt paradigmatisch, wie die Vorstellung der ‚Machbarkeit' von Leben institutionell verfestigt wird und tief gehend in individuelle Handlungspraxen eindringt. Die strategische Bedeutung der Frauen bei der Durchsetzung dieser Angebote wurde zuvor beschrieben. Frauen werden hierdurch zu Akteurinnen in den Prozessen der Umwertung von gesellschaftlichen Normen und sozialen Beziehungen. Diese Rolle der Akteurin eröffnet Handlungsspielräume, die jedoch durch vorgefundene Geschlechterverhältnisse und biotechnologische Optionen vorstrukturiert und somit auch determiniert sind.

Rynna Rapp, von der ich das Bild der ‚moralischen Pionierin' geliehen habe, weist nachdrücklich auf diese Verschränkungen zwischen den biowissenschaftlichen Diskursen und Angeboten und den strukturellen Kontexten hin, innerhalb derer Frauen Entscheidungen treffen:

> "Operating at the intersection of reproductive technology, genetic discourse, and gender relations as they refract and enact other forms of social hierarchy, pregnant women in America have increasingly become 'moral pioneers', recruited as judges of which standards for entry in the human community will prevail. (...) Pregnant women are thus positioned as ethical gatekeepers vis-a-vis this technology. They are at once moral pioneers and cultural conscripts in a social drama played out upon an uneven and shifting terrain on which reproductive technologies are routinized in a multicultural, class- and gender-stratified world" (1998: 165).

Die Angebote des Duos Humangenetik/Reproduktionsmedizin setzen auf geschlechterspezifischen Rollen und Aufgabenzuweisungen auf. Die immense Verbreitung der pränatalen Diagnostik ist nur vor dem Hintergrund der historischen Trennung von Reproduktion und Produktion und ihrer geschlechtlichen Zuordnung vollständig zu verstehen. Frauen waren und sind immer noch in weitaus höherem Maße als Männer für die Betreuung von Kindern, den Zusammenhalt und die Versorgung der Familie sowie die Pflege älterer Familienmitglieder zuständig; sie sind unbezahlte ‚Gesundheitsarbeiterinnen' für ihre Familie (vgl. Stacey 1996). Diese geschlechterdifferente Struktur gesellschaftlicher Aufgaben wird nunmehr in ihrer modernisierten Variante um eine genetische Dimension erweitert. In einer Situation, in der die traditionelle Aufgabenteilung zwischen den Geschlechtern zunehmend Brüche aufweist, erzeugen die Angebote der Humangenetik/Reproduktionsmedizin neue Zuständigkeiten für Frauen, aber *nicht* für Männer.

Unabhängig davon, ob Frauen die traditionelle Arbeitsteilung individuell leben, sind sie durch die Verfügbarkeit pränataler Diagnostik unausweichlich mit diesen neuen sozialen Zuweisungen konfrontiert:

– Die Humangenetik konstruiert Behinderungen und Krankheiten als vermeidbar und stellt diese Vermeidung in den Verantwortungsbereich von Frauen. Die Behinderung eines Kindes avanciert so zum Versagen der Mutter (vgl. Lippman 1992). Sie ist also nunmehr nicht nur für die Betreuung, sondern auch für das genetische Make-Up ihrer Kinder zuständig. Zu der traditionellen Aufgabe als „kin-keeper" kommt die des „genetic housekeeper" hinzu (Stacey 1996: 340). Empirische Studien zur pränataler Diagnostik machen die sozialen Zwänge und individuellen Belastungen sichtbar, denen Frauen durch die Verfügbarkeit dieser Angebote ausgesetzt sind. Sie zeigen auch, wie die Technologien die Wahrnehmungen des eigenen Körpers und der Schwangerschaft verändern (vgl. Pieper 1998; Rapp 1998). Der neue Begriff der ‚Schwangerschaft auf Probe' – das heißt: nur wenn der Embryo das genetische Gütesiegel erlangt, wird die Schwangerschaft fortgesetzt – bildet diesen Wandel treffend ab.

– Frauen werden zu Entscheidungsträgerinnen darüber, wer in diese Gesellschaft eintreten darf und wer nicht, welche Merkmale als sozial erwünscht und welche als zu vermeiden gelten. Hierdurch erfolgt eine Individualisierung eugenischer Zielsetzungen und bevölkerungspolitischer Interessen und eine Transformation in einen „private process of selection by prevention" (Lippman 1992: 148; vgl. Rapp 1998). Zugleich trägt diese Entwicklung auch kollektive Züge als eine ‚Metaeugenik' (Lippman 1992: 152), die über das Zusammenspiel von Humangenetik und sozialen Praxen wirksam wird. Soziale Konflikte werden so entschärft, vor allem aber erfolgt eine kollektive und institutionelle Entlastung von Verantwortung. Schwangere sollen Einfluss auf die genetische Ausstattung zukünftiger Generationen nehmen und zugunsten sozial erwünschter Eigenschaften selektieren.

Abby Lippman argumentiert, die Pränataldiagnostik arbeite gegen eine Veränderung der Gesellschaft und mache Individuen zu ‚Agenten des Staates' (1992: 148). Diese Einschätzung bestätigt sich in den negativen Einstellungen zu behinderten Menschen ebenso wie in der Praxis der Geschlechterselektion mittels pränataler Diagnostik in manchen Ländern, die Frauen Lebenschancen und Partizipationsrechte verweigern (vgl. Gupta 2000; Petchesky 1995): Weibliche Föten werden abgetrieben, hierarchische Geschlechterverhältnisse setzen sich fort. Eine Befragung von HumangenetikerInnen legt offen, dass die Geschlechterselektion mit kulturspezifischen Ausprägungen und Varianzen nicht selten auch innerhalb der Humangenetik unterstützt wird. Hierfür bieten „different cultures very different rationales in support of this practice" (Mahowald 2000: 115). Wie diese Beispiele zeigen, agieren Frauen als 'change agents' kultureller Normen. Sie bewegen sich hierbei jedoch auf weitgehend vorstrukturierten ‚Pfaden', die soziale Ungleichheiten und Asymmetrien – nicht nur zwischen den Geschlechtern – eher verstärken als vermindern.

4. Autonomie und Selbstbestimmung als trojanisches Pferd

Die Zugriffe auf Frauen und der Objektstatus – insbesondere in der Embryonenforschung – gehen mit einer diskursiven Aufwertung der Autonomie und Selbstbestimmung einher. Autonomie und Selbstbestimmung fungieren – vereint mit der Metapher der Information – als zentrale Legitimationsfiguren der Angebote und Entwicklungen in der Humangenetik. Aufgrund der hohen Wertschätzung der Autonomie in westlichen Gesellschaften sind sie mit einer Akzeptanz stiftenden Wirkung ausgestattet. Dennoch beinhaltet die Argumentationsfigur ‚Autonomie' grundlegende Fragen und Probleme. Ich greife im Folgenden zwei Dimensionen auf, um meinen Vergleich mit einem trojanischen Pferd zu illustrieren: die Einfluss- und Kontrollmöglichkeiten über die Entscheidungen der Individuen und die spezifischen historisch-sozialen Kontexte dieser moralischen Prämisse.

Die Autonomie, welche die Humangenetik den Frauen anzubieten hat, erstreckt sich auf ein Terrain, das von ExpertInnen kontrolliert wird. Diese Kontrolle wird auf unterschiedlichen Ebenen wirksam, zum Einen als direkter Einfluss über die Information, zum Zweiten vermittelt über die Dominanz biotechnologischen Lösungsmuster. Hinzu kommt der zuvor beschriebene stumme soziale Zwang, sich den Erwartungen konform zu verhalten.

–   Empirische Studien zur Pränataldiagnostik belegen eindeutige Zusammenhänge zwischen den Entscheidungen von Frauen und den Informationen der Professionellen. Irmgard Nipppert gibt mit Bezug auf Ergebnisse einer Studie in sechs europäischen Ländern Varianzen in den Abbruchraten zwischen 0 und 76 Prozent bei dem Befund einer klinisch nicht besonders schweren Chromosomenstörung an: „Werden Frauen durch nicht genetisch qualifizierte Berater informiert, steigen die Abbruchraten signifikant an" (2000: 62). Zusammenhänge zwischen Information und Beratung einerseits und dem Entscheidungsverhalten von Frauen andererseits sind auch für die Inanspruchnahme prädiktiver genetischer Tests auf erblichen Brust- und Ovarialkrebs nachgewiesen.

–   Technologisch-statistisch erzeugtes Wissen hat Priorität vor subjektiven Gesundheitseinschätzungen. Diese Verengung von Entscheidungsgrundlagen erzeugt neue Abhängigkeiten und begünstigt expertendefinierte ‚Lösungen' gesundheitlicher und sozialer Belange. Kreative subjektive Potenziale und Strategien des Empowerment werden so in den Hintergrund gedrängt. Mit der Aufwertung der Definitionsmacht der Professionellen geht eine Abwertung der körperlich-sinnlichen Wahrnehmungen und der subjektiven Gesundheitspotenziale der Nutzerinnen einher. Die Arbeiten von Emily Martin belegen exemplarisch, dass Frauen eigene Deutungs- und Wahrnehmungsmuster ihres Körpers haben. Aber sie machen ebenso Zusammenhänge sichtbar zwischen den Einschätzungen und dem Wortschatz der Ärzteschaft und „der Art, in der Frauen ihren eigenen Körper wahrnehmen" (1989: 30). Der versprochene und partiell möglicherweise auch realisierte Zugewinn an Autonomie steht also einem Verlust an Definitionsmacht über den eigenen Körper gegenüber.

Neben diesen subtilen Dimensionen der Biomacht (Foucault) ist das Autonomiekonzept auch mit Blick auf seine philosophischen Fundamente kritisch zu betrachten. Autonomie und Selbstbestimmung können als Werte des liberalen Individualismus (vgl. Beauchamps/Childress 1994) in einer pluralen Gesellschaft keine uneingeschränkte Akzeptanz beanspruchen (vgl. Kuhlmann 2002). Sie sind belastet „with 300 years of the dominant Euro-American model of dichotomization between self and community, body and society" (Petchesky 1995: 404) und einer hierarchischen Geschlechterordnung (vgl. Dochin/Purdy 1999; Wolf 1999).

Die Autonomiekonstrukte sind von einer Struktur unterlegt, die – mit Robert Connell (1999) gesprochen – auf hegemonial männlichen Normen basiert: die Trennung von Geist und Körper und die Suprematie des männlich konnotierten Logos. Damit verbunden ist eine höhere Wertschätzung individueller gegenüber kollektiven Interessen. Ein möglicher individueller Zugewinn an Entscheidungsspielräumen geht in dieser Variante der Autonomie unweigerlich mit Nachteilen für andere soziale Gruppen einher. Dieses Muster wird offensichtlich bei der Abqualifizierung behinderter Menschen, wie sie das Screening auf das Down Syndrom impliziert, und der Missachtung von Frauen, die in der Geschlechterselektion hervortritt. Es zieht sich jedoch auch in anderen Angeboten der Humangenetik durch. Zu fragen ist also, um welchen Preis individuelle Autonomie erzielt wird.

Der Argumentation Lippmans folgend ist eine Differenzierung zwischen individuellen Wünschen und sozialen Bedarfen in der Gesundheitsversorgung notwendig. Geht es nur um das Individuum, werden hierdurch möglicherweise kollektive gesundheitliche Bedarfe vernachlässigt. Doch zugleich sieht die Autorin gerade in dieser Trennung ein grundlegendes Problem, „because we have yet to develop ways for individuals and collectives to thrive and flourish simultaneously" (1992: 151). Wenn die Humangenetik also die Autonomie der Individuen als Legitimation ihrer Angebote anruft, so löst sie dieses Spannungsverhältnis zwischen individuellen und kollektiven Interessen einseitig und zu Lasten eines wie immer definierten Kollektivs auf. Das Autonomiekonstrukt mit seinen liberal individualistischen androzentrischen Wurzeln kann weder als Kontrollinstanz der Entwicklungen in der Humangenetik fungieren noch ist es ein Gradmesser dafür, ob und wie die Interessen von Frauen berücksichtigt und verwirklicht werden. Insofern wäre noch zu klären, wie Autonomie und Selbstbestimmung gedacht und gelebt werden könnten, die *nicht* auf Hierarchie und Ausgrenzung basieren.

5.   Autonome Objekte hegemonialer Praxen – gender matters

In diesem Beitrag frage ich, wie und auf welchen Ebenen die Geschlechterkategorie in der Humangenetik relevant wird. Mein Fazit lautet: Die symbolische Geschlechterordnung strukturiert Forschungsfragen und die Interpretation empirischer Ergebnisse. Hierarchische Funktionslogiken und reduktionistische Körpermodelle begünstigen eine geschlechtliche Konnotation von Körpersubstanzen und die Abwertung der als ‚weiblich‘ gedachten Merkmale.
Diese Konstruktionen haben spürbare Konsequenzen für Frauen und ‚Andere‘, die von der Norm abweichen. In den Praxisfeldern nehmen Frauen eine
Schlüsselposition für die Forschungs-, Markt- und professionspolitischen Interessen ein. Dabei greift die Humangenetik vereint mit der Reproduktionsmedizin zum Einen unmittelbar auf die Körper von Frauen als Forschungsres-
source zurück. Zum Zweiten kann sie ihre Angebote auf die historisch ge-
wachsene Zuständigkeit von Frauen für die Reproduktion aufsatteln und auf
neue Anforderungen ausweiten. Für beide Dimensionen gibt es kein Pendant
auf Seiten der Männer. Mit Blick auf die Legitimationsstrategien ist festzustellen, dass der Autonomiebegriff, mit dem die Humangenetik operiert, von
androzentrischen Normen unterlegt ist und den Kontext negiert, in dem Entscheidungen getroffen werden. Es gibt also keine Hinweise darauf, dass die
neueren Entwicklungen in der Humangenetik dazu beitragen könnten,
Asymmetrien in den Geschlechterverhältnissen abzubauen.

Dennoch ist die Durchsetzungsmacht der biowissenschaftlich-biotechno-
logischen Erzeugungsstrukturen von Körpern und Geschlechtern begrenzt.
Zum Einen wissen wir bisher nur sehr wenig darüber, wie und gegen welche
Widerständigkeiten leiblich-sinnlicher Erfahrungen der Subjekte sich diese
Macht in den Körpern entfaltet. Zum Zweiten bieten die Autonomiepostulate
und die strategische Bedeutung von Frauen als Nutzerinnen der Angebote der
Humangenetik prinzipiell auch Möglichkeiten der Einflussnahme auf die
Entwicklungen. Dass Frauen Autonomie zugestanden und deren Ausübung
über das Konstrukt der ‚Eigenverantwortung‘ auch sozial eingefordert wird, ist
zunächst einmal als eine historisch neue Situation zu betrachten. Diese Entwicklung sollte weder als bloße Rhetorik oder ‚Enteignung‘ einer zentralen Forderung der Frauenbewegung abgetan noch als Abbild realer Gestaltungsmög-
lichkeiten von Frauen missverstanden werden. Hegemoniale Zugriffe auf den
Körper, hierarchische Funktionslogiken und Autonomieversprechen sind gleichzeitig zu beobachtende Entwicklungen, die sich gegenseitig stützen.

In diesem Paradox kommen durchaus auch Veränderungen in den Geschlechterverhältnissen zum Ausdruck: Frauen sind zu Akteurinnen und Mit-
spielerinnen geworden. Doch das Spiel erfolgt auf einem biotechnologisch
kontrollierten Feld und weiterhin vorwiegend nach hegemonial männlich definierten Regeln. Es steht also noch aus, Definitionsmacht in den Prozessen zu
gewinnen, in denen die Modellierung und das sozial erwünschte ‚Design‘ der

Körper ausgehandelt wird. Dabei geht es nicht nur um die Frage, *wer* entscheidet, sondern *was* unter *welchen sozialen Bedingungen* verhandelt wird.
Hierfür scheint es notwendig, die Interessen individueller Frauen gegen geschlechterpolitische Forderungen und gruppenspezifische soziale Interessen zu differenzieren. Wie gezeigt wurde, greift die Humangenetik auf Frauen als soziale Gruppe ebenso wie auf eine binäre Geschlechterordnung zurück. Zugleich individualisiert sie die Interessen über das Autonomiekonstrukt und wertet kollektive Bedarfe ab. Hierin liegt meines Erachtens eine zentrale theoretische *und* politische Herausforderung. Die Sorge um die Reifizierung der Geschlechterhierarchie und um die Negierung von Differenzen in der Gruppe der Frauen – deren Relevanz ich nicht in Frage stelle – sollten weder zu einem ‚Abschied vom Geschlecht' (Knapp 2001b) noch zur Aufgabe der Kategorie ‚Frauen' als politischer Bezugspunkt verleiten. Ich schlage stattdessen vor, die Suche nach Subjekt- und Autonomiekonzepten sowie nach Handlungsstrategien zu intensivieren, die das vielschichtige Spannungsverhälnis zwischen individuell und kollektiv, zwischen Differenzen und Gleichheit nicht übereilt zur einen oder anderen Seite auflösen, sondern die ‚Räume dazwischen' aufspüren.

Literatur

Beauchamp, T.L./Childress, J.F. (1994). Principles of biomedical ethics (4. Aufl.). New York/Oxford: Oxford University Press

Becker-Schmidt, R. (1998). Trennung, Verknüpfung, Vermittlung: zum feministischen Umgang mit Dichotomien. In Knapp, G.-A. (Hrsg.). Kurskorrekturen. Feminismus zwischen Kritischer Theorie und Postmoderne. Frankfurt/New York: Campus, 84-125

Biesecker, B.B. et al. (1993). Genetic councelling for families with inherited susceptibility to breast and ovarian cancer. Journal of the American Medical Association, 269 (15), 1970-194

Birke, L. (2000). Feminism and the biological body. New Brunswick: Rutgers University Press

Connell, R. (1999). Der gemachte Mann. Opladen: Leske + Budrich

Coventry, P.A./Pickstone, J.V. (1999). From what and why did genetics emerge as a medical specialism in the 1970s in the UK? Social Science and Medicine, 49, 1227-1238

Donchin, A./Purdy, L.M. (eds.) (1999). Embodying bioethics. Recent feminist advances. Lanham: Rowman & Littlefield

Fausto-Sterling, A. (2000). Sexing the body. New York: Basic Books

Feuerstein, G./Kollek, R. (2000). Risikofaktor Prädiktion. Unsicherheitsdimensionen diagnostischer Humanexperimente. In Honnefelder, L./Streffer, C. (Hrsg.): Jahrbuch für Wissenschaft und Ethik, Bd. 6. Berlin/New York: de Gruyter, 91-115

Gupta, J.A. (2000). New reproductive technologies, women's health and autonomy. Freedom or dependency? New Dehli: Sage

Haraway, D.J. (1991). Simians, cyborgs, and women. The reinvention of nature. New York: Routlegde

Haraway, D.J. (1996). Situiertes Wissen. In Scheich, E. (Hrsg.). Vermittelte Weiblichkeit. Hamburg: Hamburger Edition, 217-248

Haraway, D.J. (1997). Modest_Witness@Second_Millenium.FemaleMan©_Meets_Onco-mouse™. New York/London: Routledge

Hubbard, R. (1990). The politics of women's biology. New Brunswick/London: Rutgers University Press

Hubbard, R. (1994). Constructs of genetic difference: race and sex. In Weir, R./Lawrence, S.C./False, E. (eds.). Genes and human self-knowledge. Iowa: University of Iowa Press, 195-206

Hubbard, R. (2001). Gender ideology and the biology of sex differences. In Krüger, M./Wallisch-Prinz, B. (Hrsg.). Erkenntnisprojekt Feminismus. Bremen: Donat, 205-215

Hubbard, R./Wald, E. (1993). Expoding the gene myth. Boston: Beacon Press

Keller, E.F. (1995). Refiguring life. New York: Columbia University Press

Knapp, G.-A. (2001a). Dezentriert und viel riskiert: Anmerkungen zur These vom Bedeutungsverlust der Kategorie Geschlecht. In Knapp, G.-A./Wetterer, A. (Hrsg.). Soziale Verortung der Geschlechter. Münster: Westfälisches Dampfboot, 15-62

Knapp, G.-A. (2001b). Kein Abschied vom Geschlecht. In Hornung, U./Gümen, S./Weilandt, S. (Hrsg.). Zwischen Emanzipationsvision und Gesellschaftskritik. Münster: Westfälisches Dampfboot, 78-87

Kollek, R. (1996). Metaphern, Strukturbilder, Mythen – Zur symbolischen Bedeutung des menschlichen Genoms. In Trallori, L.N. (Hrsg.). Die Eroberung des Lebens. Wien: Verlag für Gesellschaftskritik, 137-153

Kollek, R. (2000). Präimplantationsdiagnostik. Embryonenselektion, weibliche Autonomie und Recht. Tübingen: Francke

Kuhlmann, E. (2002): Bioethik und Gesundheitswissenschaften. In Kolip, P. (Hrsg.). Einführung in die Gesundheitswissenschaften. Weinheim: Juventa, S. 173-194

Kuhlmann, E./Babitsch, B. (2000). Körperdiskurse, Körperkonzepte. Wechselnde Blicke zwischen feministischen Theorien und Frauengesundheitsforschung. Zeitschrift für Frauenforschung & Geschlechterstudien, 18 (3), 27-46

Lippman, A. (1992). Mother matters: a fresh look at prenatal genetic testing. Issues in Reproductive and Genetic Engineering, 5 (2), 141-154

List, L. (2001). Grenzen der Verfügbarkeit. Die Technik, das Subjekt und das Lebendige. Wien: Passagen Verlag

Mahowald, M.B. (2000). Genes, women, equality. New York/Oxford: Oxford University Press

Martin, E. (1989). Die Frau im Körper. Frankfurt/New York: Campus

Martin, E. (1999). The egg and the sperm: how science has constructed a romance based on stereotypical male-female roles. In Price, J./Shildrick, M. (eds.). Feminist theory and the body. New York: Routledge, 179-189 (zuerst erschienen 1991)

Nelkin, D./Lindee, S. (1995). The DNA-mystique: the gene as icon. New York: Freeman

Nippert, I. (Hrsg.) (1997). Proceedings of the International Workshop on Cystic Fibrosis Carrier Sreening Development, Copenhagen 1992. Women's Health Research Series, Vol. I, No. 2

Nippert, I. (2000). Frauengesundheitsforschung und „gender based medicine". In Cottmann, A./Kortendiek, B./Schildmann, U. (Hrsg.). Das undisziplinierte Geschlecht. Opladen: Leske + Budrich, 51-67

Nippert, I./Nippert, R.P./Horst, J./Schmidtke, J. (1997). Die medizinisch-genetische Versorgung in Deutschland. Medizinische Genetik, 9 (2), 188-205

Petchesky, R.P. (1995). The body as property: a feminist re-vision. In Ginsburg, F.D./Rapp, R. (eds.). Conceiving the new world order. Berkeley: University of California Press, 387-406

Pieper, M. (1998). Unter „anderen Umständen" – werdende Elternschaft im Zeichen neuer Verfahren der Pränataldiagnostik. In Arbeitskreis Frauen und Gesundheit (Hrsg.). Frauen und Gesundheit(en). Bern: Hans Huber, 236-2447

Rapp, R. (1998). Refusing prenatal diagnosis. In Davis-Floyd, R./Dumit, J. (eds.). Cyborg babies. From techno-sex to techno-tots. New York/London: Routledge, 143-167

Schneider, I. (1999). Präimplantationsdiagnostik, Embryonenforschung und Keimbahnthe-rapie. Thesen und Argumente. In Pichlhofer, G. (Hrsg.). Grenzverschiebungen. Politi-sche und ethische Aspekte der Fortpflanzungsmedizin. Frankfurt: Mabuse, 49-62

Spanier, B.B. (1995). Im/partial science. Gender ideology in Molecular Biology. Bloomington: Indiana University Press

Stacey, M. (1996). The new genetics: a feminist view. In Marteau, Th./Richards, M. (eds.). The troubled helix. Cambridge: Cambrige University Press, 331-349

Stiegler, B. (2000). Frauen im Mainstreaming. Politische Strategien und Theorien zur Ge-schlechterfrage. Neue Impulse, Nr. 1/2000, 3-8

Waldschmidt, A. (2001). Normalistische Landschaften in der genetischen Beratung und Diagnostik. In Gerhard, U./Link, J./Schulte-Holtey, E. (Hrsg.). Infografiken, Medien, Normalisierung: Zur Karteografie politisch-sozialer Landschaften. Heidelberg: Syn-chron Verlag, 191-203

Wolf, S.M. (1999). Erasing difference: race, ethnicity, and gender in bioethics. In Dochin, A./Purdy, L.M. (eds.). Embodying bioethics. Recent feminist advances. Lanham: Rowman & Littlefield, 65-81

Matrix und Junggesellenmaschine – Identitätslogik in naturwissenschaftlichen Diskursen

Regina Becker-Schmidt

Ich möchte in diesem Beitrag der Frage nachgehen, inwiefern Einsichten aus der feministischen Forschung, die sich am Streit um Differenz und Gleichheit der Geschlechter entzündet haben, paradigmatisch für eine grundlegende Kritik an identitätslogischen Denkmustern in anderen Kontexten sein könnten, zum Beispiel in einzelnen Diskursen der Natur- und Technikwissenschaften.

Kritik an identitätslogischen Modellen ist nicht etwas, das genuin der Frauenforschung zuzurechnen ist. Im deutschsprachigen Raum waren es vor allem die Vertreter der Frankfurter Schule, insbesondere Theodor W. Adorno und Max Horkheimer, an deren erkenntnis- und gesellschaftskritischen Analysen zur Konstruktion von ‚Einerleiheit‘ nicht vorbeizukommen war.

1. Zur Thematik: Matrix und Junggesellenmaschine

Identitätslogik versucht, Eindeutigkeit in Vielfältigkeit herzustellen. Ihr liegt die Intention zu Grunde, die verschiedenen Dimensionen eines Gegenstandes auf einen gemeinsamen Nenner zu bringen. Widerspruchsfreiheit ist das methodische und inhaltliche Ziel. Das ist dort angemessen, wo Sachverhalte in sich stimmig sind und deren Elemente nach dem Prinzip der Subsumtion geordnet werden können. Wenn wir es aber mit Erscheinungen zu tun haben, in denen Ungleichnamiges zusammengefügt ist, wird Identitätslogik zum Problem. Sie kann nicht gelten, wo Dinge sich aus heterogenen, ja: heteronomen Anteilen zusammensetzen. Das hat Friedrich Nietzsche kurz und prägnant auf den Punkt gebracht. „Ich habe den Verdacht,“ schreibt er in den nachgelassenen Fragmenten, „dass die Dinge und das Denken nicht adäquat sind. In der Logik nämlich herrscht der Satz des Widerspruchs, der vielleicht nicht bei den Dingen gilt, die Verschiedenes, Entgegengesetztes sind“ (1996: 21f.). In der Wissenschaft werden aber dennoch Phänomene, die in ihrer Komposition inkongruent sind, so konzipiert, als seien sie ohne Brüche. Intelligenz zum Beispiel entwickelt sich aus Anlage und aus Umwelterfahrungen. Stimulie-

rende Lebenspraxis bringt Begabungen zur Entfaltung, begrenzte soziale
Lernchancen beeinträchtigen die progressive Entwicklung mentaler Fähigkeiten. Wir finden aber in der Humanbiologie, in der Anthropologie, in der
naturwissenschaftlich orientierten Psychologie immer noch Ansichten, die
‚Intelligenz‘ im Wesentlichen auf einen Faktor zurückführen: auf das genetische Erbe. Soziale Einflüsse auf deren Ausbildung gelten als eher nebensäch-
lich.

Die Relativierung von ‚Umwelt‘ zugunsten von ‚Anlage‘ hat durch die
moderne Genetik großen Auftrieb erfahren, mit der Konsequenz, dass naturwissenschaftlich geprägte Vorstellungen von der ‚Verbesserung‘ des menschlichen Genpools den Umgang mit somatischen und psychischen Krankheiten
zu bestimmen drohen. Therapeutische Anstrengungen zur Behebung psycho-
somatischer Störungen, die auf Beziehungsprobleme und sozial induzierte
Entwicklungskrisen zurückzuführen sind, werden ebenso zurückgedrängt wie
soziale Hilfestellungen, die gesellschaftlich depravierende Lebensumstände,
welche Subjektivität beschädigen, abmildern könnten.

Wo durch Identitätslogik aus Theorien und Praxen herausgehalten wird,
was nicht ins Konzept passt oder sich für die Durchsetzung von geradlinig
dimensionierten Zwecken als hinderlich erweist, ist Extrapolation von Be-
kanntem auf Unbekanntes, Selektion, Ausgrenzung, Unterordnung von Besonderem unter das als allgemein Gesetzte im Spiel. Es stellt sich die Frage,
warum auf Ungeradliniges mit Begradigung, auf kontroverse Mehrdeutigkeit
mit Vereindeutigung reagiert wird. Aus der Perspektive des Machenwollens
und des Willens zur Macht ergeben sich triftige Gründe für identitätslogisches
Ordnungsdenken, das um der Durchsetzung eines Prinzips willen manipuliert:
Das, was durch Normierung auf Linie gebracht worden ist, lässt sich besser
beherrschen. Und: Ausblenden und ignorieren kann man das gegen Einerleiheit Widerspenstige am einfachsten, indem man ihm die Daseinsberechtigung
abspricht.

Wir können das am Geschlechterverhältnis studieren. Wo die Menschheit
uniform nach Männerart gedacht wird, kann Anderssein nur als Abweichung
verstanden werden. Das Zwanghafte im Akt des Identifizierens, mit dem darauf beharrt wird, dass etwas so und nicht anders zu sein hat, und der Eigen-
sinn des Nichtkonformen dürfen nicht ins Bewusstsein derer dringen, die sich
nur durch das Verdrängen des Nicht-Identischen als Vertreten des Allgemeinen zu behaupten vermögen. Das zur Norm Erhobene bildet sich zu einer hegemonialen Instanz heraus. Hierarchie entsteht durch Intoleranz gegenüber
dem, was sich nicht gleich machen lässt.

In feministischen Diskursen ist ausführlich untersucht worden, wie eng
die Subsumtion von Frauen unter abwertende Konstruktionen von Weiblichkeit, die deren Subordination legitimieren sollen, geschichtlich mit Vorstellungen von Naturbeherrschung verbunden ist (Scheich 1993). Wir werden
diesem Zusammenhang heute nicht mehr so offen und direkt begegnen, aber
oft genug getarnt als philosophisch-anthropologische Topoi (Becker-Schmidt
2000), technische Begriffe und naturwissenschaftliche Metaphoriken. In ih-

nen leben naturalisierende Vorurteile über ‚Weiblichkeit' fort. Nur dem
Schein nach sind die Diskurse, in denen sie auftauchen, geschlechtsneutral.

Dazu ein Beispiel: In den Naturwissenschaften und in der Technik spielt
der Begriff ‚Matrix' eine große Rolle. In der Molekularbiologie zum Beispiel
wird die RNS (Ribonukleinsäure), der für den Transport von Erbinformatio-
nen eine zentrale Bedeutung zukommt, Matrizen-RNS genannt. In den Inge-
nieurswissenschaften begegnen wir dem Begriff ‚Matrize' ebenfalls. Bei der
Setzmaschine bezeichnet dieses Wort eine im Metallkörper befindliche Hohl-
form zur Aufnahme des Prägestockes, der so genannten ‚Patrize'.

Gehen wir der Bedeutungsgeschichte von ‚Matrix' nach, so kommt in einer diskursanalytischen Perspektive etwas zutage, was auf den ersten Blick
nicht offensichtlich ist. ‚Matrix' wurde aus dem Französischen entlehnt. Dort
heißt *matrice* sowohl *Gußform* als auch *Gebärmutter*. Der ursprünglich vielschichtige Wortsinn von ‚Matrix' (Mutter; Muttertier; Stamm eines Baumes,
aus dem neue Zweige kommen; Ursache, Quelle, Ursprung; Mutter – mit der
Assoziation Mutterleib, Gebärmutter) verschwindet im Deutschen (Scheller
1820: 856). Die Übertragung ins Technische tilgt sowohl die aktiven und re-
präsentativen Attribute des Terminus (generative Produktivität, genealogische
Vermittlung) als auch die Doppelbedeutung der mütterlichen Matrix, nämlich
Original und musterhaftes Vorbild zu sein. Identifiziert wird im technischen
Gebrauch nur eins: die Funktion als Behälter. Im Brockhaus von 1889 können
wir nachlesen: „Matrize, im allgemeinen Bezeichung für eine untiefe Form,
in die ein erhabener Körper paßt, oder in der ein solcher angefertigt werden
soll" (1820: 668). Untiefe und Erhabenheit, Hohlraum und prägender
(Maß)Stab: Unschwer lassen sich in der Entgegensetzung von ‚Matrize' und
‚Patrize' die unterschwelligen geschlechtlichen Konnotationen sowie die sie
begleitenden Ab- und Aufwertungen erkennen. Solche Ausdrucksformen an-
drozentrischer Geltungsansprüche, die sich als ‚technische Fachsprache' kaschieren, lassen sich als Gesten der Bemächtigung entziffern. Etwas, was mit
dem anderen Geschlecht geteilt werden müsste, nämlich Generativität,[1] wird
einseitig angeeignet. Ich werde modellhaft an einem Diskurs aus der Humangenetik zeigen, dass sich dieser Sinn in der Methaphorik ‚Container sein/den
Stempel aufdrücken' auffinden lässt. Es wird sich erweisen, dass es sich hier
um eine modernere Variante der alten Dichotomisierung von zu bezähmender
Natur und überlegener (von Männern kreierter) Kultur handelt. Der Beitrag
des französischen Mathematikers und Genetikers Antoine Danchin, in dem
ich auf jene Entgegensetzung stieß, stammt aus den 80er Jahren und mag, was
den gegenwärtigen naturwissenschaftlichen Stand der Genforschung angeht,
veraltet sein. Aber wir werden sehen: In seinem androzentrischen Subtext ist
er es nicht.

---

1   In Anlehnung an Vera King benutze ich hier den Begriff ‚Generativität' in einem
     weiteren Sinn: Er meint nicht nur Prokreation, sondern die Weitergabe von kulturel-
     len Traditionen von Generation zu Generation.

Die Frage nach den Mechanismen, mit Hilfe derer Identitätslogik das unterdrückt, was sich gegen lineare Interpretationen sperrt, führt über die Verknüpfung von Naturbeherrschung und Frauendiskriminierung hinaus. Eine solche Denkform, die mit dem Anspruch auf Allgemeingültigkeit auch da auftritt, wo sie Besonderungen ausgrenzt, hat soziale Konsequenzen für alle Lebewesen, alle Menschen, alle Dinge, die auf ‚Normalmaß‘ oder ‚Übermaß‘ gebracht werden sollen. Das Schaf Dolly hat Arthritis, was möglicherweise auf Fehler im Klonprozess zurückzuführen ist. Der Kommentar zu den offensichtlichen Gefahren des Klonens ist aufschlussreich: Es wird nicht das Tier bedauert, dessen Herstellung mit einer überaus schmerzhaften Krankheit erkauft worden ist; es wird auch nicht vor der Wiederholung solcher Experimente gewarnt, sondern darauf hingewiesen, dass es nicht genug Vergleichsmöglichkeiten gibt, um den Verdacht einer gentechnisch entstandenen Missbildung zu erhärten. Das kann man als Devise lesen: Bevor es nicht viele Fälle solcher Art gibt, ruhig weitermachen! (Hannoversche Allgemeine Zeitung, 4.1.2002, Seite 2).

Stammzellen-Forschung wird von einigen Genetikern mit dem erklärten Ziel betrieben, Menschen zu vervielfältigen, ohne das Recht des Individuums auf Unverwechselbarkeit zu achten. Tausende von Kindern, die ihr Leben Leihmüttern, Spermaspendern und sozialen Eltern verdanken, die mit den geborgten Erzeugern nichts gemein haben, können sich nicht mehr in verwandtschaftlichen Generationszusammenhängen verorten. Ihre ‚Identität‘ ist technischen Verfahren geschuldet, welche an Stelle der natürlichen die artifizielle Reproduktion von Menschen setzen. Das Problem, wie mit der gattungsgeschichtlich tradierten Frage: ‚Wer bin ich, wo komme ich her?‘ unter sozialen Bedingungen umzugehen sei, die sich durch „Technoscience“ (Haraway 1996) verändert haben, wird in der Öffentlichkeit wie im Privaten nicht diskutiert, sondern eher tabuisiert. Trotz nicht eindeutig absehbarer, aber doch in Erwägung zu ziehender Folgen wird gemacht, was mit wissenschaftlicher Macht zu realisieren ist. Einspruch wird hier nicht gegen das wissenschaftliche Experiment an sich oder Forschung in Neuland überhaupt erhoben, sondern gegen die mangelnde Theorie- und Methodenkritik, mit der das geschieht. An Ethikkommissionen wird delegiert, was sich aus Wissenschaft und Forschung nicht auslagern lässt: Beachtung der Notwendigkeit interdisziplinärer Zugangsweisen, Folgenabschätzung und epistemologische Selbstreflexität.

Das sind die aktuellen Anstöße für diesen Beitrag.[2] Aus den Vorüberlegungen ergibt sich folgender Aufbau der weiteren Argumentation: Ich werde zunächst das Thema ‚Gleichheit und Differenz im Geschlechterverhältnis‘ unter dem Aspekt identitätslogischer Fallstricke behandeln. Dann wende ich

---

2   Der Text geht zurück auf einen Aufsatz, der vor einigen Jahren geschrieben und wegen des plötzlichen Todes der Herausgeberin Martina Ritter erst 1999 veröffentlicht wurde. Der Aufsatz wurde für diesen Band überarbeitet und aktualisiert (Becker-Schmidt 1999).

mich kurz der Mathematik zu. Sie ist nicht nur paradigmatisch für die wissenschaftliche Forderung nach Widerspruchsfreiheit. Sie ist auch typisch für Konstruktionen, die von logisch gleichförmigen Elementen ausgehen, aus denen sich komplexere Einheiten aufbauen lassen. Ihre Effektivität im Bereich des Zähl- und Messbaren hat dazu beigetragen, dass sie bis heute als Modell für Wissenschaftlichkeit dient, die ungetrübt von subjektiven Verzerrungen ist. Die methodischen Postulate der Mathematik sind aber nicht so universell und ‚objektiv‘, wie das postuliert wird. Vor allem: Sie sind nicht übertragbar auf Forschungsbereiche, die es mit in sich widersprüchlichen Phänomenen zu tun haben.

Ich diskutiere dann eine Position in der Humangenetik, in der ein Mathematiker zu Wort kommt. Naturwissenschaftlich immanent unterscheidet sich Danchin, um dessen Beitrag zu einer Identitätsdebatte es sich handelt, nicht unbeträchtlich von den Entdeckern der DNS. Die Hardliner des Projekts ‚Entschlüsselung des Supercodes‘, Francis Crick und James D. Watson, schließen, von der Übereinstimmung molekularer Strukturen bei allen Lebewesen ausgehend, umstandslos von solchen Ähnlichkeiten auf identische Gesetzmäßigkeiten in der Entwicklung von Hefepilzen, Mäusen und Menschen (Watson 1993). Danchin begreift das menschliche Genom als ein überaus komplexes neuronales Geflecht und trägt sozialen Kontexten durchaus Rechnung. Und doch schlägt auch bei ihm eine bestimmte Sichtweise durch: Die unterschiedlichen Logiken, die in die Konstitution von mehrdimensionalen Konnexionen eingehen (Anlage und Umwelt in Subjektpotentialen, Evolution und Sozialgeschichte in der Entwicklung der Gattung ‚Mensch‘, Vererbung und Tradierung in generativen Prozessen, Frau-Sein und Mann-Sein als historische Ausdifferenzierung von ‚Geschlecht‘), werden nicht auseinander gehalten. Deshalb bleibt auch unreflektiert, wo die verschiedenen Dimensionen eines Zusammenhangs nicht zwanglos ineinander überführbar sind. Von daher bleibt der Glaube bestehen, man könnte zusammengesetzte Sachverhalte innerhalb einer in sich kohärenten Theorie erfassen. Wie in der Mathematik ist für Danchin auch in der Evolution, die von Sozialgeschichte nicht unterschieden wird, alles kommensurabel.

Donna Haraway hat in ihren Analysen zur Wissensgenese zwei Quellen für identitätslogisches Denken herausgearbeitet, die die Optiken von Realität verzerren. Zum Einen verschleiert Universalisierung die raum-zeitliche Begrenztheit von Erkenntnis. Zum Zweiten führt die Entkörperlichung der Forschung dazu, dass Verantwortlichkeiten und bestimmte subjektive Implikationen im ‚Wissen ist Macht‘-Komplex verschwimmen. Mit Entkörperlichung ist eine Entpersonalisierung der Wissensproduktion gemeint, welche sowohl die postbiologische prothetische Organisation des Erkenntnisapparates (Wahrnehmungsorgane und technische Hilfsmittel) der epistemologischen Reflexion entzieht als auch die Verquickung von Wissensproduktion und Männermacht (Haraway 1996). Haraways Methodenkritik an Erscheinungen der ‚Technoscience‘, zu der auch die Genetik gehört, ist in einigen Punkten Bezugspunkt für meine Überlegungen.

Jean Baudrillard nennt – in Anlehnung an Duchamp – männliches technologisches Denken, das selbstreferenziell bleibt und anderes als Ähnliches, das heißt im Sinne der Identitätslogik ‚Seinesgleichen‘, nicht ins Bewusstsein integrieren kann, eine Junggesellenmaschine (1989: 128). Das steckt hinter dem Titel, der auf die Frage am Schluss des Artikels verweist: Ist die Gentechnologie eine Junggesellenmaschine, deren Erfinder sich, wenn schon nicht zu Göttern, so doch wenigstens zu Erzeugern einer technologisch geläuterten Spezies stilisieren?

2. Gleichheit und Differenz im Geschlechterverhältnis

In der Frauenforschung erweist sich die Forderung nach Beachtung der Geschlechterdifferenz als ebenso mehrdeutig wie die nach der Gleichbehandlung von Frauen und Männern (vgl. Benhabib et al. 1993; Gerhard et al. 1990). Differenz wie Gleichheit lässt sich aus historischen Gründen im Geschlechterverhältnis nicht identitätslogisch bestimmen: Das Eine ist konstitutiv für das Andere.

Liegt die Definitionsmacht bei denen, die auf klaren Trennlinien beharren, um sich selbst am Gegensatz zu konturieren oder eine ‚eigene Art‘ behaupten zu können, dann dient die Betonung der Differenz der Ab- und Ausgrenzung. Unterschiede werden nicht etwa gemacht, um Vielfalt gelten zu lassen, sondern um Hierarchien zu legitimieren: Die eigene Genus-Gruppe wird auf-, die andere abgewertet. Es geht um die Sicherung von Privilegien sowie die Behauptung von Überlegenheit. Machtmittel zur Durchsetzung von Frauendiskriminierung sind Weiblichkeits- und Männlichkeitsklischees, denen trotz historischer Variabilität quasi-natürliche Dignität zugeschrieben wird (vgl. Knapp 1995).

Die Akzentuierung von Verschiedenheit bekommt eine ganz andere Gewichtung, wenn sie aus der Perspektive der Diskriminierten vorgenommen wird. Die attributive Differenzsetzung ‚weiblich/männlich‘ signalisiert die untergeordnete Stellung von Frauen im Geschlechterverhältnis. Sie ist verbunden mit einer ungleichen Verteilung von Arbeit, Lohn, kulturellen und politischen Einflusschancen.

Feministinnen haben in zwei Perspektiven das hierarchische Klassifikationssystem der Zweigeschlechtlichkeit kritisch anvisiert und seine identitätslogischen Prämissen transparent gemacht: Zum Einen vereinheitlicht es Frauen und Männer, indem es sie jeweils unter *ein* Geschlecht subsumiert. Das nimmt den Individuen ihre Besonderung, die unabhängig vom konstruierten Geschlecht ist. Zum Anderen geht die Eingliederung von Frauen und Männern zu sozialen Gruppen entlang der Trennlinie ‚Geschlecht‘ einher mit einer Hierarchisierung: Angehörige der männlichen Genus-Gruppe sind im Vergleich zu Frauen gesellschaftlich privilegiert.

Die internationale Frauenbewegung erhob darum zum Einen Einspruch gegen die Strategie geschlechtlicher Versämtlichung: Es gibt nicht ‚die Frau‘

(oder ‚den Mann‘), sondern eine Vielfalt von Frauen (und Männern) mit unterschiedlichem ethnischen, kulturellen und ökonomischen Hintergrund. Die sozialen Ungleichheitslagen zwischen den Geschlechtern, die sich im Zuge der Globalisierung weltweit verschärfen, forderten zum Anderen dazu heraus, gegen die Ubiquität von Diskriminierung vorzugehen, die Frauen aus verschiedenen Ethnien und Klassen aufgrund ihrer Geschlechtszugehörigkeit trifft. Eingeklagt wurde die Ebenbürtigkeit des weiblichen Geschlechts in allen sozialen Sphären. Gleichheitsforderungen wie der Anspruch auf die Beachtung von Differenzen, die sich aus unterschiedlicher soziokultureller Herkunft ergeben oder auf andauernde Ungleichbehandlung zurückzuführen sind, gehören daher in Frauenpolitiken zusammen.

Diese Sichtweise kann über Probleme der Geschlechterpolarisierung hinausführen: Da Frauen dem Geschlecht angehören, dessen soziale Konstruktion genderbasierte Nachrangigkeit impliziert, können sie wissen, was es heißt beherrscht zu werden. Das eröffnet die Möglichkeit, politisch auch auf die Unterdrückungsgeschichte von anderen Bevölkerungsgruppen, etwa ethnischen Minderheiten, zu reagieren und für deren Anspruch auf Gleichheit und Beachtung von kultureller Differenz einzutreten. Es ist allerdings nicht auszuschließen, dass sich Frauen mit den Herrschenden identifizieren oder sich in gegebenen Verhältnissen sozialer Ungleichheit häuslich einrichten. Generell muss gesagt werden, dass der Blick von unten nicht vor getrübten Optiken schützt (Haraway 1996: 227f.). Identitätslogische Konstruktionen finden sich deshalb auch in Diskursen der Frauenbewegung, da nämlich, wo das weibliche Geschlecht einhellig als das bessere betrachtet wird.

Fragt man jedoch nach Bezugspunkten für kritische Theorie, so ist es sicherlich kein Zufall, dass es es vor allem Feministinnen waren, die epistemologische und inhaltliche Analysen in die Diskussion gebracht haben, die auch oder gerade in den Naturwissenschaften den Zusammenhang von Wissen und Macht offenlegen (z.B. Brennan 1996; Haraway 1996; Harding 1986; Hartsock 1983; Keller 1993; Longino 1996). In diesen Analysen steht eine spezifische Form identitätslogischen Denkens im Zentrum: die Abstraktion nicht nur von Subjektivität, die ja auch schon von kritischen Physikern wie Werner Heisenberg (1955) als objektivitätsverändernder Faktor in experimentellen Verfahren benannt wurde, sondern die Negierung des Faktums, dass Subjekte ein Geschlecht haben, das die Richtung von Eingriffen beeinflusst.

3. Das Postulat der Widerspruchsfreiheit in der Mathematik[3]

Die Kriterien der Mathematiker, was Wissenschaftlichkeit im strengen Sinne sei, sind nicht nur für die übrigen Disziplinen der Naturwissenschaft von hoher Verbindlichkeit. An ihnen werden häufig auch andere, etwa die Sozialwissenschaften gemessen. Solche Kriterien zum Beispiel: einheitlicher Theorieansatz, widerspruchsfreie Axiomatik, hoher Allgemeinheitsgrad von Aussagen.

Dabei wird zweierlei wenig bedacht. Zum Einen: Die Standards der Mathematik sind nicht rein wissenschaftlich begründet, sie sind ebenso auf kulturelle und soziale Einflüsse zurückzuführen, wie das bei anderen Wissenschaften der Fall ist. So verdankt sich etwa die dialektische Betrachtungsweise von geometrischen Problemen in der Antike der Begegnung zwischen der eleatischen Schule der Philosophie und der Pythagoräischen Schule der Mathematik (Bochner 1973; Wilder 1973). Oder: Ontologische Ordnungsvorstellungen von der Natur, in der sich theologische Ansichten von der *ordo Dei* niederschlugen, mussten genauso überwunden werden wie Setzungen der traditionellen Logik. Und nicht zuletzt: Pragmatische Anforderungen in gesellschaftlich relevanten Anwendungsbereichen der Mathematik – zum Beispiel bei physikalischen und ingenieurswissenschaftlichen Messoperationen – veränderten Axiomatiken. Mathematik ist also wie alle Wissenschaft eine sozial eingebundene Praxis und ein kulturelles Konstrukt. Ihre Standards haben sich im Verlaufe der Geschichte geändert und besitzen damit keine universelle Geltung.

Zum Zweiten: Die Mathematik ist ein Gebäude gedanklicher Kontruktionen. Ihre Kalküls lassen sich durch logische Strukturen begründen, von denen die Mathematiker sich zwar Vorstellungen machen; diese Vorstellungen haben aber keine Entsprechung in irgendwelchen außermathematischen Realitäten. Die Empirieferne der Mathematik hat es ihr möglich gemacht, als reines Zeichensystem – ohne Beimischung von natürlichen Sprachen – zu funktionieren. Das Regelwerk der Mathematik und ihre Aussagenlogik sind somit in hohem Maße selbstreferenziell. Daher lassen sich ihre theoretischen Standards auch nicht auf Wissenschaften übertragen, deren Gegenstandsbereiche empirische Grundlagen und historische Voraussetzungen haben.

In der Mathematik gibt es heftige Kontroversen. Aber alle Schulen halten doch an den Postulaten der Widerspruchsfreiheit und der Rechenhaftigkeit fest. Aber: Lässt sich alles berechnen? Ich kann hier aus Zeitgründen nicht auf die Kontroversen eingehen, die diese Frage auch unter Mathematikern ausgelöst hat.

Nur soviel: Selbst in der Mathematik kann das Axiom der Widerspruchsfreiheit, eines der stärksten Argumente in der Verteidigung identitätslogischer Konstruktionen, nur unter Setzungen eingehalten werden, deren Gültigkeit auf

---

3   Ich danke an dieser Stelle Irene Pieper-Seier für die kritische Kommentierung sowie die Korrekturvorschläge zu dieser Textpassage.

Absprachen beruht. Widersprüchlichkeit ist in der Mathematik in erster Linie Regelwidrigkeit. Nur deshalb kann sie das Postulat der Widerspruchsfreiheit so streng einfordern: Die mathematischen Beweise beziehen sich auf die Schlüssigkeit von Operationen, die sie als Voraussetzungen für die Erfassbarkeit ihrer Phänomene annehmen; über das wirkliche Vorhandensein der angenommenen Beziehungen ist damit nichts ausgesagt. Was Arnim von Gleich für die Quantentheorie feststellt, gilt wohl auch für die Mathematik: „Identität, Kontinuität, Linearität, Homogenität, Isotropie – das sind alles Eigenschaften (idealer) Strukturen und Gebilde, für die sich kein Pendant in der Wirklichkeit finden ließe" (1989: 70). Mathematik als Idealtypus für Objektivität kann also nicht auf Gegenstandsbereiche übertragen werden, wo Wissenschaft ein Gegenüber hat.

Wenden wir uns zum Schluss einer Faktizität zu, in der Unterschiedliches – Vererbung und Tradierung, Angeborenes und Erworbenes, Ontogenese und Phylogenese, Lebensgeschichte und Gesellschaftsentwicklung – einander verwoben ist: menschlicher Potenzialität.

4. Gentechnologie: eine Junggesellenmaschine?

Regine Kollek hat auf etwas aufmerksam gemacht, an das ich anknüpfen möchte: auf männliche Wunschphantasien, die sich in der Genetik ausdrükken. Sie schreibt:

> „Waren in prä-genetischen Zeiten Geburt und Vererbung unkontrollierte und unkontrollierbare Prozesse, die immer die Gefahr von Vererbungsfehlern, sprich Erbkrankheiten, mit sich trugen, verheißt das genetische Zeitalter die kontrollierte, fehlerfreie Geburt aus der Retorte und damit aus dem Geist, der in der europäischen Kultur als männlich identifiziert wird" (1994: 11).

Solche illusionären Vorstellungen sind schwerer auszumachen in Positionen, in denen das Genom als komplexes, verletzliches neuronales Netzwerk vorgestellt wird und in denen – zumindest ansatzweise – Umwelt und Anlage zueinander in Beziehung gesetzt werden. Aber auch hier tauchen sie auf – wie wir im Folgenden sehen werden.

Der französische Mathematiker und Molekularbiologe Danchin hat Anfang der achtziger Jahre – anlässlich eines interdisziplinären Seminars zum Identitätsproblem unter der Leitung von Claude Lévi-Strauss – ein Modell genetischer Entwicklung vorgestellt (Danchin 1980). Ein angeborenes Neuronenprogramm gibt die Wachstums- und Stoffwechselprozesse von Lebewesen vor; die Spezifizierung des Nervensystems und die Möglichkeit der Aktivierung bestimmter Fähigkeiten (Sehen, Hören, Sprechen, Bewegungskoordination) ist jedoch von äußeren Stimuli abhängig. Fallen Umweltreize aus, so kann sich das Erbgut nicht realisieren; es kommt zu Degenerationserscheinungen, die irreversibel sind.

Das genetische Programm wird als Netzwerk gedacht, das auf dreierlei Weise für Veränderungen offen ist: Phylogenetisch sorgen zum Einen Abweichungen bei der genetischen Reproduktion (auf Zufall beruhende ,Fehler im Kopiervorgang') für Variationen; zum Anderen erwirken Umweltbedingungen selektiv durch Anpassungsdruck Mutanten; desweiteren entstehen im Evolutionsprozess – nach der Geburt mehrzelliger Organismen – durch Zellteilung sowie durch die Kontaktaufnahme und Verschmelzung getrennter Neuronensysteme Lebewesen mit komplexeren Anlagen. In der Entwicklung von verschiedenen Individuen auf gleicher Evolutionsstufe kommen Variationen nicht wie bei der Phylogenese durch eine Modifikation des Programms zum Tragen, sondern Vielfalt entsteht dadurch, dass sich – aufgrund unterschiedlicher Umwelteinflüsse – die angeborenen Programme unterschiedlich entfalten. Das neuronale System komplexer Lebewesen hat so unendlich viele Verknüpfungsmöglichkeiten von Außenreizen, dass nicht jede Reaktion genetisch determiniert sein kann. Das Nervensystem des Menschen, Steuerungszentrale für Reifungsprozesse und Filter von Außenreizen, ist für Danchin ein so gigantisches Netzwerk, dass es nicht nur durch Rechenmaschinen nicht nachzubilden ist; es lässt sich auch in der Endlichkeit eines Lebens nicht völlig aktivieren.

Die neuronalen Strukturen, an welche die Entwicklung bestimmter Fähigkeiten gebunden ist, legen nicht nur die Entwicklungsschritte fest, sondern auch die kritischen Zeiträume, innerhalb derer das Programm soweit realisiert sein muss, dass es sich weiterhin ausdifferenzieren kann. Unter dem Gesichtspunkt anlagebedingter neuronaler Komplexität verfügen verschiedene Individuen über den gleichen genetischen Bauplan. Aber für jedes Netz, das heißt für jedes Neuronenprogramm, gibt es bei jedem Individuum eine besondere Ausgestaltung, die umweltbedingt ist: „Das Programm ist der angeborene, erbliche Teil des Systems (...) während die individuelle Realisierung einen jeweils besonderen Kompromiß zwischen Angeborenem und Erworbenem darstellt. Dieses ist ein Ergebnis der Interaktion mit der Umwelt und daher nicht vererbbar" (Danchin 1980: 165). In dieser Hinsicht gibt es bei Danchin Nicht-Identität in der Identität.

Mentale Störungen, etwa Depressionen, können ebenso Ausdruck eines genetischen Defekts wie Effekt von fehlgelaufenen Sozialisationsprozessen sein. Wie gesagt: Danchins Modell lässt Raum für die Formulierung allgemeiner Entwicklungsbedingungen und besonderer Realisierungen, für die Betrachtung von Einheit und Vielheit, von Ähnlichkeit und Differenzierung. Trotz dieser Offenheit ist das Modell jedoch begrenzt: Es bleibt in einem naturwissenschaftlichen Horizont befangen. Zum Einen arbeitet Danchin mit einem Umweltbegriff, der unberührt von gesellschaftlicher Praxis bleibt. Zum Zweiten haben seine Individuen weder einen lebensgeschichtlichen noch einen sozialhistorischen Kontext – er spricht von Katzen wie von Menschen, er spricht von Menschen ohne Ansehen von Klasse, Hautfarbe und Geschlecht. Das hat durchaus etwas Beachtenswertes: Er hierarchisiert nicht, und jede Art von Rassismus liegt ihm fern. Aber er denkt nicht an soziale Differenzen, die vielleicht nicht unmittelbar in das eingreifen, was er Anlage nennt, die aber trotzdem individuelle Entfaltungsmöglichkeiten und gesellschaftliche Chancengleichheit vereiteln. Zum Dritten versperrt seine kognitions- und informationstheoretische Vorstellung vom Kompetenzerwerb Einsichten in Prozesse sozialen Lernens. Umgang mit Gegenstandswelten, emotionale Erfahrungen, Austragung von sozialen Interessenkonflikten, Auseinandersetzungen mit obsolet gewordenen Sozialstrukturen – all das kommt bei ihm nicht vor. Interaktion mit der Umwelt geschieht für ihn durch eine Verknüpfung von Informationen, die umweltadäquate Reaktionen garantiert. Die Momente der Freiheit in erworbenen Fähigkeiten, auf denen die Veränderung der Umwelt durch Arbeit, Spiel, Zuwendung oder Erfindung beruht, bleiben unberücksichtigt. Das neuronale Organ der Umweltanpassung ist für Danchin nichts weiter als ein organisiertes System von Befehlsempfang und reaktiven Operationen. Noch das Wort ‚Programm' ist ihm zu sehr mit etwas assoziierbar, das außerhalb der Naturwissenschaften liegt: mit Lernen überhaupt (Danchin 1980: 178).

Die Grenzen seines Modells lassen sich an seinem Umweltbegriff besonders deutlich machen: Umwelt ist abstrakt das Außen, mit dem ein Neuronensystem interagiert. Zwar gehen in der Phylogenese von den Lebewesen Einflüsse aus, die ihre Umwelt verändern: Als wachsende entnehmen sie ihr Moleküle, als sich vermehrende bevölkern sie ihre Umgebung, durch Trennung und Verbindung stiften mehrzellige Lebewesen in ihrem nächsten Umfeld neue Kontakt-Interaktionen, durch die Programmerweiterungen zustande kommen. Aber solches ‚Handeln' hat bei Danchin keine psychosoziale Intentionalität, die auf Erfahrung rekurriert.

In der Ontogenese sind es vorwiegend die Umwelteinflüsse, die das Individuum entscheidend prägen. In dem gigantischen Neuronennetz des Einzelmenschen

> „ist die Umwelt mit der Schere am Werk. Es entsteht im Verlauf der Kindheit eine Art Skulptur als Ergebnis von Lernprozessen, das im wesentlichen als passiver Erwerb stabiler assoziativer Eigenschaften festgehalten wird und die individuelle Identität ausmacht" (Danchin 1980: 169).

Die Umwelt modelliert das Gehirn nach ihrem Bilde. Das Nervensystem ist die Matrix, die Umwelt die Patrize. Dass Menschen Gesellschaft aktiv formieren, dass sie Geschichte machen und Umwelt zerstörend wie erneuernd verändern, gerät nicht ins Blickfeld. Nur in einem Kontext kommt sozialer Wandel vor: in möglichen Traditionsbrüchen zwischen Vater und Sohn, die aber auch soziohistorisch unbestimmt bleiben. Soziale Konflikte kommen als Motor für Umbrüche nicht in Betracht, ebensowenig werden gesellschaftliche Verhältnisse berücksichtigt, die der Entfaltung von Subjektpotentialen entgegenstehen. Nicht alle Bevölkerungsgruppen können an den Gestaltungsprozessen, die in einer Gesellschaft Spuren hinterlassen und Strukturen schaffen, in gleicher Weise partizipieren. Es gibt Macht- und Wissensgefälle. Das lässt sich nicht reduktionistisch auf unterschiedliche Anreize zur Aktivierung von

Neuronensystemen zurückführen. Auch wenn einzelne Phänomene mentaler Deprivation mit mangelnden Stimuli und Anregungen von außen zu tun haben mögen, so sind ungleiche Chancen in den Aneignungsprozessen ideeller und materieller Ressourcen Herrschaftsphänomene.

Danchin denkt systemtheoretisch im Sinne selbstregulativer Modelle. Und da scheint friktionslose Anpassung immer schon garantiert:

> „Auf dieser Ebene fragt man sich, ob das System von Gesellschaften nicht etwas ist, was ständig mit einer gewissen Streuung funktioniert, die stets die Integration jeder neu auftretenden Interaktion gestattet" (1980: 181).

Was der Evolution zugeschrieben wird, dass nämlich ihr Fortgang durch stochastische Zusammenhänge (zufällige Streuung und systemische Integration der Variationen) ohne Antagonismen gewährleistet ist, wird umstandslos auf gesellschaftliche Entwicklung übertragen. Hier muss aber, wenn soziale Gleichgewichte gewahrt werden sollen, die Balance zwischen individuellen und allgemeinen Interessen immer erst durch zielgerichtetes soziales Handeln in sich historisch verändernden Kontexten hergestellt werden. Solche Kontexte sind zum Beispiel gesellschaftliche Ungleichheitslagen in Geschlechter- oder Klassenverhältnissen, zwischen ethnischen Minderheiten und hegemonialen Mehrheiten. Divergierende Ansprüche gleichen sich in sozialen Machtkämpfen nicht autopoietisch aus und ganze Populationen bleiben gesellschaftlich desintegriert, wenn sie keine Lobby haben, die ihre Belange durchzusetzen vermag.

Danchin bedient sich in naturwissenschaftlichen Zusammenhängen einer Logik, die möglichst formal ist und nicht zu sachfremden Assoziationen verleitet. Aber sobald er sich in die Welt der Kultur begibt, wird seine Argumentation unsachgemäß. Als generative Potenz erscheint nur die männliche, und sein Anlage-Umwelt-Modell gerät unter dieser Prämisse zu einer Junggesellenmaschine. So wie es bei ihm keine differenten Klassen oder Ethnien gibt, so existieren für ihn auch keine zwei Genus-Gruppen. Es scheint nur ein Geschlecht zu geben, das für Generativität im Sinne kultureller Tradierung sorgt: das männliche. Auf der Ebene der Geburt mehrzelliger Organismen kommen bei Danchin noch Mutter- beziehungsweise Tochterzellen als eigenständige Behältnisse von Programmen vor (1980: 156). Auf soziokultureller Ebene ist von Müttern und Töchtern dann nicht mehr die Rede. Allein die Vater-Sohn-Diade garantiert die zivilisatorische Reproduktion. Einen Mythos interpretierend, stellt Danchin resultativ fest:

> „Dem Vater als Inhaber der Macht, (...) als dem, der das ,Sagen hat', steht der Sohn gegenüber, der zwar durch Zwänge geformt ist, aber stets auch eine Ungewißheit bedeutet; denn man weiß nicht, wie er die einmal empfangenen Lehren anwenden und seinerseits die Gesellschaft reproduzieren wird. (...) Der Vater repräsentiert das gesellschaftliche Programm und das Kind ist eine besondere Realisation dieses Programms" (1980: 155).

Danchin lässt – wie es in der Antike Aristoteles tat – keinen Zweifel daran, dass dieses Kind ein Sohn ist. Das vorletzte Kapitel seines Aufsatzes, das vom individuellen Wachstum handelt, trägt den Titel: „Zurück zum Sohn: die Komplexität". Dort resümiert er:

„Die Fähigkeiten der Söhne können qualitativ von denen der Väter verschieden sein" (1980: 170).

Das bewirkt Veränderung. Mütter und Töchter treten bei der Weitergabe und Verwandlung von Traditionsbeständen nicht in Erscheinung.

Der Beitrag von Danchin ist 1980 veröffentlicht worden. Seit dieser Zeit hat sich die Gentechnologie rasant verändert. Aber zweierlei hat sich durchgehalten, und beides geht ein in die Produktion identitätslogischer Konstruktionen. Zum Einen wird Danchin der Anforderung nicht gerecht, angesichts sozialer Implikationen, die sich in humanbiologischen Zusammenhängen niederschlagen, naturwissenschaftliche Logiken in einer – diese Immanenz hinter sich lassenden – interdisziplinären Perspektive zu überschreiten. Zum Zweiten fehlt jene Form der Selbstreflexivität, die von Geschlechtsblindheit befreien könnte. So finden wir auch in seinem Denken Beherrschungsintentionen, die maskulin-selbstreferenzielle Identität stiften.

Literatur

Baudrillard, J. (1989). Videowelt und fraktales Subjekt. Ars Electronica (ed.). Philosophie der neuen Technologie. Berlin: Merve, 31-55

Becker-Schmidt, R. (1999). Matrix und Junggesellenmaschine. In Ritter, M. (Hrsg.). Bits and Bytes vom Apfel der Erkenntnis. Frauen – Technik – Männer. Münster: Westfälisches Dampfboot, 16-32

Becker-Schmidt, R. (2000). Maskulinität und Kontingenz. Macht als Kompensation eines männlichen Konflikts. In Bosse, H./King, V. (Hrsg.). Männlichkeitsentwürfe. Wandlungen und Widerstände im Geschlechterverhältnis. Frankfurt/New York: Campus, 71-82

Benhabib, S./Butler, J./Cornell, D./Fraser, N. (1993). Der Streit um Differenz. Feminismus und Postmoderne. Frankfurt: Suhrkamp

Bochner, S. (1973). Mathematics in cultural history. Dictionary of the history of ideas, Vol.III. New York: Charles Scribner's Sons, 177- 185

Brennan, T. (1996). Ursprungsphantasien und soziale Konstruktionen der Natur. In Scheich, E. (Hrsg.). Vermittelte Weiblichkeit. Feministische Wissenschafts- und Gesellschaftstheorie. Hamburg: Hamburger Edition, 249-275

Danchin, A. (1980). Funktionsstabilität und Epigenese. Ein biologischer Ansatz zur Identitätsgenese des Individuums. In Benoist, J.-M. (Hrsg.). Identität. Ein interdisziplinäres Seminar unter Leitung von Claude Lévi-Strauss. Stuttgart: Klett-Cotta, 152-186

Gerhard, U. et al. (1990). Differenz und Gleichheit. Menschenrechte haben (k)ein Geschlecht. Frankfurt: Suhrkamp

Gleich, A. v. (1989). Der wissenschaftliche Umgang mit Natur. Über die Vielfalt harter und sanfter Naturwissenschaften. Frankfurt/New York: Campus

Haraway, D. (1996). Situiertes Wissen. Die Wissenschaftsfrage und das Privileg einer partialen Perspektive. In Scheich, E. (Hrsg.). Vermittelte Weiblichkeit. Feministische Wissenschafts- und Gesellschaftstheorie. Hamburg: Hamburger Edition, 217-248

Harding, S. (1986). The science question in feminism. Ithaca: Cornell University Press

Hartsock, N. (1983). Money, sex and power. Boston: Northeastern University Press

Heisenberg, W. (1955). Das Naturbild der heutigen Physik. Hamburg: Hamburger Edition

Keller, E.F. (1993). Erbanlage, Umwelt und das Genomprojekt. In Kevles, D./Hood, L. (Hrsg.). Der Supercode. Die genetische Karte des Menschen. München: Artemis & Winkler, 284-303

Knapp, G.-A. (1995). Unterschiede machen: Zur Sozialpsychologie der Hierarchisierung im Geschlechterverhältnis. In Becker-Schmidt, R./Knapp, G.-A. (Hrsg.). Das Geschlechterverhältnis als Gegenstand der Sozialwissenschaften. Frankfurt/New York: Campus, 163-194

Kollek, R. (1994). Der Gral der Genetik. Mittelweg 36, Zeitschrift des Hamburger Institutes für Sozialforschung, 5-15

Longino, H. (1996). Natur anders sehen: Zur Bedeutung der Geschlechterdifferenz. In Scheich, E. (Hrsg.). Vermittelte Weiblichkeit. Feministische Wissenschafts- und Gesellschaftstheorie. Hamburg: Hamburger Edition, 292-310

Scheich, E. (1993). Naturbeherrschung und Weiblichkeit. Pfaffenweiler: Centaurus

Scheller, J.J.G. (1820). Lateinisch-deutsches und deutsch-lateinisches Wörterbuch. Leipzig: Hahn'sche Verlagsbuchhandlung, 339

Watson, J.D. (1993). Eine persönliche Sicht des Genomprojektes. In Kevles, D.J./Hood, L. (Hrsg.). Der Supercode. Die genetische Karte des Menschen. München: Artemis & Winkler, 184-1923

Wilder, R.L. (1973). Relativity of standards of mathematical rigor. Dictionary of the history of ideas, Vol.III. New York: Charles Scribner' Sons, 170-177

Kapitel II
Verfügbare Körper –
biowissenschaftliche Kodierungen,
soziale Beziehungen und subjektives
Erleben

Die Krise der Männlichkeit – eine Krise des Lebens? Der biologische Lebensbegriff zur Wende vom 19. zum 20. Jahrhundert

Kerstin Palm

In der zweiten Hälfte des 19. Jahrhunderts brachte die Biologie bedeutende neue Auslegungen ihres Gegenstandes ‚Leben' hervor, welche sich als wegweisende Grundlagen für das biologische Lebensverständnis des 20. Jahrhunderts erweisen sollten. Diese Neuerungen fallen in eine Phase bemerkenswerter Umkodierungen des Geschlechterverhältnisses, die sich vor dem Hintergrund sowohl sozioökonomischer als auch weltanschaulicher Umwälzungen zutragen.

Im folgenden möchte ich versuchen, die Veränderungen in der Biologie mit den sich wandelnden Geschlechterverhältnissen in Zusammenhang zu bringen. Dazu stelle ich zunächst den für die Neudefinition des Lebensbegriffes besonders relevanten Spezialdiskurs der Entwicklungsbiologie im ausgehenden 19. Jahrhundert dar und beschreibe dann die sich parallel dazu abspielenden Vorgänge der als ‚Krise der Männlichkeit' diskutierten Umbruchsprozesse im Geschlechterverhältnis. Abschließend schlage ich dann in einer ersten allgemein gehaltenen thesenhaften Reflektion mögliche Bezüge zwischen beiden Strängen vor.

1. Das Formproblem in der Biologie

1.1 Die Emergenz einer neuen biologischen Perspektive

Der Entwicklungsbiologe Wilhelm Roux kommentierte in seinen Schriften um 1900 sein berühmt gewordenes Anstichexperiment mit folgenden Worten:

> „Zu diesem Zweck versenkte ich (...) eine spitze Nadel in das Froschei, nicht ohne ein geheimes Grauen darüber zu empfinden, daß ich es wagte, in solcher Weise in den geheimnisvollen Komplex aller Bildungsvorgänge eines Lebewesens einzugreifen" (Roux 1905a: 34). „Ich war mir der Rohheit dieses Eingriffes wohl bewußt, und ich verglich ihn selber mit dem Einwurfe einer Bombe in eine neu gegründete Fabrik, welcher mit der Absicht vorgenommen sei, um an der Änderung der Production und an dem Verlaufe der weiteren Entwicklung der Fabrik nach der angerichteten Zerstörung einen Rückschluß auf die innere Organisation zu machen" (Roux 1895: 75).

Diese Formulierungen müssen erstaunen angesichts einer schon länger währenden Tradition ausgeprägt invasiver experimenteller Praxis in der Biologie. Nicht das Experiment am lebenden Organismus als solchem ist es hier auch wohl, welches Roux zu dieser Reflektion veranlasst hat, sondern vielmehr das Experimentieren an einem Objekt, das bisher nur deskriptiv, nicht manipulativ erfasst worden war: das in Individualentwicklung befindliche Lebewesen, welches sich von der befruchteten einzelnen Eizelle zu einem hochkomplexen vielzelligen Organismus herausbildet. Die Biologie der Individualentwicklung, der Ontogenese, war vor dem Hintergrund der Evolutionstheorie Mitte des 19. Jahrhunderts zunächst durch die von Ernst Haeckel aufgestellte biogenetische Grundregel ausgelegt worden, welche besagt, dass die Ontogenese eines Organismus die beschleunigte Rekapitulation seiner phylogenetisch durchlaufenen Entwicklungsstadien darstelle. Eine gesondert arbeitende Entwicklungsbiologie erschien aus dieser Perspektive überflüssig, da die Formbildung von Organismen doch schon erschöpfend durch ein genealogisches Prinzip beschrieben und erklärt werden konnte. Die Phylogenese war aus darwinismustheoretischer Sicht, der sich viele Biologen anschlossen, die determinierende Ursache der Ontogenese.

Dagegen stand eine darwinismuskritische Fraktion in der Biologie des 19. Jahrhunderts, die diese kausale Verbindung zwischen Ontogenese und Phylogenese nicht völlig zufriedenstellend fand. Selbst Roux, der dem Darwinismus doch recht stark zugeneigt war, bemerkte kritisch:

> „Das (...) biogenetische Grundgesetz bezeichnet (...) bloß die Tatsache der Wiederholung und ihre allgemeine Notwendigkeit, also den Kausalzusammenhang im allgemeinsten. Nicht aber lehrt es uns etwas über die Art des Geschehens, über die dabei beteiligten determinierenden und ausführenden Wirkungsweisen und ihre Wirkungsgrößen. Diese Kenntnisse kann erst die experimentelle ontogenetische und proontogenetische Entwicklungsmechanik uns bringen, soweit dies überhaupt möglich sein wird" (Roux 1905b: 253).

Mit dieser Ausrufung eines neuen Forschungsprogramms, der experimentellen Entwicklungsmechanik, war ein neuartiger Zugriffsanspruch auf das Formproblem in der Biologie markiert, der sich im 20. Jahrhundert mit der Genetik und Entwicklungsbiologie und schließlich der Entwicklungsgenetik zu einem der zentralsten Vorhaben der modernen Biologie entwickeln sollte. Weil die organische Gestalt als unverwechselbare Eigenart des Lebens gilt, ist das Formproblem zugleich synonym mit der Frage nach der Eigengesetzlichkeit des Lebens. Aussagen zum Formproblem sind deshalb stets Aussagen zum ‚Wesen‘ des Lebens (vgl. Mocek 1998: 76). Im Gegensatz zur traditionellen Morphologie mit ihrer vergleichenden Methode fragte die Entwicklungsmechanik nach den *konkreten* Ursachen der Formbildung und zielte damit auf die *werdende* Form, nicht auf die bereits *gewordene* Form eines Lebewesens. Dieser Frage ging sie zunächst deskriptiv, dann aber zusehends experimentell nach und beanspruchte damit eine kausalanalytische Erklärung dieser Vorgänge zu erreichen.

Die Emergenz dieser ganz neuartigen Perspektive soll im Folgenden noch einmal mit dem bis dahin gültigen Blick auf die Formen der Lebewesen kontrastiert werden. Im Rahmen der induktiven Formenkunde der Naturgeschichte im

18. Jahrhundert stand das Problem der Mannigfaltigkeit der (gewordenen) Formen im Vordergrund, die es zu inventarisieren, zu katalogisieren und in ein ‚natürliches‘ System einzuordnen galt. Dieses System sollte den Schöpfungsplan Gottes als rationale Ordnung der organismischen Vielfalt wiedergeben. Mit der Idee der göttlichen Schöpfung verbunden war die recht verbreitete Präformationstheorie, die annahm, dass alle Keime schon von Anbeginn vorhanden, das heißt bei der Schöpfung der Welt geschaffen worden wären und alle Generationen ineinandergeschachtelt vorlägen, sodass die Ontogenese ein bloßes Wachstum der präformierten Form sei. Gegen Ende des 18. Jahrhunderts traten dann auch zusehends epigenetische Vorstellungen auf, die eine Neuentstehung von Organismen während ihrer Entwicklung postulierten und damit die formgestaltenden Kräfte in das Innere des Körpers verlegten. Im Zusammenhang mit der Frage nach einer präformistischen oder epigenetischen Formentstehung entstanden zahlreiche Beschreibungen von Embryonalentwicklungen verschiedener Lebewesen. Während diese Deskriptionen von der Frage nach der *allgemeinen* Entstehungsursache der Formen geprägt waren, setzte zugleich im Anschluss an Georges Cuviers vergleichend-anatomische Studien eine Suche nach Grundbauplänen, Urformen und Grundschemata von Organismen ein, die die Systematik des Tierreiches auf *allgemeine* Prinzipien der inneren und äußeren Organisation eines Lebewesens gründen sollten.

Das mit dieser vergleichenden Morphologie gewonnene System erhielt dann Mitte des 19. Jahrhunderts mit der Abstammungslehre von Darwin einen mechanistischen und zugleich historischen Erklärungszusammenhang, indem die Formenvielfalt der Lebewesen als kontingentes und zeitlich variables Ergebnis einer natürlichen Auslese der Bestangepassten unter jeweils einzigartigen Individuen einer Art im Laufe eines langen Zeitraums verstanden wurde.

Bis zu diesem Zeitpunkt war die Morphologie ein rein deskriptiver Zweig der Biologie, die sich deutlich von der experimentellen Physiologie abgrenzte. Im Gegensatz zur Physiologie, die sich auf die Kausalanalyse der Lebensfunktionen richtete, wollte die vergleichende Morphologie die Formenvielfalt ordnen und ihre Herkunft benennen. Für Darwinisten und Präformisten wie Haeckel war dabei die stammesgeschichtliche Gestalt eines Organismus wie erwähnt auch dessen kausale; die Beschreibung von Verwandtschaftsverhältnissen wurde als kausale Formerklärung empfunden. Epigenetisch ausgerichtete Deutungsweisen, die meistens eine verursachende Lebenskraft aller Formbildung postulierten, verblassten angesichts der Erklärungserfolge der Thermodynamik und Physiologie zur Mitte des 19. Jahrhunderts zunächst.

1.2 Experimentelle Entwicklungsmechanik

Die kausale Morphologie oder experimentelle Entwicklungsmechanik, die Ende des 19. Jahrhunderts aufkam, beanspruchte nun, eine Verbindung zwischen Physiologie und Morphologie herzustellen. Sie versuchte damit auch, die Embryonalentwicklung in die Funktionsanalyse des Lebendigen aufzunehmen. Sie entwickelte ein ganz neues Interesse an den Bildungskräften des Lebens, die sie nicht mehr nur als Solche feststellen, sondern jetzt eingehend hinsichtlich ihrer genauen Natur, ihrer Wirkungsweise und ihres Ortes im Organismus aufschlüsseln wollte. Diese Fragen nach dem Ort und dem Wesen der Formbildung sollten auch im 20. Jahrhundert zentral in der Biologie bleiben und dann zwischen der neopräformistischen Genetik und der neoepigenetischen Entwicklungsbiologie weiterhin kontrovers diskutiert werden.

Wilhelm Roux galt als Begründer dieser experimentellen Entwicklungsmechanik. Er suchte erstmals mit gezielten Manipulationen wie dem anfangs dargestellten berühmt gewordenen Anstichversuch nach den Ursachen der Formbildung der Tiere. Bereits vor Roux versuchten verschiedene Biologen wie Alexander W. Goette oder Wilhelm His und viele weitere die ontogenetische Entwicklung jenseits des oder zusätzlich zum Darwinismus kausalanalytisch zu erhellen. Sie gingen aber noch rein deskriptiv vor und vollzogen den sichtbaren Vorgang der Formausbildung nach. His stellte beispielsweise anhand seiner Beobachtungen eine mechanische Entwicklungstheorie auf, wonach die Ontogenese eine Abfolge von Wachstumsprozessen und Faltungen von bereits in der Keimschicht vorgebildeten „organbildenden Keimbezirken" (His) sei. Der sich entwickelnde Organismus wurde hier also analog zu mechanischen Gebilden, die Drücken und Schüben ausgesetzt sind, gesehen. Keimesentwicklung sei wachstumsfolgende Differenzierung, die vom Keim als mechanische Ganzheitsleistung vollzogen werde. Die Frage, woher die organbildenden Bezirke kommen und wodurch das Wachstum veranlasst wird, beantworteten die meisten Morphologen dieser Zeit allerdings weiterhin spekulativ: „Die diesem (Wachstums)Gesetz folgende Bewegung wird im Moment der Zeugung auf den Keim übertragen" (His 1868: 220), bemerkte etwa Wilhelm His in klassisch-aristotelischem Argumentationsmodus. Der Same enthalte seiner Ansicht nach die allein entwicklungsauslösende Funktion und übertrage eine unstoffliche Komponente, den Plan und Mechanismus des Entwicklungsprozesses. Trotz dieses ausgeprägt präformistischen Elementes sind die ersten kausalmorphologischen Arbeiten zugleich auch deutlich epigenetisch und nicht selten nachdrücklich antidarwinistisch ausgerichtet, da sie einen konkreten Neubildungsvorgang der organismischen Form während der Ontogenese auf der Grundlage mechanischer Gesetze annahmen.

Die *experimentelle* Entwicklungsmechanik stellte sich nun in zwei Diskurssträngen dar, die noch ganz in der Mechanismus-Vitalismus-Entgegensetzung des 18. und 19. Jahrhunderts befangen waren.[1] Der eine Strang, zu dem neben Roux zum Beispiel auch Theodor Boveri oder Edmund B. Wilson (USA) und viele weitere gehörten, sah Entwicklung als *Selbst*diffe-

---

1   Der Begriff Entwicklungs*mechanik* bezeichnet keine Verpflichtung auf die Ontologie des mechanistischen Weltbildes, sondern vielmehr auf das an Kant orientierte Paradigma einer umfassenden kausalanalytischen Aufschlüsselungsoption von Naturzusammenhängen. Daher ordnen sich dieser neuen Forschungsrichtung sowohl mechanistische als auch vitalistische Ansätze zu.

renzierung zu einem eigentümlichen Ganzen an, die keiner oder nur sehr geringer Kräfte von außen bedürfe. Diese auf ein Ganzes bezogenen Selbstleistungen der Lebewesen standen in dieser Perspektive im Zentrum des Interesses; Selbstregulation wurde hier als Grundeigenschaft von Leben schlechthin angesehen. Dabei seien sowohl präformierte Einheiten unbekannter Art, die im Zellkern gelagert seien, als auch noch nicht exakt aufschlüsselbare epigenetische Vorgänge am Werk. Die weitere Aufgabe der Forschung bestehe darin, diese präformistischen Faktoren und die Induktorstoffe zur Selbstregulation kausalanalytisch zu bestimmen und die komplexen Vorgänge der gestaltenden Selbstleistungen zu klären.

Anknüpfend an diesen Strang setzte im 20. Jahrhundert von Seiten der Biochemie eine Suche nach den induzierenden Stoffen der Keimesentwicklung ein, während die Genetik die Steuerungsmechanismen, die diese Stoffe hervorbringen und einsetzen, zu ermitteln versuchte. Nur wenige Repräsentanten dieses ersten Stranges vertraten dabei die Auffassung, die Biologie ließe sich auf rein chemische und physikalische Gesetzmäßigkeiten reduzieren. Die meisten sahen die Vorgänge des Lebens durch ihre auf ein Ganzes bezogenen Prozesse als eigengesetzlich an, die jedoch auf der Basis physikalisch-chemischer Abläufe ständen. Einen Begriff für dieses ‚Ganze‘, wie es später beispielsweise die Systemtheorie mit dem Terminus ‚System‘ fand, hatten diese Ansätze noch nicht, sie waren in den Begrifflichkeiten und Reflektionshaltungen noch stark mechanistisch ausgerichtet.

Demgegenüber vertraten die Befürworter des zweiten Diskursstranges, zu denen zum Beispiel Hans Driesch oder Gustav Wolff und einige weitere gehörten, einen vitalistischen Ansatz: Sie postulierten eine lebensspezifische *Eigen*gesetzlichkeit des organischen Geschehens *jenseits* der physikalisch-chemischen Gesetzmäßigkeiten, der ein teleologischer Naturfaktor zugrunde läge. Dieser Faktor sei weder eine Substanz noch eine Energieform, sondern eine Kraft, die die spezifische zweckmäßige Ordnung in einem Organismus herstellen und erhalten könne und eine überwiegend epigenetische Entwicklung veranlasse.

Driesch führte dabei die Ganzheit als eigene qualitative Größe in die Biotheorie ein sowie eine nichtmechanistische Kausalität – die Ganzheitskausalität. Diese besagt, dass die einzelnen Teile eines Keimes sich immer bezogen auf das Ganze und in Abhängigkeit von ihrer Position im Ganzen verhielten. Die Entwicklung sei eine umfassende autonome Regulationsleistung eines ganzheitlichen Systems, an dem auch der Kern anteilig und gemeinsam mit dem gesamten übrigen Keimmaterial beteiligt sei. Der Kern gebe dabei das Reizsignal zum Wachstum, welches das Protoplasma empfange. Im Protoplasma liege aber nun zusätzlich eine Potenz begründet, die über seine konkrete ortsgebundene Rolle im ungestörten Entwicklungsprozess eines Organismus hinausreiche. Es sei nämlich in der Lage, aus einer gestörten Ordnung eines Körpers die eigentlich vorgesehene Ordnung wieder herzustellen. Im Protoplasma steckt damit letztlich die ‚Entelechie‘, die nun nicht mehr als belebende Kraft, sondern eher als organisierende Kraft verstanden wurde. Das

Wirken des Protoplasmas ist in diesem Verständnis ursächlich für die spezifische Zweckmäßigkeit des individuellen Körpers, während das des Kernes Ursache für die spezifische artgemäße Form sei. Der Begriff der Selbstregulation bezeichnete im Gegensatz zum ersten streng mechanistischen Strang bei Driesch und anderen Neovitalisten ein teleologisches Kollektivkonzept, welches nicht mechanisch, sondern nur durch teleologisches Reflektieren eingeholt werden könne (vgl. insgesamt dazu Driesch 1893, 1894, 1909).

Diese Idee der Ganzheitskausalität lieferte die Ausgangsbasis für systemtheoretische Überlegungen, wie sie insbesondere in den 20er Jahren des 20. Jahrhunderts durch Ludwig von Bertalanffy (1928) formuliert wurden. Bertalanffy verwarf dabei in seinem Ansatz einen vitalistischen Faktor, indem er die organische Form von lebender Substanz trennte. Das Merkmal des Lebens sei eben nicht die Belebung von Substanz – weil gerade darin eine zu vermeidende vitalistische Begrifflichkeit zum Ausdruck komme – sondern die Organisation (vgl. Mocek 1998: 27). Auf der Grundlage dieser neuen biotheoretischen Perspektive sollte der Mainstream der modernen Biologie des 20. Jahrhunderts die Suche nach der Belebung des Unbelebten hinter sich lassen und sich auf die Erforschung der Organisation des Unorganisierten konzentrieren. Die organisierende Kraft der Vitalisten wird dabei durch Wirkstoffe wie Gene oder Induktorstoffe zu ersetzen versucht.

Die kausale Morphologie knüpfte also zuerst an das naturtheoretische Paradigma der mechanistischen Naturforschung an, die eine kausale Naturgesetzlichkeit als Erklärung für alle Naturerscheinungen annahm (vgl. Mocek 1998: 24f.). Damit war die Idee zugrunde gelegt, dass auch das Leben hinsichtlich seines zentralen Aspektes, der Formbildung, erforschbaren Gesetzen unterliegt. Im weiteren Verlauf fand jedoch ein Bruch mit diesem in Monokausalitäten denkenden Paradigma statt zugunsten des Paradigmas der Systemkausalität, die vor allem mit den neovitalistischen Ansätzen vorbereitet wurde.

Obwohl beide Richtungen der kausalen Morphologie im 19. Jahrhundert noch im Vitalismus-Mechanismus-Streit befangen waren, wiesen sie mit ihren Vorstellungen zugleich einen Weg aus diesem Dilemma hinaus. Denn ihre Konzepte weisen Vermischungen vormals getrennter Kategorien auf, wie etwa den Begriff der Ganzheitskausalität (Holismus und Kausalität werden zusammengedacht) oder auch den der Selbstregulation (Freiheit und Determinismus werden zusammengedacht): Begriffe, die im 20. Jahrhundert zentrale Denkkategorien der Biologie jenseits von Vitalismus und Mechanismus zu werden beanspruchten.

Um die Jahrhundertwende erfuhr die Rolle des Zellplasmas bei der Ontogenese in verschiedenen Ländern Europas wie auch in den USA eine große Aufwertung. Die entwicklungsmechanische Forschung hatte sich mit dieser Perspektive schon in den 90er Jahren des 19. Jahrhunderts auf alle führenden Wissenschaftsländer ausgebreitet. Selbst der Genetiker Thomas Hunt Morgan, später Vertreter des Primats der Gene bei allen Aspekten der Entwicklung, war in dieser Zeit dem Standpunkt von Driesch sehr nahe und erwog einen bedeutenden epigenetischen Einfluss des Zytoplasmas auf die Ontogenese. Die Genetik mutete in dieser Zeit Vielen noch eher suspekt und fast esoterisch an mit der Annahme, dass der Zellkern die eigentlichen Bildungskräfte des Lebens enthalte. Der geheimnisvolle Bildungskomplex aller Lebensvorgänge, wie Roux ihn im Eingangszitat genannt hatte, wurde überwiegend im Zytoplasma der Eizelle vermutet und Ontogenese selbst weitgehend epigenetisch gedeutet.

2. Die Krise der Männlichkeit

Die beschriebenen Veränderungen in den Fragestellungen und Zugriffsweisen der Biologie im ausgehenden 19. Jahrhundert fallen in eine Zeit krisenhafter Umbrüche insbesondere des Geschlechterverhältnisses, die sich in Europa ebenso wie in den USA in ähnlicher Weise darstellten.

Diese Vorgänge werden in der neueren Genderforschung unter dem Begriff der Krise der Männlichkeit zusammengefasst. Der amerikanische Soziologe und Männerforscher Michael Kimmel sieht die moderne Geschichte der westlichen Welt mehrere Krisen der Männlichkeit durchlaufen. Sie träten immer dann auf, wenn die Frauen ihre Rolle neu definierten und zugleich andere bedrohlich erscheinende Faktoren ökonomischer und politischer Art hinzukämen, die insgesamt die hegemoniale Männerrolle in Frage stellten (vgl. Kimmel 1987).

Auch um die Wende vom 19. zum 20. Jahrhundert zeigte sich eine solche Konstellation, die die reale Situation von Männern sowie die symbolische Repräsentanz von Männlichkeit entscheidenden Veränderungen aussetzte und zu unterschiedlichen, zum Teil widersprüchlichen Reaktionen führte. Zum Einen waren in dem Getriebe industrieller Großbetriebe und Massendienstleistungsinstitutionen die Möglichkeiten maskuliner Selbstentfaltung – im Rahmen des bürgerlichen Konzeptes des ‚Selfmademannes' in Aussicht gestellt – stark gemindert. Gefühle der Ohnmacht und Entfremdung verbreiteten sich und ließen die Sehnsucht nach einer vorindustriellen, heilen Welt entstehen, in der identitätsstiftende herausragende Eigenleistungen noch möglich gewesen seien. Zusätzlich drangen immer mehr Frauen in die Berufswelt vor. Viele von ihnen forderten im Rahmen der Frauenbewegung umfangreiche politische und soziale Selbstbestimmungsrechte ein. Sie begannen durch ihre Präsenz als öffentlich handelnde und denkende Wesen das Konzept der getrennten Sphären aufzuweichen, welches vorher die Geschlechterdifferenz wesentlich stabilisiert und organisiert hatte.

Diese Aufweichung wurde noch verstärkt durch das zunehmende Auftreten ‚devianter' Sexualitäten und Geschlechtskörper wie Homosexueller und Transvestiten, aber auch Neurastheniker sowie Intellektueller, Künstler und Dichter, von denen viele in ihren Werken einem ausgeprägten Androgyniekult anhingen. Zusehends wurden diese als effeminiert angesehene Männer nicht mehr nur mit Frauen verglichen, sondern als Frauen identifiziert. Der Historiker Anthony Rotundo beschreibt beispielsweise diese Veränderung so:

> „Als vergeschlechtlichte Termini der Verachtung sich von einem Vergleich zu einer Metapher veränderten, verschob sich der Ort männlicher Weiblichkeit von außen nach innen, von Ähnlichkeit zu Identität" (Rotundo 1993: 273, Übersetzung K.P.).

Ein solcher Terminus war im Amerikanischen beispielsweise der Ausdruck ‚sissy‘, übersetzbar mit ‚kleine Schwester‘, ein anderer ‚Miss Nancy‘ oder ‚Mary Jane‘ (vgl. Rotundo 1993: 272f). Männer entdeckten also in höchst ambivalenter Weise Ende des 19. Jahrhunderts als weiblich kodifiziertes Verhalten und ebensolche Neigungen in sich selbst, einerseits als Gefahr für maskuline Identität, andererseits aber auch als Verweiblichungsbegehren.

Neben die Gefahr der uneindeutig werdenden Geschlechterdifferenz tritt ein im Rahmen von fortschreitender Säkularisierung und Rationalisierung stattfindender weiterer Zersetzungsschub des christlich-abendländischen Denkens durch die Abstammungstheorien Darwins, welche die Geschichte der Zivilisation als willkürlichen Konflikt ohne Ziel erscheinen ließ. Der Gedanke einer göttlichen Abstammung des Menschen, die auch dem Entwurf des autonomen Subjektes zugrunde lag, verblasste immer mehr zugunsten der Idee von dem animalischen Ursprung des Menschen. Durch die sozialdarwinistische Auslegung der Deszendenztheorie verlagerte sich zusätzlich der Bereich der Natur immer stärker in den symbolischen Raum der Dominanzkultur. In diesem Zusammenhang erfuhr das Konzept von Natur eine Aufwertung und trug jetzt jene Attribute, die vormals der Zivilisation zugeordnet waren: Freiheit, Entfaltung, Autonomie, Männlichkeit. Die eigentlich bestimmenden Kräfte des menschlichen Entwicklungsprozesses waren aus dieser Perspektive nicht die zivilisatorischen Impulse, sondern vielmehr die primitiven Anlagen des Menschen(mannes).

Der Zivilisationsbegriff hingegen erhielt zusehends weibliche Züge. Im 18. Jahrhundert noch als Gegenbegriff zu Barbarei und Wildheit gesetzt, mit Aufklärung und Kultiviertheit verbunden und männlich konnotiert, bekam er jetzt feminine Kodierungen wie Aggressionslosigkeit, Nichtkompetitivität, Müßiggang, Zurückhaltung, Sensibilität, Nachdenklichkeit, Überfeinerung und Weiteres mehr. Rotundo (1993) sieht diese Wandlung als Folge des geschlechterdifferenzierenden Konzeptes der getrennten Sphären an. Während Männer in einer stark wettbewerbsorientierten öffentlichen Sphäre agierten, sollten Frauen in der privaten Sphäre die moralischen Werte des Humanismus vertreten und durch Erziehung vermitteln. Zivilisation wurde dadurch im Laufe des 19. Jahrhunderts zunehmend weiblich konnotiert und der als bedeutend angesehene Einfluss der Frauen auf die Moral der Gesellschaft am Ende des Jahrhunderts als Übergriff weiblicher Moral auf die öffentliche Sphäre, als Feminisierung der Kultur wahrgenommen.

Im Zuge der Verteidigung männlicher Differenzsetzung grenzten sich zusehends viele Männer von diesem Kulturbegriff ab, eine zunehmende Kulturfeindschaft und ein anwachsender Antiintellektualismus sowohl in Europa als auch den USA waren die Folge. Konzepte der Selbstbefreiung einer als einengend empfundenen bürgerlichen Kultur wurden diskutiert, die ein imaginiertes ursprüngliches männliches Selbst, welches durch feminisierte Kultur und Massenökonomie verschüttet worden sei, wieder zum Vorschein kommen lassen sollten. Der männliche Körper, vorher ein Ort der Beschränkung und unauffälligen Funktionsausübung, erfuhr dabei eine sehr entscheidende Umwertung in Richtung auf eine Repräsentanz von Ursprünglichkeit. Jetzt erschienen Körperlichkeit und Affekte des Mannes nicht mehr als zu beherrschendes oder zu verleugnendes, sondern als vitale Komponenten des eigenen Selbst, als Orte der Identität und Selbstverwirklichung.

Die Zeitperiode des ausgehenden 19. und beginnenden 20. Jahrhunderts lässt sich geradezu unter dem Signum neuartiger Verkörperungen einordnen, wobei nicht nur Männlichkeit eine Verkörperung in einem neuen, hypervirilen, muskulösen, tatkräftigen Männerkörper erfährt, sondern auch weitere Formationen wie die Nation oder das Volk in einer körperlich-organischen Imagination sozialdarwinistischer Prägung erscheinen:

> „Das Paradigma der Männlichkeit wurde nicht mehr so stark über den *Anschein* einer außersystemischen und unerklärt bleibenden Autorität vermittelt, sondern immer mehr über die Repräsentation eines ‚objektiven‘ Seins (den Körper). Dieses Sein war visuell erkennbar und überprüfbar und daher als besonders ‚authentisch‘ kodiert" (Brandt 1997: 174).

Nicht mehr die ursprünglichen, ‚animalischen‘ Kräfte des Mannes wurden jetzt als gefährlich angesehen, sondern vielmehr eine als invasorisch imaginierte Feminität, die in sozialdarwinistischer Auslegung als degenerierende Gefahr für den ‚Volkskörper‘ erschien.

Die Fähigkeit zur Modellierung des Selbst, wie sie im späten 18. Jahrhundert im Rahmen bürgerlicher Selbstermächtigung in Bezug auf Leistung und Status ausgerufen worden war, bezog sich nun auch auf den Körper. Die am autonom agierenden öffentlichen Akteur ausgerichtete Individualität blieb zentral für Männlichkeit; jetzt war sie aber zusätzlich koloriert durch die Selbstexpressionen der inneren Kräfte, die es freizulassen, zu nutzen und zu potenzieren galt.

Es kam damit zu dem Versuch, die ins Wanken geratene geschlechterhierarchische Gesellschaft über ein neues geschlechtsspezifisches Körperverständnis wieder herzustellen und die patriarchalen Machtinteressen sowie die bedrohte Virilität zu restaurieren. Im Zuge maskuliner Selbstversicherung entstanden um die Jahrhundertwende auf den Männerkörper bezogene ausgeprägte Fitness-, Körper- und Heldenkults, Pfadfinderei und das einfache, harte Leben in ‚freier Natur‘ wurden populär.

In völlig anderer, virilitätskritischer Weise wurde gegen Ende des 19. Jahrhunderts die bürgerliche Männlichkeit mit ihrem Selbstbeherrschungsanspruch in Frage gestellt. Die Psychoanalyse verlangte nicht, wie es das Maskulinitätsgebot im 19. Jahrhundert vorsah, ein Beharren auf Selbstkontrolle und unbeugsamer Willenskraft, sondern zielte mit ihrer Aussprachekultur auf die Freilegung von postulierten Kräften des Unbewussten und von Emotionen. Auch Männer erschienen aus dieser Perspektive von zahlreichen sich dem direkten Zugriff entziehenden, aber hochgradig wirkintensiven Kräften durchzogen, die es in Erscheinung zu bringen galt, um einen Umgang damit zu finden.

Die Schattenseite der gefeierten Vorherrschaft des zu seinem Recht kommenden Körpers zeigte sich allerdings in einem neuen Krankheitsbild, das als Neurasthenie oder männliche Hysterie diskutiert wurde. Sie symbolisierte

> „die vollkommene Kapitulation des Geistes vor der entfesselten Eigendynamik des Körpers. Der einmal hysterisch gewordene Geist schien unfähig, den Körper zu lenken oder gar, wie erfordert, zu bezwingen. Er war ganz dem archaischen Spiel des Körpers ausgeliefert. Die psychische Dekomposition des Kranken dokumentierte zugleich die neu gewonnene Macht des Körpers über den Menschen und den fast gänzlichen Zerfall von Selbstkontrolle und Selbstbeherrschung. Mit der zunehmenden Kontrollabgabe des handelnden männlichen Subjektes schien auch ein Szenario Wirklichkeit zu werden, das zu einem Herzstück der maskulinistischen Bedrohungsrhetorik der 1890er und 1900er Jahre werden sollte: die Ablösung des (maskulin kodierten) Geistes durch den (feminin kodierten) Körper als Prinzip menschlichen Handelns" (Brandt 1997: 71).

Der Körper des Hysterikers erschien unheimlich, rätselhaft, übermächtig und undurchschaubar, und seine Darstellung in der Literatur der Jahrhundertwende drückte immer wieder eine tiefe Angst vor der Verschmelzung von Ratio und Körper aus, damit vor der Feminisierung des Mannes.

Zugleich stellte die Neurasthenie die bürgerlichen männlichen Tugenden wie Dominanz, Leistungsfähigkeit und Unabhängigkeit in Frage, da dieser Krankheitszustand als eine Folge von Überarbeitung gesehen wurde und damit die gesellschaftliche Rolle von Männern, die mit der Arbeit in der öffentlichen Sphäre identifiziert waren, problematisierte.

Zusammenfassend kann in Bezug auf die imaginierte Bedrohung durch Feminisierung festgehalten werden, dass diese von den männlichen Modernisten auf zweierlei Weisen beantwortet wurden. Zum Einen erzeugte sie wie dargestellt ein ausgeprägtes antifeministisches Ressentiment und einen Remaskulinisierungsschub, bei dem eine spezifische Umkodierung und Vermännlichung des Körpers ein wichtiges Element darstellte. Auf der anderen Seite erschien das weiblich Kodierte aber zugleich als ein utopisch Anderes, das als innerer weiblicher Anteil von Männern von den engen bürgerlichen Maskulinitätsnormen befreite und gegen die alten Autoritäten gesetzt werden konnte, wie dies nicht nur in dem beschriebenen antibürgerlichen ‚Animalitätskult', sondern in anderer Weise auch zum Beispiel in Kunst und Literatur in Form eines ausgeprägten Androgyniekultes ebenso wie in versuchsweisen Geschlechterrollentauschs zum Ausdruck kommt. So zeigte sich beispielsweise bei vielen modernen Schriftstellern um die Jahrhundertwende eine experimentelle Inkorporation von Weiblichkeit in männliche Darsteller beziehungsweise das Ersetzen von Frauenrollen durch Männerrollen (vgl. Lamos 1998).

3. Die Krise des Lebens

In welcher Weise lässt sich diese beschriebene gesellschaftliche Situation der Jahrhundertwende vom 19. zum 20. Jahrhundert mit der kausalen Morphologie in Verbindung bringen?

Der Biologe Ludwig Bertalanffy zog in den 20er Jahren des 20. Jahrhunderts eine Bilanz der biologischen Wissenschaften, wie sie sich ihm im Rückblick auf die zurückliegenden Dekaden darstellten. Er stellte dabei fest, dass die Ära eines großen Paradigmas in der Lebensforschung zu Ende geht,

> „nämlich das parallel zur Physik der klassischen Mechanik über ein halbes Jahrhundert den Geist der Biologie beherrschende naturwissenschaftlich-philosophische System des Darwinismus" (Mocek 1998: 388).

Die Biologie sei in eine Debatte mit verschiedenen widerstreitenden Meinungen verfallen und befinde sich zu Beginn des 20. Jahrhunderts wissenschaftstheoretisch im Zustand einer Krise. Das Hauptproblem des alten mechanistischen Paradigmas, welches ja auch in der Biologie vorherrschend war, sei sein Kausalitätsverständnis gewesen, „das keine Erhöhung der Mannigfaltigkeit aus inneren Ursachen heraus anerkennen" konnte (Mocek 1998: 388). Einen Ausweg aus der Krise sah Bertalanffy in einem völlig neuen Organismusverständnis, welches im Anschluß an Driesch zu formulieren sei und die Ganzheitskausalität in den Mittelpunkt stellen müsse.

Bertalanffy hat hier zweifellos mit der Kausalitätsproblematik eine wichtige Frage angesprochen, die den gesamten Bereich der Naturwissenschaften um die Jahrhundertwende betraf. Aus meiner Sicht lassen sich die kontroversen Debatten in der Biologie aber anders und umfassender begreifen als es der gerade vorgestellte nur auf biologieinterne Probleme zielende Blick vermag.

Meine These ist, dass die Biologie Ende des 19. Jahrhunderts in umfassender Weise durch ihre Fragestellungen, ihre Gegenstandswahl und ihre Methoden die Krise der Moderne reflektiert, die ich als Krise der Männlichkeit dargestellt habe. Zentral erscheinen mir hier zum Einen die Umkodierung des Körpers und der Natur zu männlich kodierten Bereichen, zum Anderen die Frage nach der Behauptung der Individualität in einer mit zahlreichen Zwängen zugreifenden Massengesellschaft und zugleich der Perspektive historischer Kontingenz in Bezug auf die eigene Existenz.

Die Biologie tritt am Ende des 19. Jahrhunderts aus dem Bannkreis des allgemeinen Typusdenkens, um sich im Rahmen der neu entstandenen kausalen Morphologie mit der Individualentwicklung von Körpern zu beschäftigen. Der Körper, inzwischen symbolisch zu einem Ort expressiver Individualität des Männlichen geworden, wird dabei mit nachdrücklichem experimentellen Zugriff auf sein Verhältnis zu Autonomie und Heteronomie, Freiheit und Determination hin befragt, indem diejenigen Bildungskräfte betrachtet werden, die entweder aus sich selbst heraus oder von außen, aus der Umgebung oder ‚aus der Geschichte', auf die Körperform einwirken (Epigenesis oder Präformation). Die Antworten auf diese Fragen sind dabei erkenntnistheoretisch noch weitreichend dem traditionellen männlich kodierten Erkenntnissubjekt verpflichtet, indem das Forschungsobjekt mechanistisch gedeutet in einen vollständig rational durchdrungenen physiologischen Funktionszusammenhang aufgelöst werden soll oder aber die leblos gedachte Materie im Rahmen eines Leib-Seele-Dualismus eine sie bewegende Instanz zugesetzt bekommt.

Doch hier zeigen sich gleichzeitig auch Brüche zum traditionellen Konzept. Der auf Zustandsbeschreibungen linearer heteronomer Vorgänge ausgerichtete mechanistische Bereich imaginiert den Körper in seinem individuellen Werden als weitgehend bestimmt von *prozesshafter Selbst*gestaltung in Kombination mit festgelegten Planvorgaben, während der vitalistische Diskursstrang eine mit Ganzheitskausalitäten ausgestattete postmechanistische Körperlichkeit entwirft, deren bildende Kraft nicht mehr unabhängig vom Leiblichen wirkt, sondern an bestimmte *materielle* Bereiche gebunden erscheint.

Die Biologie nimmt also insofern an der Krise der Männlichkeit teil, indem sie durch eine rationale Aufklärung der Gestaltungskräfte des Körpers die einerseits bedrohlich erscheinende Körpermacht zu bannen versucht, andererseits ihre produktive, gestaltende Seite herausstellt. Dabei werden zusehends in Anlehnung an den umkodierten Männerkörper, der von diesen produktiven und machtvollen ‚Naturkräften‘ durchzogen erscheint, diese Gestaltungskräfte in der Materie selbst verortet und ihre Eigenschaften sowie ihre Beschaffenheit zu sondieren versucht. Die vormals weiblich kodierten ‚dunklen Reproduktionskräfte‘ des Körpers werden jetzt also nicht mehr projektiv ausgeschlossen oder als durch eine männlich kodierte autonome Vitalkraft gesteuert imaginiert, sondern in Übereinstimmung mit dem neuen männlich kodierten Körperbegriff als integrale Bestandteile des Körpers zugelassen und zugleich analytischer ‚Selbsterkenntnis‘ zugeführt.

Damit zeigt die Biologie meines Erachtens Ähnlichkeiten mit dem Anliegen der Psychoanalyse, welche ebenfalls der autonomen Subjektivität entzogene innere Kräfte des Menschen annahm, die nicht verleugnet, sondern benannt und gedeutet werden sollten.

4. Transformationen des Lebensbegriffes und Restaurierung einer hegemonialen Männlichkeit – Schlussbemerkungen

Welche Thesen lassen sich abschließend zum Lebensbegriff der Wende vom 19. zum 20. Jahrhundert anfügen? Meines Erachtens erfolgte mit der kausalen Morphologie der entscheidende Umschlag in der Biologie weg von der Suche nach dem Belebenden von Lebewesen hin zu der Klärung des Organisierenden von Lebewesen. Damit war ein entscheidender Schritt getan in Richtung auf einen Lebensbegriff ohne spekulative Anteile, der nun auf auszulotende Eigenaktivitäten des Materiellen gegründet ist, die zunächst mechanistisch oder vitalistisch und später im Laufe des 20. Jahrhunderts systemtheoretisch, thermodynamisch und kybernetisch ausgedeutet werden. Durch die Beschränkung auf das ,authentische' Materielle und die Mechanismen seiner Organisation wird zugleich der Weg geebnet für einen technischen Nachvollzug dieser Organisationsvorgänge: für biotechnologische Zugriffe.

Bei diesem Umwandlungsprozess spielte die historische Konstellation einer Krise der Männlichkeit eine entscheidende Rolle, welche eine Umkodierung des menschlichen Körpers von einem vormals dem Weiblichen zugeordneten und aus dem bürgerlichen männlichen Selbstverständnis ausgegrenzten Bereich zu einem ambivalenten Träger männlicher Identität mit sich brachte.

Die Krise des Lebensbegriffs in der Biologie stellt sich vor diesem Hintergrund dar als eine durch starke Motivationen einer Selbstverständigung über das verkörperte männliche Individuum angeleitete Forschungsphase, die beitrug zur Restaurierung einer hegemonialen Männlichkeit. Sowohl die Biologie als auch die symbolische Männlichkeit sollten Anfang des 20. Jahrhunderts durch ihre neuen Konzepte gestärkt aus ihren Krisen hervorgehen.

Literatur

Bertalanffy, L. (1928). Kritische Theorie der Formbildung. Berlin: Bornträger

Brandt, S.L. (1997). Männerblicke – Zur Konstruktion von „Männlichkeit" in der Literatur und Kultur der amerikanischen Jahrhundertwende. Stuttgart: Merkur

Driesch, H. (1893). Die Seele als elementarer Naturfaktor. Studien über die Bewegung der Organismen. Leipzig: W. Engelmann

Driesch, H. (1894). Analytische Theorie der organischen Entwicklung. Leipzig: W. Engelmann

Driesch, H. (1909). Die Philosophie des Organischen. 2 Bde. Leipzig: W. Engelmann

His, W. (1868): Untersuchungen über die erste Anlage des Wirbelthierleibes. Die erste Entwickelung des Hühnchens im Ei. Leipzig: F.C.W. Vogel

Kimmel, M. (1987). The contemporary crisis of masculinity in historical perspective. In Brod, H. (ed.). The making of masculinities. Boston: Allen & Unwin

Lamos, C. (1998). Deviant modernism – Sexual and textual errancy in T. S. Elliot, James Joyce and Marcel Proust. Cambridge: Cambridge University Press

Mocek, R. (1998). Die werdende Form. Eine Geschichte der kausalen Morphologie. Marburg: Basilisken-Presse

Rotundo, E.A. (1993). American manhood. Transformations in masculinity from the revolution to the modern era. New York: Basic Books

Roux, W. (1895). Gesammelte Abhandlungen über Entwicklungsmechanik der Organismen, Bd. II. Leipzig: W. Engelmann

Roux, W. (1905a). Die Entwicklungsmechanik, ein neuer Zweig der biologischen Wissenschaft. Verhandlungen der Gesellschaft deutscher Naturforscher und Ärzte, Breslau, 76 (1), 23-39

Roux, W. (1905b). Die Entwickelungsmechanik, ein neuer Zweig der biologischen Wissenschaft. Leipzig: W. Engelmann therodynamisch und kybernetisch ausgedeutet werden. Durch die Beschränkung auf das „authentische" Materielle und die Mechanismen seiner Organisation wird zugleich der Weg geebnet für einen technischen Nachvollzug dieser Organisationsvorgänge, für biotechnologische Zugriffe.

Bei diesem Umwandlungsprozess sperrt die historische Romantische ek am Ende der Mannlichkeit eine entscheidende Rolle, weil sie einen technologisch bewußtlosen Körper von einem wenudlich tiefe Weelt des zeaten natee und aus dem Organischen erklärten Den Seiten ausschliess an zu een Bewalt un einem anderen ist. Gegen masstuber Umwelt heit wit-oetet den Im das Laterschung löst in der historische sieht sich ne diesem Herregrund der die eine durch sinige Mechanismen einer selbst zusammengang der aus widerspricht erfasch die Inhalt einer inszelltre Form inszeptiert, die heutige and flexaurierung einer regenerativen Mannlichkeit. Sowohl die Logik als auch die symbolische Rhäll heutet sollen Anfang der 20. Jahr-gunge verdrückt tage einen Körper, ...

Literatur

[bibliography entries largely illegible / reversed]

Fragile Kodierung – Genetik und Körperverständnis

Regine Kollek

„Das Lust-Gen ist entdeckt". So wirbt eine deutsche Automarke mit der Ab-
bildung einer DNS-Sequenz für einen neuen Sportwagen.[1] Das Vergnügen am
schnellen Spurt – im X-Chromosom verortet. Andere Aussagen über die Verortung von Leidenschaften oder Fähigkeiten im Genom sind durchaus ernst
gemeint. So behaupten mehrere Forschergruppen, ein „Hochleistungsgen" in
der Erbmasse von Spitzensportlern entdeckt zu haben. Wissenschaftlich seriö-
ser ausgedrückt handelt es sich dabei um ein Gen, das in die Sauerstoffversorgung der Muskulatur involviert ist und dessen besonders aktive Form bei
Hochleistungsathleten häufiger gefunden wird als bei Freizeitsportlern. Da jedoch die Sauerstoffversorgung der Muskulatur nicht nur von mehreren genetischen, sondern auch noch von vielen anderen Faktoren wie zum Beispiel dem
Training beeinflusst wird, sind die Fachleute sich wie häufig nicht einig, wie
groß denn nun der Einfluss der entsprechenden Genvarianten überhaupt ist
(vgl. für einen Überblick zu den neueren Forschungsergebnissen Woods/
Humphries/Montgomery 2000).

1. Gene im Alltag

Während in den einschlägigen wissenschaftlichen Debatten noch darüber gestritten wird, wie der Einfluss von Erb- und Umweltfaktoren auf die Performanz des Körpers im Einzelnen überhaupt wissenschaftlich bestimmt werden
kann, schreiten andere Akteure schon zur Tat. Ausgerechnet die auf Natur-
produkte setzende und deshalb in umwelt- und gesundheitsbewussten Kreisen
gut angesehene britische Firma ‚Body Shop' kam im Frühjahr 2002 auf die
Idee, in einigen ihrer Läden Gentests anzubieten. Hergestellt und durchgeführt werden diese Tests von Sciona, einem Unternehmen, das sich auf diese
Art von genetischem Service spezialisiert hat. Sciona fordert Interessenten auf
seiner Homepage (http://www.sciona.com) auf, die Beziehung zwischen sich
und seinen Genen zu entdecken. Wenn man das Programm 'You and Your

---

1   Anzeige der Firma AUDI im Spiegel vom 18. Februar 2002.

Genes' erwirbt, erhält man auf der Basis der durchgeführten Gentests von der Firma Informationen darüber, wie gut der Körper mit verschiedenen giftigen und Krebs erregenden Stoffen umgehen kann, wie es um seine Fähigkeit zur Geweberegeneration bestellt ist und ob er über eine hohe oder niedrige Kapazität zum Abbau von alkoholischen Getränken verfügt. Darauf aufbauend gibt Sciona „gezielte, personalisierte" Ratschläge über das richtige Ernährungsverhalten und eine gesundheitsförderliche Lebensweise:

> "Sciona's 60 page personalised report will make food, lifestyle, vitamins and supplement recommendations to help keep your body working at an optimum level over the long-term" (http://www.sciona.com).

Es ist zu erwarten, dass solche Untersuchungen zunehmend über den Ladentisch angeboten und auch auf Akzeptanz stoßen werden. Das ist nur einer von vielen Hinweisen darauf, dass die Bedeutung der Genetik in der Wahrnehmung des Körpers, seiner Gesundheit, Krankheit und Erscheinungsform zunimmt. Die Gene scheinen mir sagen zu können, wie es um meinen Körper bestellt ist, wie ich ihn gesund halten und seinen Zustand optimieren kann. Die Tatsache, dass Merkmale und Dispositionen des Körpers in einem bestimmten Umfang durch die Gene beeinflußt und erblich sein können – das heißt, in der Generationenfolge einer Familie wiederholt oder sogar regelmäßig auftreten –, hat heute in unserem Denken einen festen Platz. Die moderne Genetik, Gene und Genome sind Teil des Alltagsdiskurses geworden.

Dabei handelt es sich bei diesen zwar submikrokopisch kleinen aber scheinbar so handfesten und wirkmächtigen Objekten keineswegs um naturgegebene Einheiten, deren Eigenschaften feststehen und durch naturwissenschaftliche Methoden lediglich sichtbar gemacht werden müssen. Vielmehr gehen in ihre wissenschaftliche Darstellung und die Bildung der einschlägigen Begriffe technische, konzeptionelle und diskursive Elemente ein, die sie zu Konstruktionen der Wissenschaft machen. In diesem Sinn sind Genome und Gene keine naturhaften, sondern ‚epistemische Objekte', also Konglomerate von experimentellen Anordnungen, theoretischen Vorannahmen und diskursiven Praktiken. Das bedeutet jedoch nicht, dass es sich dabei lediglich um gedankliche Konstruktionen handelt, denen im Materiellen nichts mehr entspricht. Vielmehr muss die Hervorbringung, Gestaltung und Beschreibung wissenschaftlicher Gegenstände und Begriffe als ein komplexer Prozess angesehen werden, an dem kulturelle Faktoren in vielfältiger Weise beteiligt sind.

Obwohl diese Erkenntnis mittlerweile zum Standardwissen der (feministischen) Wissenschaftsforschung gehört, sind hinsichtlich der Vorstellungen und Symbolisierungen, die in körperbezogene wissenschaftliche Konstruktionen einfließen, noch viele Fragen offen. Dabei sind Begriffe und Gegenstände der Genetik für eine Analyse mindestens in zweierlei Hinsicht interessant: zum Einen, weil die Rekonstruktion der Verfertigung und Verwendung entsprechender Begriffe helfen kann, ihre vieldimensionale Bedeutung zu entschlüsseln, und zum Anderen auch deshalb, weil sie beim Verständnis der Prägemacht hilft, die Genetik und Genomforschung über ihre faktische Wirksamkeit hinaus in der Alltagskultur entfalten. Denn je mehr wir über das menschliche Genom wissen und je genauer wir Abweichungen in der Struktur der Gene mit Krankheiten in Verbindung bringen können, desto fester verankert sich in der öffentlichen Wahrnehmung die Überzeugung, dass es die Gene sind, die den Menschen und sein Schicksal in besonderer Weise beeinflussen. Ihre Analyse soll Antworten auf die Grundfragen des menschlichen Lebens geben. Überzeugt von der fundamentalen Bedeutung und Wirkmächtigkeit des Erbmaterials glauben manche Wissenschaftler, dass das Genomwissen nicht nur unser Selbstverständnis verändern, sondern auch die gesamte Gesellschaft transformieren wird. David Baltimore, einer der ‚Väter‘ des menschlichen Genomprojektes, drückte dies in einem Artikel, den er anlässlich der Veröffentlichung der Gesamtsequenz des menschlichen Genoms schrieb, folgendermaßen aus:

> "Biology today enters a new era, mainly with a new methodology for answering old questions. Those questions are some of the deepest and simplest: 'Daddy, where did I come from?'; 'Mommy, why am I different from Sally?' As these and other questions get robust answers, *biology will become an engine of transformation of our society.* Instead of guessing about how we differ one from another, we will understand *and be able to tailor our life experiences to our inheritance.* We will also be able, to some extent, to control that inheritance. We are creating a world in which it will be imperative for each individual person to have sufficient scientific literacy to understand the new riches of knowledge, so that we can apply them wisely" (Baltimore 2001: 816, Hervorhebungen R.K.).

Von daher ist die Referenz auf die Genetik und ihre Befunde nicht nur im Kontext individueller Untersuchungen relevant, sondern für unser kulturelles Verständnis vom menschlichen Körper und damit vom Menschen äußerst konsequenzenreich. Umso wichtiger ist es, genauer zu verstehen, welchen Einfluss die Genetik und die Genomforschung, ihre Begriffe und Erklärungsmodelle auf die subjektive und kollektive Wahrnehmung der Tatsache haben, dass Menschen in einem Körper aus Fleisch und Blut leben, der eine räumliche Ausdehnung und zeitlich begrenzte Lebensspanne besitzt.

2. Der kodierte Körper

Ausgangspunkt ist, dass die moderne Genetik und die Analyse des menschlichen Genoms nur einer von einer langen Reihe von Schritten der Verwissenschaftlichung des menschlichen Körpers ist. Diese Verwissenschaftlichung kann auch als ein Prozess der fortschreitenden Distanzierung vom Körper beschrieben werden: Das subjektive Erleben, in einem mit dem Ich untrennbar verbundenen Leib zu leben, weicht im Zuge der zunehmenden Dominanz naturwissenschaftlicher Konzepte in der Medizin einer distanzierten, deutenden und messenden Einstellung. Auf das selbst Gefühlte scheint dabei immer weniger Verlass zu sein; real ist, was mit wissenschaftlichen Instrumenten messbar ist. Heute erscheint der Körper fast wie ein vom Ich getrenntes Objekt, das zur korrekten Funktion von seinem Besitzer permanent analysiert, diagnostiziert und kontrolliert werden muss. Zweifelsohne gab es schon immer Bemühungen, den Körper dem eigenen Willen und dem sich darauf beziehenden Wissen zu subordinieren. Diät, Kosmetik und Körperertüchtigung sind keine Erfindungen der Neuzeit. Was sind deshalb die Spezifika, die der Bezug auf die Genetik beim Reden und Denken über den Körper mit sich bringt?

Gemessen an der langen Geschichte der bewussten beziehungsweise artikulierten Körpererfahrung ist der Bezug auf die Genetik vergleichsweise neu: Ihre Geschichte ist eng mit der des 20. Jahrhunderts verbunden. Genau im Jahr 1900 wurden die Vererbungsgesetze des österreichischen Mönchs und Botanikers Gregor Mendel wiederentdeckt. Obwohl er die Ergebnisse seiner Kreuzungsversuche und die daraus abgeleiteten Regeln bereits 1866 veröffentlichte, blieben sie 34 Jahre lang weitgehend unbeachtet. Nachdem seine Untersuchungen im Zuge der Formulierung der Chromosomentheorie der Vererbung neue Aufmerksamkeit erlangt hatten, wurde ein für die spätere Entwicklung entscheidender Schritt durch den dänischen Botaniker und Genetiker Wilhelm Johannsen unternommen. Er führte in seinem 1909 erschienenen Lehrbuch „Elemente der exakten Erblichkeitslehre" den Begriff *Gen* für die bis dahin nur als abstrakte Recheneinheiten existierenden mendelschen Erbfaktoren ein. Für die Gesamtheit der Erbanlagen prägte er den Begriff *Genotypus*. Ihm stellte er als Gegenstück den zumindest statistisch erfassbaren *Phänotypus* gegenüber – den realen Erscheinungstypus eines Individuums –, worunter er das komplexe Ergebnis der Genwirkung und der Umwelteinflüsse verstand. In späteren Auflagen seines Buches definierte Johannsen unter dem Eindruck der von dem amerikanischen Genetiker Morgan entwickelten Gentheorie den wichtigen Begriff Genotypus als „Ursache für die Realisierung des Phänotypus" (Jahn 1990: 446).

Damit war eine folgenreiche definitorische Unterscheidung eingeführt. In ihrer Folge wurde der Phänotyp – der Körper eines Organismus – nicht mehr als eine sich aus eigener Kraft heraus entwickelnde Einheit gedacht, sondern als ein Ergebnis von Faktoren, die sich vom Körper selber kategorial unterscheiden: Die Gene (der Genotyp) sind die Ursache, der Körper ist das Resultat ihrer Wirkung. Letztere entfaltet sich in zwei Dimensionen. Zum Einen synchron oder vertikal, das heißt, im Zuge der Entwicklung eines einzelnen Organismus, und zum Anderen diachron, das heißt, in der horizontalen Weitergabe des Erbmaterials von einer Generation auf die andere. Damit wurde der Grundstock für den uns heute so vertrauten Gedanken gelegt, dass der Körper, seine Organe und seine Gestalt das Ergebnis der Wirkung von Erbfaktoren sind, die zum Einen die Entwicklung des Körpers steuern und zum Anderen von einer Generation auf die nächste weiter gegeben werden. Der Körper, vormals unübersehbare Präsenz und Zeichenträger des Lebendigen, wird dadurch zum abgeleiteten Produkt, zum passiven Derivat der Gene.

Durch die Differenzierung zwischen den steuernden Genen als Träger von vererbbarer Information und dem Körper als Produkt ihrer Aktivität (später spricht man von der Expression der Gene) trug Johannsen dazu bei, die Autorität vieler zeitgenössischer biologischer Disziplinen wie der Embryologie zu relativieren und die Genetik als fundamentale Disziplin aller biologischen Wissenschaften zu etablieren. In den 1930er Jahren wurde die Kernfrage der Entwicklungsbiologie beziehungsweise Embryologie, wie sich aus einer befruchteten Eizelle ein vielzelliger, ausdifferenzierter Organismus entwickelt, umformuliert in die Frage, wie Gene ihre Effekte hervorrufen (Sturtevant 1932: 304). Damit war die weitere Entwicklung vorbereitet, in deren Zusammenhang das Gen beziehungsweise das Genom zur zentralen Steuerinstanz und zum Ausgangspunkt aller biologischen Kausalität werden sollte.

In den 1940er Jahren spekulierten viele Wissenschaftler unterschiedlicher Disziplinen darüber, in welcher Weise die genetische Information – also die Instruktion zur Bildung von Körperbestandteilen, Funktionen und Formen – in der DNA niedergelegt oder verschlüsselt ist. Zu ihnen gehörte auch der Physiker Erwin Schrödinger. In seinem 1944 zuerst veröffentlichten Buch „What is life" setzt er sich mit den Konsequenzen der damaligen Erkenntnisse der Physik und Chemie auf die Biologie und Genetik auseinander. Evelyn Fox Keller beschreibt, wie er von dem Prozess der Weitergabe genetischer Information von einer Generation auf die nächste fasziniert war (Keller 1995: 43ff.). Ihn interessierte vor allem die Unabhängigkeit dieses Prozesses von der Sterblichkeit der Individuen, also die Tatsache, dass die genetische Information auch nach dem Ende eines Individuums in seiner Nachkommenschaft überdauern kann. Aus der Physik kommend, beschäftigte ihn die paradoxe Situation, dass einerseits die Entropie (vereinfacht: die Unordnung) nach dem zweiten Hauptsatz der Thermodynamik in der Natur ständig steigt, angesichts einer Jahrtausende währenden Evolution andererseits aber gleichzeitig von der Stabilität und der ‚Unsterblichkeit' der genetischen Information ausgegangen werden muss.

Die Fähigkeit, dem Zerfall zu entkommen, vermutete Schrödinger in den aperiodischen Kristallen der DNS, dem Ort des genetischen Gedächtnisses:

> „Die erstaunliche Gabe eines Organismus, einen ‚Strom von Ordnung' auf sich zu ziehen und damit dem Zerfall in atomares Chaos auszuweichen (...), scheint mit der Anwesenheit der ‚aperiodischen festen Körper', der Chromosomenmoleküle zusammenzuhängen" (Schrödinger 1989: 134f.).

In diesen Chromosomenmolekülen lokalisierte er einen Miniatur-Kode, der „einem hochkomplizierten und bis ins einzelne bestimmten Entwicklungsplan genau entspricht und irgendwie die Fähigkeit hat, seine Ausführung zu bewerkstelligen" (Schrödinger 1989: 112).

Von daher sah Schrödinger in der DNS und den in ihr enthaltenen Genen eine Art genealogisches Gedächtnis, das – anders als der Körper – dem Vergehen nicht anheim fällt, sondern als einzige Komponente individuellen Lebens von Generation zu Generation weitergegeben wird. Vor diesem Hintergrund war das Chromosom für ihn der Ort der Kraft, die den Organismen während ihres individuellen Daseins Lebendigkeit und durch die Mechanismen des genetischen Gedächtnisses nach ihrem individuellen Tod Unsterblichkeit verleiht, indem sie auf die Nachkommenschaft weitergegeben wird: die DNS als zentrale Kodierung des Lebens. Die Vision war, durch die Anwendung biochemischer, physikalischer und informationstheoretischer Methoden die Vielfalt von Wachstums-, Entwicklungs- und Differenzierungsprozessen scheinbar auf einen Kode zu reduzieren, der in einer zweidimensionalen Molekülkette niedergelegt ist.

Evelyn Fox Keller zufolge war für den Physiker das entscheidende Charakteristikum des Lebens dann auch seine Resistenz gegen Zerfall – nicht seine Fähigkeit zur Reproduktion, zu Wachstum und Entwicklung (1995: 69). Diese im Somatischen verankerten Fähigkeiten lebendiger, mit Sinnen versehener Körper sind in Schrödingers Lebensbegriff nachrangig. Während sie dem Verfall und Verschwinden anheim gegeben und von daher nur von vorübergehender Existenz sind, liegt seiner Auffassung zufolge im Genom ein Stück Unsterblichkeit verborgen. Das, was uns in unseren Nachfahren, in der Zukunft überdauert, sind die Gene.

Nachdem die Struktur der DNS 1957 aufgeklärt worden war, gelang Marshall Nierenberg und Heinrich Matthäi 1961 die Zuordnung von jeweils einer Dreiersequenz von DNS-Bausteinen (Nukleotiden) zu spezifischen Aminosäuren, den Bausteinen der Proteine. Damit war der Kode gebrochen und erklärt, nach welchem Schlüssel die DNS-Struktur in Aminosäuren und Proteine übersetzt wird. Da die Proteine die grundlegenden Elemente der Zellen sind und diese wiederum die Basis der Organe, der Muskulatur, des Blutes oder der Haut bilden, schien der erste Schritt einer Beschreibung des Phänotyps – also der Form und der Eigenschaften eines Organismus – durch die genetische Information getan. Vor diesem Hintergrund erschien manchen Wissenschaftlern die Essenz eines Lebewesens durch diese vier Zeichen kodiert. Bereits 1954, also kurz nach der Aufklärung der DNS-Struktur, aber noch vor der Entschlüsselung des genetischen Kodes, schrieb der Physiker G. Gamow, dass „die erblichen Eigenschaften jedes Organismus durch eine lange Zahl charakterisiert werden können, die in einem System aus vier Zahlen geschrieben ist" (Gamow 1954). Damit umschrieb er zumindest in Grundzügen das Konzept, das später zur Grundlage des Projekts der Gesamtanalyse des menschlichen Genoms werden sollte.

Gedanklich wurde der Körper auf diese Weise zu einem Konstrukt, dessen ‚Bauanleitung' in der DNS niedergelegt ist, die durch ihre Prozessierung in den Zellen Muskeln, Organe, Nerven und anderen Strukturen des Körpers hervorbringt. Die körperliche Existenz eines Organismus erscheint dadurch als ein formalisierbares System, das mithilfe leistungsfähiger Großcomputer berechnet und eines Tages vielleicht auch modelliert werden kann. Durch die Anwendung biochemischer, physikalischer und informationstheoretischer Methoden waren die vorher nur abstrakt formulierten, unteilbaren und nicht beeinflussbaren Erbfaktoren zu definierten, isolierbaren und manipulierbaren chemischen Molekülen geworden. Die Essenz des Lebens scheint damit darstellbar zu sein: Die Vielfalt von raum-zeitlichen Wachstums-, Entwicklungs- und Differenzierungsprozessen kann auf einen Kode reduziert werden, der in einer zweidimensionalen Molekülkette niedergelegt ist.

Im Zuge dieser Entwicklungen wurde das Gen in den Überlegungen einiger Biologen zur entscheidenden Triebkraft und der Körper zu seinem Instrument. Für Richard Dawkins, den Autor des Buches „Das egoistische Gen", ist der Körper „really a machine blindly programmed by its selfish genes", eine „machine, trying to do the best for all its genes" (1978: 157). Später sieht er Körper als

> „phenotypic effects of genes, whether at the level of intracellular biochemistry, broad bodily morphology or extended phenotype, [which] are [in turn] potentially devices by which genes lead lever themselves into the next generation, or barriers to their doing so" (Dawkins 1982: 207).

Bei Dawkins übernimmt also der Genotyp nicht nur den Platz des Körpers, er erweitert ihn auch: Die Gene übernehmen durch ihre Expression die Kontrolle über ihre Umgebung.

Im Zuge der modernen Genomforschung und der Strukturaufklärung des menschlichen Genoms verfestigt sich in der öffentlichen, aber auch in der wissenschaftlichen Wahrnehmung die Vorstellung von der Macht der Gene: Sie werden zum essenziellen Bestandteil der menschlichen Existenz. Dorothy Nelkin und Susan Lindee (1995) weisen in ihrer Untersuchung „The DNA Mystique" nach, dass sie in der amerikanischen – und vermutlich nicht nur in dieser – Kultur den Platz der Seele zu übernehmen scheinen. Konkurrierende Konzepte, die den Genen eine zwar notwendige, für die Steuerung komplexer Prozesse aber keineswegs hinreichende Funktion zuweisen, haben es schwer, sich daneben zu behaupten und gewinnen nur langsam an Bedeutung (vgl. u.a. die Beiträge in Honnefelder/Propping 2001). Information, Kode und Programm: Diese Begriffe stehen heute nicht nur für wissenschaftlich-technische oder biochemische Sachverhalte, sondern im Zusammenhang mit der modernen Genetik für die Essenz des Lebens. In ihnen scheint seine Leibhaftigkeit und die Endlichkeit überwunden zu sein. Sie vermitteln den Eindruck, das Leben und sein leiblicher Ort könnten schon auf der molekularen und zellulären Ebene zweigeteilt werden: in einen sterblichen cytoplasmatisch-somatischen Teil und einen unsterblichen, quasi geistigen Teil, der durch das Genom und die genetische Information repräsentiert wird, und in dem die Leibhaftigkeit und Endlichkeit des Lebens überwunden zu sein scheint (Kollek 1994, 1996). Der Vergänglichkeit des Körpers wird die Vision gegenübergestellt, das Leben durch die Kontrolle der Gene und des genetischen Kodes endlos perpetuieren zu können.

3. Das Verschwinden des Körpers

Die Aufspaltung des Körpers in einen zentralen genetischen und einen davon abgeleiteten somatischen Teil – und die damit einher gehende Essenzialisierung des Genoms – hat jedoch Konsequenzen. Im Gegensatz zur Vergänglichkeit des Körpers bekommen die Gene eine eigentümliche Persistenz: Auf die Nachkommenschaft weitergegeben, können sie den individuellen Körper um Generationen überdauern und ihre Wirkung auch in der Zukunft entfalten:

> „Another aspect of the (...) gene is that it does not grow senile; it is no more likely to die when it is a million years old than when it is only a hundred. It leaps from body to body down the generations, manipulating body after body in its own way and for its own ends, abandoning a succession of mortal bodies before they sink in senility and death" (Dawkins 1978: 36).

In dieser Wahrnehmung sind die Gene nicht mehr Teil des Körpers, sondern der Körper wird zu einem Durchgangsstadium für die Gene: Fleisch und Blut, Haut und Knochen sind ohne ihre Aktivität nicht denkbar und davon abhängig. Die genetische Information muss prozessiert und in funktionstüchtige Eiweißstoffe umgesetzt werden. Doch sobald sie auf diesem Weg ‚zu Fleisch‘ geworden ist, beginnt auch schon dessen Zerfall. So gesehen ist der menschliche Leib ephemer, ein vergänglicher Aufenthaltsort für die Gene. Körper sind sterblich, aber „genes, like diamonds, are forever" (Dawkins 1978: 37).

In der Cartesianischen Philosophie, die am Anfang der modernen Wissenschaft stand, wurde das denkende Ich in Opposition zur leiblichen Existenz des Menschen gesetzt. Im Diskurs der modernen molekularen Genetik wird der Körper einer weiteren Dimension beraubt. Fundament und Impuls für Wachstum, Entwicklung und Performanz liegen nicht mehr in der dynamischen Wechselwirkung des Organischen selber, sondern sie werden im Genom lokalisiert und damit in einer Instanz, die als getrennt vom entfalteten Körper konzeptualisiert wird. Die Sorge um sich selbst lässt sich von nun an nicht mehr auf Leib und Seele beschränken. In Zukunft gilt es darüber hinaus die Intaktheit und das Überleben des Genoms zu sichern. Da sich die genetische Befindlichkeit jedoch der fühlenden Selbstwahrnehmung entzieht, resultiert dies in einer eigenartigen, über das Bewusstsein der Sterblichkeit hinausgehenden Verunsicherung der leiblichen Existenz.

Wie der Wissenschaftshistoriker Gabriel Gudding (1996) herausgearbeitet hat, war die Veränderung der Wahrnehmung des Körpers durch die Genetik bereits durch die Entdeckung der Röntgenstrahlen und die Erkenntnis befördert worden, dass diese das Erbgut verändern können. Zwar müssen die durch solche Strahlung ausgelösten Veränderungen, das heißt Mutationen, nicht sofort wirksam werden. Dennoch könnte sich jede von ihnen in der Linie der Nachkommenschaft irgendwann einmal als letal herausstellen. Der Genetiker und Nobelpreisträger Herman Josef Muller wies bereits früh auf diese Gefahr hin. Auf der Grundlage der Erkenntnisse der strahleninduzierten Mutationen entwickelte er das Konzept des „genetischen Todes", der unsichtbar bleibt und dennoch eine permanente Bedrohung darstellt (Muller 1989).

Zusammen mit der uns heute vertrauten Entkopplung zwischen dem körperlich exponierten Individuum und seinen Genen, also zwischen Phänotyp und Genotyp, war der diesem Konzept zugrunde liegenden Gedanke äußerst folgenreich. Mehr oder weniger gleichzeitig mit den ersten Atombombenexplosionen führte er zu einer gesteigerten Wahrnehmung der Fragilität des Körpers: In seinem Innern finden Veränderungen statt, die weitreichende Konsequenzen für die Gesundheit zukünftiger Generationen haben.

Gudding zufolge stellt die Genetik mit ihren Konzepten eine eigentümliche und neue Verbindung zwischen zwei Größen her, die der unmittelbaren Wahrnehmung entzogen sind: dem Unsichtbaren – den Genen und ihren Veränderungen – und der Zukunft – später auftretenden Krankheiten oder gar dem Tod. Obwohl nicht spürbar, können sie die subjektive und kollektive Selbstwahrnehmung dennoch entscheidend beeinflussen. Sie führen zu einem profunden Gefühl der Unsicherheit im eigenen Körper, der dem Wirken der Gene in scheinbar unkontrollierbarer Weise ausgesetzt ist.

Genanalyse und Gendiagnostik verschärfen diese Entwicklung. Diagnostizierte Strukturauffälligkeiten oder Normabweichungen im individuellen Genom, die statistisch mit dem späteren Auftreten von Krankheiten wie beispielsweise Krebs korrelieren, treten als Risiko in Erscheinung, das zwar nicht wahrgenommen werden kann, aber dennoch im Selbst verkörpert ist. Durch die Feststellung von genetischen Krankheitsdispositionen, die sich möglicherweise später einmal manifestieren können, wird die Grenze zwischen Krankheit und Gesundheit kontingent. Entscheidend ist, dass der Zustand des ‚gesundheitlichen Riskiertseins' als ein eigenartiges, körperlich nicht wahrnehmbares Zwischenstadium hinzukommt (Feuerstein/Kollek 2000) und die Grenze zwischen gesund und krank verschwinden lässt. Es kann nicht mehr gefühlt, sondern nur durch Gensonden und Sequenzanalysen festgestellt werden. Nicht das leidende Subjekt oder ein funktionsgestörtes Organ wird zum Ausgangspunkt ärztlichen Handelns, sondern ein sich auf eine abstrakte Einheit beziehender Befund. Die möglicherweise in der Zukunft auftretende Krankheit wirft ihren Schatten auf die Gegenwart zurück, der eigene Körper erscheint permanent gefährdet.

Wie soll sich jemand verhalten, der mit einer Vielzahl genetischer Risiken konfrontiert wird? Soll man/frau auf bloßen Verdacht hin lebenslang Vorsorge betreiben? Dies kann nicht nur mit erheblichen persönlichen Einschränkungen verbunden sein, sondern auch bedeuten, sich frühzeitig und langfristig medizinischen Präventionsmaßnahmen auszusetzen, die ihrerseits nicht ohne Risiken und Nebenwirkungen sind. Oder soll frau sich sogar vorsorglich einer Reihe mehr oder weniger drastischer Interventionen wie der vollständigen Entfernung der Brustdrüsen unterziehen, allein in der Hoffnung, dass etwas verhindert werden könnte, von dem noch gar nicht klar ist, ob es überhaupt auftreten wird? Der Humangenetiker Wolfram Henn spricht in diesem Zusammenhang von einem iatrogen – also durch medizinisches Handeln – induzierten Verlust von Hoffnung und Lebensqualität (Henn 1998). Zur psychischen Bewältigung dieser Gefährdung muss in der Wahrnehmung nicht nur der Körper vom Selbst getrennt werden, sondern dieser zerfällt auch noch in zwei Teile: in einen sinnlich wahrnehmbaren und einen nicht spürbaren. Das sich zunehmend unter Bezug auf seine Gene definierende Selbst entfremdet sich dem Körper ein weiteres Mal.

4. Kontingenzbewältigung

Mit der Transformation des Körpers zum passiven Derivat der Gene verstärkt die Genetik einerseits die Verunsicherung der individuellen und kollektiven menschlichen Existenz. Andererseits beansprucht sie für sich auch, die dadurch verursachten Unsicherheiten und Ambivalenzen bewältigen zu können. Mittel dazu sind die durch die Genetik selber geschaffenen Instrumente, wie beispielsweise die Gendiagnostik oder Gentherapie. Sie setzen nicht mehr an körperlichen Symptomen an, sondern ihr Ziel ist das Genom selbst. Fehlerhafte Sequenzen sollen identifiziert und korrigiert werden. Falls dies nicht möglich ist, bleibt in letzter Konsequenz die Träger der als pathologisch identifizierten DNS-Strukturen pränatal oder bereits im Reagenzglas zu eliminieren. Weniger invasive Strategien der vorbeugenden Selbstdisziplinierung, etwa eine Umstellung der Lebensweise nach Maßgabe genetischer Dispositionen, eröffnen die Perspektive, die Realisierung der Krankheitsdisposition verhindern zu können, wobei der Erfolg allerdings nicht sichergestellt ist.

Über diese individuellen Möglichkeiten hinaus zeichnen sich auch kollektive Strategien zur Bewältigung der durch die Genetik induzierten Verunsicherungen der Körperwahrnehmung ab. Eine besteht darin, der zweiten Profanisierung des Leibes, die nach seiner Entseelung und Degradierung zur bloßen Materie in der hierarchisierenden Aufspaltung von körperlich verankerten Fähigkeiten und Eigenschaften in einen steuernden und einen abgeleiteten Teil besteht, die Transzendierung des Genoms entgegen zu setzen.

Sie zeichnet sich nicht nur in der Alltagskultur ab (Nelkin/Lindee 1995), sondern bereits in den grundlegenden Begriffen der Genetik selber. Ein Beispiel dafür ist der Begriff der Selbstreplikation, der für die der DNS zugeschriebene Fähigkeit der Selbstverdopplung steht. In ihm scheint die Abhängigkeit der Fortpflanzung von der Einbettung in einen zellulären oder körperlichen Kontext überwunden. Die DNA – das Genom – repliziert sich selbst. Darin klingt die Vision an, zu einer Selbst-Herstellung gelangen zu können, die von dem Makel der körperlichen Geburt und Endlichkeit befreit ist. Seine Zuspitzung findet dieser Gedanke im Begriff der genetischen Information, in dem die Gebundenheit der Lebensprozesse an die Materie zumindest symbolisch überwunden zu sein scheint, denn Information ist letztlich im Geistigen und nicht mehr im Materiellen verankert, einer Daseinsform, die dem Mythos zufolge dem Weiblichen zugeordnet wird. Die generativen Fähigkeiten des

Lebendigen werden danach nicht mehr im Schoß der Frau verortet, sondern in der Doppelhelix und der darin niedergelegten Information. In den Reagenzgläsern molekularbiologischer Labors kann diese nun isoliert, sequenziert und neu konzipiert werden. Waren im prä-genetischen Zeitalter Geburt und Vererbung unkontrollierte und unkontrollierbare Prozesse, die immer die Gefahr von Vererbungsfehlern (sprich Erbkrankheiten) mit sich trugen, verheißt das genetische Zeitalter die kontrollierte, fehlerfreie Geburt aus der Retorte, und damit aus dem Geist, der in der europäischen Tradition als männlich identifiziert wird. Auf der symbolischen Ebene steht die genetische Information deshalb für die maskuline Schöpferkraft, die – Körperlichkeit und Materialität transzendierend – dennoch mit der Fähigkeit zur Selbstherstellung begabt ist (Kollek 1994, 1996).

Der Körper mit seinen Organen und Funktionen wird dabei in nie gekanntem Ausmaß verfügbar. Er erscheint als Projekt, als technisch herzustellendes und aus dem Geist planvoll zu gestaltendes Produkt, das dem menschlichen Willen bedingungslos subordiniert werden kann und so zum Träger subjektiv realisierbarer Selbstentwürfe transformiert wird. Der Körper wird zum – vom bewussten Selbst abgespaltenen – Handlungsfeld der Individuen. Insofern steht der genetisch definierte Körper nicht für den Leib, in dem ein Mensch ruht, sondern für ein Projekt, das immer wieder neu zu gestalten und mit den Mitteln der Genetik vor dem Verfall zu schützen ist. Krankheit und Gesundheit werden in genetischen Kategorien neu definiert; ihre Logik wird in das Innere des Körpers hinein verlängert. In diesem Prozess wird er analytisch durchdrungen und theoretisch neuformuliert, zukünftig vielleicht auch nachgebessert und neukonstruiert. So zugerichtete Lebewesen werden, wie Donna Haraway (1995) es formuliert hat, zu „Cyborgs", zu kybernetischen Organismen, bei denen sich die Grenze zwischen Naturhaftem und technisch Hergestelltem auflöst. In der genetisierten Wahrnehmung des Körpers verschwimmen allerdings nicht nur die Grenzen zwischen Technischem und Organischem, sondern der Organismus als Konzept – als dynamisch geordnete Ganzheit – scheint irrelevant zu werden. Als Resultat der Genexpression und Ensemble von Genprodukten hat die verkörperte Gestalt des Lebens Mühe, Form zu gewinnen und zu wahren.

Diese Entwicklung wird kaum rückgängig zu machen sein. Deshalb plädiert Donna Haraway dafür, kreativ an der Auflösung der eindeutigen und einengenden Beschreibungen der (menschlichen) Natur mitzuarbeiten und wissenschaftliche Tatsachen nach eigenen Konzepten zueinander in Beziehung zu setzen. Die historisch ohnehin kontingenten Grenzziehungen zwischen Natur und Technik müssen verflüssigt und neu definiert werden. Obwohl Haraways Perspektive im Grundsatz zuzustimmen ist, öffnet sie – im Hinblick auf die Genetik radikal zu Ende gedacht – der totalen Manipulierbarkeit der menschlichen Natur Tür und Tor. Diese Aporie muss überwunden werden, ohne dabei überholte naturwissenschaftlich ontologische Konzepte zu reaktivieren oder gar normativ zu wenden. Das Beharren auf der Differenz zwischen der genetischen Beschreibung des Körpers und einer sinnlich-subjektiven Erfahrung des Selbst könnte eine Möglichkeit sein, ihr zu entge-

120   *Regine Kollek*

hen. Im hartnäckigen Beharren auf dieser Differenz liegt die entscheidende
Perspektive des Widerstands des ganzheitlichen Subjekts gegen die Okkupati-
on des Leibes durch die moderne Genetik.

Laß uns in unsre Körper gehn,
Daß Menschen Liebe sich beschreib:
Die Seele ihr Geheimnis hegt,
doch offenbarts ihr Buch, der Leib.
John Donne

Literatur

Baltimore, D. (2001). Our genome unveiled. Nature, 409, 814-816
Dawkins, R. (1978). The selfish gene. Oxford: Oxford University Press
Dawkins, R. (1982). The extended phenotype: the gene as the unit of selection. Oxford: Oxford University Press
Feuerstein, G./Kollek, R. (2000). Risikofaktor Prädiktion. Unsicherheitsdimensionen diagnostischer Humanexperimente. In Honnefelder, L./Streffer, C. (Hrsg.). Jahrbuch für Wissenschaft und Ethik, 6, 91-115
Gamow, G. (1954). Possible relation between desoxyribonucleic acid and protein structures. Nature, 173,1954-56
Gudding, G. (1996). The phenotype/genotype distinction and the disappearance of the body. Journal of the History of Ideas, 57, 525-545
Haraway, D. (1995). Die Neuerfindung der Natur. Primaten, Cyborgs und Frauen. Frankfurt/Main: Campus
Henn, W. (1998). Predictive diagnosis and genetic screening: manipulation of fate? Perspectives in Biology and Medicine, 41 (2), 282-289
Honnefelder, L./Propping, P. (2001). Was wissen wir, wenn wir das menschliche Genom kennen? Köln: DuMont
Jahn, I. (1990). Grundzüge der Biologiegeschichte. Jena: Gustav Fischer
Keller, E. Fox (1995). Refiguring life: metaphors of twentieth-century biology. New York: Columbia University Press
Kollek, R. (1994). Der Gral der Genetik. Das menschliche Genom als Symbol wissenschaftlicher Heilserwartungen des 21. Jahrhunderts. Mittelweg 36, Zeitschrift des Hamburger Instituts für Sozialforschung, 1/94, 5-14
Kollek, R. (1996). Metaphern, Strukturbilder, Mythen. Zur symbolischen Bedeutung des menschlichen Genoms. In Trallori, L. N. (Hrsg.). Eroberung des Lebens. Technik und Gesellschaft an der Wende zum 21. Jahrhundert. Wien: Verlag für Gesellschaftskritik, 137-153
Muller, H. J. (1989). Zitiert im Oxford English Dictionary unter dem Stichwort ‚genetisch‘. Zitiert nach Gudding, 1996, 534.
Nelkin, D./Lindee, S. (1995). The DNA mystique. The gene as a cultural icon. New York: W.H. Freeman Company
Schrödinger, E. (1989). Was ist Leben? München: Piper (Original 1944)
Sturtevant, A.H. (1932). The use of mosaics in the study of the developmental effects of genes. Proceedings of the Sixth International Congress of Genetics. New York : Macmillan
Woods, D.R./Humphries S.E./Montgomery, H.E. (2000). The ACE I/D polymorphism and human physical performance. Trends in Endocrinology and Metabolism, 11(10), 416-20

Entkörperungen in der Moderne – Zur Genese des diagnostischen (Frauen-) Körpers zwischen Nachkrieg und heute

Barbara Duden

Das Schicksal des erlebten Körpers im Schatten der Biowissenschaften, ihrer Popularisierung und ihrer technischen Anwendungen ist mein Thema. Dieser Versuch einer Geschichte des Körpers in den medizinischen und biologischen Wissenschaften setzt Verständnis dafür voraus, wie sich parallel dazu die epochenspezifische leibhaftige Selbstwahrnehmung, die gegenwärtige Somatik verändert hat, ich frage also nach der Gegenwartsgeschichte des erlebten Körpers. Nun ist aber der Körper, so verstanden, ‚entweder überhaupt kein eigenes Thema, oder er umfasst so gut wie alle Themen'. Um dem Neologismus ‚Entkörperung' klare Umrisse zu geben, werde ich bei einem halben Dutzend gynäkologischer Selbst-verständlichkeiten ansetzen und danach fragen, was sie seit 1950 zum Selbstverständnis der Frau beigetragen haben (vgl. Bynum 1996).

Bevor ich dazu komme, muss ich den Standpunkt klären, von dem aus ich spreche. Erstens habe ich nämlich einen – einen Standpunkt meine ich. Zweitens habe ich diesen Standpunkt geprüft und ausgebaut. Beim Studium von Quellen aus dem 18. Jahrhundert ist er fundiert worden. Und drittens habe ich meine Heuristik in der Körpergeschichte von diesem Standpunkt aus betrieben. Ich habe in der kritisch-disziplinierten Distanzierung zu meiner Selbstwahrnehmung die Voraussetzung gefunden, um zu einem Verständnis der gegenwärtigen Somatik zu gelangen.

1. „... was glauben Sie denn sonst zu sein, wenn nicht ein Immunsystem?"

1. Vor wenigen Jahren hat mich ein Wortwechsel von der Notwendigkeit der eigenen Haltung in jedem Gespräch über den Körper überzeugt; das war ein Moment, an den ich mich nie erinnern werde ohne ein inneres Aufbrausen. Es war bei einem Podiumsgespräch bei der CUL-TECH Tagung in Essen. Ausser mir saßen noch drei andere um den Tisch. Einer von ihnen war Professor

XY, der soeben dargelegt hatte, dass seine Prominenz als Genetiker ihm bei der Ausübung des ärztlichen Berufes in die Quere kam. Seine Kompetenz als Genfachmann hatte aus dem Arzt, der diagnostiziert und therapiert, etwas Neues gemacht: eine Kreuzung aus Wahrsager, Trauerberater und Propheten. Er war ein witziger Mann. Ich wollte nicht dulden, dass er von seinen Patienten (stimmt nicht, ich sollte sagen, ‚seinen Klienten‘) nur als „Immunsystemen" sprach. Im so angezettelten Wortgefecht sagte er dann so nebenbei: „Ja, Frau Duden, auch Sie sind ein Immunsystem." Ich bat ihn, diese Frechheit zurückzunehmen. Daran war nicht zu denken. Der Kollege konnte kein Verständnis für mein Entsetzen aufbringen, er konnte nicht umhin mich zu belehren: „Frau Duden, was glauben Sie denn sonst zu sein, wenn nicht ein Immunsystem."

Ich weiß es. An diesem Punkt scheiden sich die Geister. Aber ich bitte die Leserin, mir zu glauben, ich bin kein System, ich bin Barbara Duden. ‚Ich‘ ist weder Immunsystem, noch ‚Frau‘, noch Risiko, noch auch ‚erlebter Körper‘. Wer daran nicht vorbei kommt, braucht nicht weiter zu lesen. Sie verliert ihre Zeit. Ich spreche so scharf, weil ich weiß, dass es das heute gibt: Menschen, die Funktionen, Algorithmen, Wahrscheinlichkeitsprofile hypostatisieren; die mathematische Zeichen als Subjekt in Aussagesätzen verwenden – die also sagen: er ..., sie ..., es ... *ist* ein Risiko, Barbara *ist* ein System. Mich empören derart kategoriale Fehltritte. Da lass ich mich noch lieber anmachen. Den Juckreiz des Anmachers kann ich verstehen, vielleicht ‚runterschlucken; die versuchte Entkörperung durch den Genetiker fordert von mir den Abbruch des Gespräches. Denn seine *misplaced concreteness*, seine verrückte Konkretion, mit der er *mich* als ein ephemeres Subsystem integriert, führt in eine ausweglose epistemische Falle. Wenn eine in dieser Falle sitzt, dann leidet sie unter der Wahrscheinlichkeit, die für sie ‚gilt‘. In dieser Falle wird sie, wie Emily Martin zeigt, vom Immunsystem infiziert, auch dann, wenn sie sich sträubt, eines zu sein (Martin 1994; vgl. Duden 1997).

So jemand lässt sich Autozeption suggerieren oder antrainieren. Ich hatte eine mir besonders liebe Studentin in der Geschichte: Ihr ‚naturidentisches‘ Körpergefühl war für sie zu einem hartnäckigen hermeneutischen Hindernis geworden. Es kam ihr beim Zuhören und beim Interpretieren der alten Hebammen in Tübingen in die Quere: Schon mit der Gleichsetzung von Hitzen und Temperatur begann ihre Schwierigkeit. So häufig begegne ich Frauen, die sich selber intuitiv nur mehr in dieser Falle verorten, dass ich manchmal versucht wäre, mich an diese Selbstobjektivierung zu gewöhnen. Und das will ich nicht.

2. Ich habe zuvor von ‚gegenwärtiger Somatik‘ gesprochen. Was meine ich mit ‚Soma‘? Ich bin leibhaftig da, heute sogar mehr als vor Jahren. Damals waren mir meine Studienobjekte, die toten Frauen in Eisenach, die tausend Patientinnen in der Praxis eines protestantischen Pedanten um 1730 verwirrend fremd. Was so einem Arzt zu Ohren gekommen sein soll, schien mir absurd. Die Adelige ebenso wie die Magd brachten eine Geschichte zum Arzt. Sie begannen den

Dialog mit einer Klage über ihre inneren Flüsse, die auf Abwege geraten, verstockt oder irrig waren. Stets war die Erwiderung des Arztes dialektisch, eine Frage, ein Ratschlag, ein Mittel. Die Frauen waren es, die um ihren Leib wussten, seine Geschichte kannten, sie erzählen konnten. Der Arzt gab ihnen Gehör. Die Frauen waren leibhaftig. Er nahm diese Leibhaftigkeit als Geschichte wahr, nur nebenbei, selten, ergänzte er sie mit dem Riechen am Urin. Und weil mir dieses Wort *leibhaftig* so unwissenschaftlich klingt, habe ich mir das griechische *soma* dienstbar gemacht. Ich spreche von der *Somatik* dieser Epoche oder jener, von den historischen Prägungen des *Somas*, von der *Somato-Genese*, von den Quellen, aus denen sich das *Soma* einer Epoche speist.

Jahrelang fand die Körperlichkeit der Eisenacher Frauen in mir keinen Widerhall. Ich kam zur Überzeugung, dass sich aus den Motiven meines Leibes keine Brücke schlagen lässt zurück zu den Klagen der toten Frauen. Das ist heute nicht mehr meine Meinung: nach Geduld und vielen Regesten. Den Frauenklagen von damals kann es gelingen, die Überbleibsel historischer Leibhaftigkeit in unsereinem zu wecken. Ich wage nicht zu sagen, dass es mir möglich geworden ist, die mir anerzogene wissenschaftliche Objektivität meinem Körper gegenüber in epistemische Klammern abzuschieben. Ich kann nicht umhin, etwas von ‚Befruchtung‘ und von ‚Einnistung‘ zu wissen, und die Überzeugung von Arzt wie Patient, dass es (mit Ausnahme der ersten Kindsregung) viele Dutzend Zeichen für Schwangerschaft gibt, von denen keines sicher ist, bleibt mir fremd. Aber ich meine doch, dass es mir immer besser gelingt, mir beim Studium alter Quellen meiner Vorurteile bewusst zu werden, meine Selbstverständlichkeiten sozusagen, in ‚epistemischen Gänsefüßchen‘ schräg zu setzen. Solche epistemische Anführungszeichen ermöglichen dann einen Fußhalt, vielleicht sogar einen Standpunkt zu finden, um sich an die Exegese des erzählten Körpers zu machen.

Ich versuche also die Schwierigkeit, als Historikerin ein Soma aufzustöbern, das jenseits der Wasserscheide liegt, diesseits derer die Medizin der Gesellschaft Körper als Objekte vermittelt und zur Verinnerlichung anbietet, dadurch zu lösen, dass ich die Archäologie des erzählten Somas einerseits und die disziplinierte Befremdung an meiner eigenen Objektivität andererseits gleichzeitig übe.

3. Neben der Verinnerlichung von ‚objektiven‘ Körperdefinitionen und dann dem Schwund eines somatisch gespeisten Egos gibt es ein drittes Hindernis zum historischen Verständnis: das narrative Wesen des historischen Somas. Geschichten, Erzählungen, Klagen und Berichte sind die Ausdrucksweisen des Somas. Die Tragik des erlebten Fleisches fordert Gehör. Das betont schon Aristoteles im Protest gegen Plato. Achtung, ich will hier keine professorale Schleife schlagen von Platos Ablehnung der *mimésis* im Theater zum Ausschluss des leibhaftigen Körpers aus der Naturwissenschaft, aber ich will davon erzählen, wie Aristoteles mich bleibend beeindruckt hat.

In der Poetik widerspricht er seinem Lehrer (vgl. dazu Smith 1997). Beim Theaterbesuch sollst Du Dich nicht, wie Plato meint, auf das Verstehen von

Worten beschränken, Du sollst Dich durch ihren Laut (eben nicht nur dem Wortlaut), ihren Rhythmus, ihre Betonung und ihre Melodie berühren lassen. Griechen konnten scheinbar in den Eingeweiden hören. Nur der, der es dem Dar-Steller – eben nicht, dem Schau-Spieler – erlaubt, ihn zu bewegen und hinreißen zu lassen, kann das, worauf es ankommt, *mimétisch* miterleben. Und das, worauf es ankommt ist, so Aristoteles in der Poetik, die Haltung des Helden im Strudel des Schicksals. Und diese ‚Angleichung', diese Verähnlichung zwischen dem inneren Geschehen im Gegenüber und im Selbst geschieht haptisch, im innen tastenden Fleisch. Nur wenn sie Dich erfasst, kann Tragödie heilend, *kathartisch* wirken. In dieser somatischen, sinnlichen Weise muss auch der Arzt in Thüringen noch im frühen achtzehnten Jahrhundert seine Patientin begreifen.

Das war vor der großen Wende, vor der Umstülpung, die bisher von Historikern übersehen worden ist: die Umstülpung von der dialektischen zur diagnostizierenden Praxis des Arztes, von der ‚dramatischen' Medizin, die Geschichten hört und ihnen ent-spricht, zu einer Medizin, die den Patienten beobachtet und dazu anleitet, sich selbst im diagnostischen Blick wahrzunehmen. Diese Umstülpung der medizinischen Praxis vom erzählten zum beobachteten, vom angehörten zum abgehorchten Patienten ist durch den Fokus der Medizingeschichte auf Theorie und nicht Praxis, auf den Paradigmenwechsel von einer ‚humoralen' zur ‚solidaren' Pathologie verdeckt worden. Es ist mir unmöglich, ein sich erzählend mitteilendes, orales und dramatisches Soma zum Objekt einer Naturwissenschaft zu machen, denn das wissenschaftliche Ideal der Objektivität muss den Erzähler ebenso wie die Erzählung verdächtigen (vgl. Daston 2001, zur Entstehung einer standpunktlosen Objektivität).

Der Versuch einer Exegese von 1600 Frauenklagen im Tagebuch eines Eisenacher Arztes hat mich mit Mühe, hapernd aus dem Schatten der Biologie geführt zu einem Standpunkt, von dem aus ich erst auf den Geschmack meiner eigenen somatischen Historizität kam. Die ist das Thema meines Beitrags, nicht der vom barocken Arzt und in etwa von mir begriffene humorale Körper der klagenden Schneiderswitwe vor bald 300 Jahren. Nur tastend und fragmentarisch gelingt es mir, die Angst vor der Verstockung und das Leiden an irrenden Flüssen in einer Sprache zu fassen, die in den Schlagschatten der Nachkriegswissenschaft und ihrer Popularisierung geraten ist; vor der Herausforderung aber, das Gegenteil zu tun, schrak ich lange zurück. Um das zu versuchen, will ich nicht von dem ausgehen, was Frauen heute, sondern was Rituale sagen. Ich frage nach der symbolischen Funktion von acht hygienischen Prozeduren, deren Form, so wie wir sie heute für Selbstverständlichkeiten halten, meiner Mutter zur Zeit meiner Geburt unbekannt waren. Anlässlich jeder Prozedur richte ich mein Augenmerk – mehr oder weniger willkürlich – auf nur eine ihrer körperbezogenen Funktionen. Diese Exegesen technischer Symbolik dienen mir wie acht Striche zur Skizze jener Gestalt, die sich als Frauenkörper anbietet.

Ich spreche von der Pille und nicht der Spirale, ich wähle Beratung zur Genetik und nicht zur Empfängnis, ich untersuche Krebs- und nicht Kreislauf-

Vorsorge, ich spreche von Hormonsubstitution und nicht von Prozac und tue dies nur deshalb, weil erstere mir rhetorisch besser in den Kram passen, um einen Fächer von typischen Mythologemen zu entfalten, die zusammengenommen das verinnerlichte Unwesen bezeichnen, das Cornelius Borck (1996) vielleicht mit dem „Alltagskörper" meint. Bork aber entgeht die Unvergleichbarkeit dieses zutiefst neuartigen ‚Körpers‘ mit dem Soma vergangener Epochen, weil ihm der Sinn für eine kulturell vermittelte, orale und nicht textbezogene Somatogenese fehlt, und er deshalb den Gegensatz zwischen einer dialektisch ‚gehörigen‘ und einer iatrogen-objektivierenden Praxis in der Medizin nicht versteht.

Der neue ‚Körper‘ ist schon deshalb historisch einmalig, weil er als ein mythopoetisches Konglomerat von institutionell vermittelten Bedürfnissen entsteht. Das sollen meine Beispiele ausführen. Ich versuche, die Umrisse dieser hygienisch belieferungsbedürftigen Konsumeinheit sichtbar zu machen, die sich heute ‚Frau‘ nennt. Um das zu erreichen, will ich einzelne Aspekte des gesundheitsbezogenen technischen Angebots als aussageträchtige Rituale interpretieren. Auf ihre Wirkmacht in dieser ‚De-Somatisierung‘ will ich die ausgewählten ‚hygienischen Prozeduren‘ untersuchen.

Warum nenne ich diese Prozeduren hygienisch? Vor zwanzig Jahren hätte ich sie wohl eher als Komponenten des Medizinsystems verstanden. Ich hätte den modernen Körper als iatrogenes, also von der Medizin gestaltetes Produkt verstanden. Das kann ich nicht mehr tun, auch wenn das Bundesverfassungsgericht im Urteil vom November 1997 zu einem juristischen Faktum gemacht hat, dass die Medizin in Deutschland – sage und schreibe – ‚Steuerungskompetenz‘ in Sachen Fortpflanzung hat.[1]

Vor 20 Jahren hatte die Medizin keine juridische Machtübernahme nötig. Sie hatte so etwas wie ein Monopol in der Körperpolitik. Ivan Illich hat damals den Begriff des ‚Radikalmonopols‘ geprägt. Damit meint er nicht das Monopol einer Marke von Autos, sondern den Ausschluss des Fußgängers vom Verkehr; nicht den Sieg von Coca Cola, sondern „the transformation of thirst into ‚gimme a Coke‘," (1996: 142f.).

Ein solches Radikalmonopol konnte die Medizin in Sachen ‚Körper‘ damals beanspruchen. Das hat sie an das ‚Gesundheitswesen‘ abgeben müssen: an eine Unzahl von Agenten, die es alle auf eine Verbesserung der Gesundheit abgesehen haben. Nicht iatrogen, ärztlich verursacht, ist die De-Somatisierung der Frau heute. Sie ist die Folge des Strebens nach Optimierung. Deshalb spreche ich von Hormonersatz und Pille, von Krebsvorsorge und Ultraschall als *hygienischen* Prozeduren, auch wenn das halbe Dutzend der von mir ausgewählten Techniken ökonomisch noch im Bereich der Medizin und symbolisch in dem der Wissenschaften verhaftet ist.

---

1   Im Beschluss des Ersten Senats des Bundesverfassungsgerichts vom 12.11.1997 (zur ärztlichen Haftung bei „fehlgeschlagener Sterilisation und fehlerhafter genetischer Beratung"), zur „Steuerungskompetenz" der Fortpflanzungsmedizin, siehe S. 21.

2. Der optimierte Körper

Bei der hormonalen Behandlung der Wechseljahre geht es nur selten um die Linderung eines akuten Unwohlseins. Worum es geht, ist ein Schluck aus dem Jugendborn und noch viel mehr um die Hoffnung, später, wenn mit dem Alter die Knochen brüchiger werden, ‚gesünder' zu sein. Die Werbestrategie der Pharmaindustrie versucht, ihren Hormonen den Charakter des Medikamentes zu nehmen. Die Firma Wyeth bezeichnet ihr Produkt als natürlichen Fitmacher, eine andere als ‚natürlichen Muntermacher' eine dritte als Mittel zur Hebung der Lebensqualität. Das Elixir soll verhindern, dass Frauen den nun biologisch definierten ‚Hormonmangel' – also Hitzen und dann Runzeln – hinnehmen müssen und verspricht, dass das Altern durch wissenschaftlichen Fortschritt verhindert werden kann. „Die ‚neue Wechseljahrsfrau' übernimmt Verantwortung indem sie sich richtig ernährt, bewegt und medikamentös hormonisiert" (Groth 1997: 9).

Emphatisch enthalte ich mich jeder klinischen Bewertung. Was und wie nützt das Zeugs? Wie und wie endgültig schadet dieser oder jener technische Zugriff? Das ist hier nicht mein Thema. Von unzähligen Interventionen ist dreierlei bewiesen: Das Versprechen einer neuen Möglichkeit entzündet die Phantasie der Konsumenten und bringt Geld; zur Routine geworden muss ein guter Teil des Einkommens zur Versicherung von ungewollter Schadensstiftung beiseite gelegt werden; in der historischen Bewertung besonders langlebiger Moden überwiegt der bleibende Schaden. Das zeigt sich ebenso in der Geschichte der Medizin wie der Landwirtschaft oder der Entwicklungsökonomie. Mir geht es nicht darum, was eine Technik chemisch tut. Mir geht es um eine Klärung des Mythos – hier des Mythos der Lebens-Optimierung – der durch technische Prozeduren am Körper ins Leben gerufen wird.

In sehr verschiedenen Weisen war traditionelle Vernunft von der Überzeugung getragen, dass Leben tragisch sei: von Aischylos, Aristoteles und Galen bis neulich. ‚Leid' war unabdingbar wie der Schatten. Nur wem ich sehr gut bin, zu dem kann ich auch sagen: „Ich kann Dich gut leiden". Heilkunst bestand darin, die Heilkraft der Natur zu unterstützen. Der Arzt konnte Schmerz lindern, das Altern und Sterben erträglich machen. Die Entgrenzung des Gesundheitsvorhabens in Verbindung mit dem institutionellen Versprechen des Forschrittes hat im Laufe der letzten Jahrzehnte dazu geführt, dass ‚Gesundheit' zu etwas Machbarem, immer-noch-nicht Erreichtem, einer mühselig erstrebten Enttäuschung geworden ist. Man ist nie optimal. Mit jeder Pille gegen die Alterserscheinungen schluckt man ein Versprechen, das nur enttäuschen kann. Das Streben nach Optimierung ersetzt einen selbstverständlich geplagten Körper durch einen, dem immer etwas fehlt.

3. Der kalibrierte, nein, besser der programmierbare Körper

Eine ganz andere Seite des Nachkriegskörpers kommt in den Blick, wenn ich an das tägliche ‚Pillenschlucken' von jungen Frauen nach 1957 und vor AIDS denke. Als 'potent drug for perfectly healthy women' wurde das Enovid von der Firma Searl auf den Markt gebracht. Was die Pille zu ‚sagen' hatte war ebenso neuartig wie ihre biologische und kulturhistorische Wirkung. Papieren, abstrakt klingt jeder Vergleich des Kondoms mit der Pille. Denn auch wenn die Frau zwischen Gummi und Hormon frei wählen kann, die beide beim Beischlaf die Empfängnis verhüten sollen, so wählt sie, ob sie mag oder nicht, zwischen Objekten aus zwei getrennten Epochen. Das Kondom ist ein Abkömmling anderer ‚Mittel', in einer Reihe mit dem Prostituierten-Schwämmchen des Spätmittelalters, dem Lämmerdarm des Flaneurs; die Pille hingegen hat aus der Perspektive der Technikhistorikerin keine Ahnen (vgl. Duden 2002).

Sie ist ein Wechselbalg unter den sogenannten ‚Mitteln'. Beim Aufkommen der Pille gab es in der Umgangssprache kein Wort für die ihr entsprechende Begrifflichkeit. Scherings Verkäufer wussten nicht, wie sie der Käuferin das neue Angebot mundgerecht machen sollten. Programmiersprache war fremder als Chinesisch. Mit dem Schlucken der Pille gibt die Frau ein chemisches Kommando, das ihre ganze Konstitution umstellt, das ihr Befinden, ihre Haltung, ihre Autozeption auf lange Sicht stabil verändert. Was die Pille besagt, bleibt vielleicht noch unwiderruflicher eingeätzt als das, was sie tut. Mit der Pille schluckt die Frau die epistemische Kategorie des kybernetischen Programmes. ‚Die Pille' ist weder Medikament noch Nährstoff noch Droge zur Belustigung, wie Alkohol oder Tabak. Sie wird nicht topisch eingesetzt wie das Aspirin oder Opium. Sie ist auch kein Placebo, kein Kosmetikum – was aber dann? Sie ist so etwas wie ein Befehl an den eigenen Körper, sich als ‚System Frau' umzustellen. Und das hat sie erstmals für ganze Alterskohorten bewerkstelligt, Kohorten von Frauen.

4. Die Verkrebsung des Körpers

Ich habe das Wort ‚Verkrebsung' geprägt, um auf Einladung von Frau Maschewsky-Schneider in meinem Beitrag zur Internationalen Krebsgesellschaft in Frankfurt 1997 von den somatischen Folgen des – im Kongress propagierten – weiblichen ‚Krebs-Bewusstseins' zu sprechen. Mein Vortrag wurde nicht in den Kongressband aufgenommen. Ich verwende aber das Wortungetüm wieder, um über die Interpretation der Vorsorge nochmals auf eine andere Facette des präzedenzlos neuen Frauenkörpers hinzuweisen. Während die menopausale Umstellung dazu dient, von der Optimierung der Gesundheit als Flucht vor dem eigenen Altern zu sprechen, erlaubt es die risiko-getriebene

Vorsorge, das Grauen vor den im eigenen Körper schon angelegten Möglich-
keiten zu wecken. Die durch das Bewusstsein des statistisch errechneten
Krebsrisikos vorweggenommene Zukunft trübt die Befindlichkeit im Jetzt, im
‚Da‘-Sein.

Das somatische Ego der Frauen in Doktor Storchs Praxis mag am Tag ih-
rer Visite sein Gleichgewicht verloren haben. Unzähligen Aussagen dieser
Frauen entnehme ich eine tiefe Sicherheit im Glauben an die Heilkraft der
Natur, die jede Stockung verflüssigen kann. In krassem Gegensatz zu diesem
‚Selbstvertrauensvotum‘ sind Frauen heute von einem Statistikum fasziniert,
das jenseits jedes Erfahrungshorizontes liegt. Die Frau, die durch Vorsorge-
Programme auf das eigene Risiko hin trainiert wurde, ist einem Autofahrer
vergleichbar, dessen Aufmerksamkeit starr auf einen vorausliegenden Punkt
der Straße gebündelt ist. Sie fixieren die nur statistisch bedeutsame Wahrscheinlichkeit der Inzidenz eines Tumors in einer Bevölkerungsgruppe. Nicht
die ihnen innewohnende Heilkraft, sondern das in ihnen angelegte Übel bestimmt zunehmend das Lebensgefühl.

5. Der konsumabhängige Körper

Ein entscheidendes Charakteristikum des neuen Frauenalltags ist seine waren-
förmige Bedürftigkeit; die Definition des Frauenkörpers durch die Abhängigkeit seiner Funktionen von institutionellen Dienstleistungen. Noch vor kurzem
war ‚Medikalisierung‘ ein Begriff, um von diesem körperdefinitorischen
Konsum zu sprechen. In wenigen Jahren aber sind sowohl Angebot wie Nach-
frage im Dienst der Gesundheits-Optimierung dem medizinischen Bereich
entwachsen.

Sehr deutlich wird das im Falle der Schwangerschaft, die bis in meine
Studienzeit nur selten als eine dienstleistungsbedürftige Epoche im Frauenle-
ben verstanden worden ist. Die meisten Frauen wurden schwanger, waren
guter Hoffnung und wandten sich zur rechten Zeit an eine Hebamme. Diese
selbstsichere Unabhängigkeit der Frauen von professionellen Leistungen erscheint den meisten Schwangeren heute romantisch oder utopisch: Sie meinen, Kontrollen zu brauchen. Diese Kontrollen sind in den meisten Fällen
schon lange nicht mehr ‚ärztlich‘ notwendig, sie sind Teil des Umbaus des
Frauenkörpers zu einer Konsumeinheit.[2]

---

2   Janelle Taylor (2000) untersucht sehr eindrucksvoll, wie medizinische Techniken –
zum Beispiel der Ultraschall – konsumiert werden, ebenso das kommende Kind als
Konsumeinheit gedacht und die Schwangerschaft zu einer besonderen Periode spezi-
ellen Konsums werden.

6. Der entsinnlichte Körper

Die meisten deutschen Frauen fordern, als Schwangere diagnostiziert zu werden noch bevor sie guter Hoffnung sein konnten. Die Schwangerenvorsorge, zu der Versicherungen noch um 1970 Frauen mit Prämien locken mussten, ist zu einem sozialen Anspruch geworden. Sehr viele haben ihren Fötus am Bildschirm beobachtet lang bevor sie eine Kindsregung verspürt haben. Viele meinen, wirklich mit dem Sonar in ihr eigenes Innere ‚gesehen' zu haben, obwohl sie wissen müssten, dass der Bildschirm ihnen nur eine optische Verkartung von Dichtemessungen ihrer Gebärmutter zeigt. Daran ist allerhand neuartig:

(1) das wachsende – oft dringende – Bedürfnis, über den Zustand des eigenen Körpers diagnostisch aufgeklärt zu werden;

(2) die zunehmende Verschiebung von einer haptisch-taktilen zu einer visuell-kartierenden Autozeption: der Übergang vom inwendigen Erleben der ersten Kindsregung zur angeleiteten Selbstzuschreibung einer Diagnose und die Gewöhnung an das Sehen von Unsichtbarem;

(3) der fast gänzliche Schwund der Synaisthesie in der Wahrnehmung des Körpers, wodurch es der Frau immer schwerer wird, in ‚guter Hoffnung' ‚bei sich' zu sein.

7. Der fleischlose Körper (‚Ein Leben')

Es ist erstaunlich, dass zwanzig Jahre hitziger Debatten zum Schwangerschaftsabbruch in der deutschen Rechtsprechung ebenso wie in der Frauenpolitik an den einzigartig deutschen, körperhistorischen Konsequenzen der richterlichen Entscheidungen in dieser Sache blind vorbei reden konnten. Das deutsche Recht zeichnet sich heute dadurch aus, dass es ein Un-Wesen zum juristischen Faktum gemacht hat.

Im Mai 1993 hat das Bundesverfassungsgericht den ersten Artikel des deutschen Grundgesetzes reinterpretiert. 1949 wurde jedem *Menschen* dort das Recht auf Leben zugesichert. Nun übernimmt der Staat Schutzpflicht über das *ungeborene menschliche Leben*. In ihrer Urteilsbegründung haben die obersten Richter auf den Ausnahmestatus ihrer Entscheidung verwiesen: „Der Staat sieht sich vor die Aufgabe gestellt, Leben zu schützen, von dessen Existenz er nichts weiß." Mit dieser höchstrichterlichen Setzung wird das nur durch den Wissenschaftler bezeugte, also dem Richter nur vom Hörensagen bekannte Genom zum Subjekt des deutschen Grundrechtes. Das, was mir erklärungsbedürftig scheint, ist die Gleichgültigkeit, mit der diese nun fünf Jahre alte Entscheidung hingenommen wurde. Das indolente Schweigen meiner Kolleginnen zu dieser Verbeugung des Gerichtes vor dem Laboratorium kann ich nur als Folge einer gesellschaftsweiten Taubheit dem Fleisch gegenüber deuten. Denn entweder wird hier *Bürger* zu einem fleischlosen Subjekt oder das, was den Bürger zum Subjekt macht, nämlich sein leibhaftiges Dasein, ist nicht mehr evident; es erfordert von nun an das Zeugnis eines Experten.

Als wenn es nicht genug wäre, den leibhaftigen Menschen als ein Abstraktum, als ‚ein Leben‘ zu redefinieren, bestimmt das deutsche Gesetz, dass eine Schwangerschaft nur dann unterbrochen werden darf, wenn eine Frau sich einer sogenannten ‚Beratung‘ unterzogen hat: also einer Art manipulativer Predigt darüber, dass die an ihr diagnostizierte Schwangerschaft sie zum Umfeld ‚eines Lebens‘ hat werden lassen – in den Worten der Richter „zu einer singulären Symbiose zwischen Mutter und Kind“ einer „Zweiheit in Einheit“. Neben dem Schulzwang im Dienste der Bildung rückt nun der Beratungszwang im Dienst einer ideologischen Zuschreibung der Qualität eines Neuen Lebens, von dessen Existenz die Mutter selbst ebensowenig wissen kann wie der Richter. Von der Frau wird etwas ganz Neues gefordert: Der Verbleib in einer Schwangerschaft soll für sie durch die Beratung zur Option werden. Beratung ist die Chiffre für die gesetzliche Verankerung der Entkörperung des bisher als Epoche, als Dauer, als Spanne von Frauen erlebten ‚anderen‘ Zustandes.

8. Das wahrscheinliche Monster (Genetik)

Bei der genetischen Beratung handelt es sich nicht mehr – wie vor der Abtreibung – um ein gesetzliches Mandat zur Frauenunterweisung, sondern um ein öffentlich finanziertes Angebot zur sogenannten ‚Entscheidungshilfe‘, die eine Frau beanspruchen kann, bevor sie das ihr imputierte ‚Leben‘ der Qualitätskontrolle unterwirft. Wie aus Silja Samerskis Textanalyse der Protokolle von 28 solcher Beratungen hervor geht, ist der Effekt dieser Dienstleistung noch viel subtiler und intensiver entkörpernd als die soeben besprochene, staatliche Katechismusstunde zum ‚Leben‘ (Samerski 2002).

Der Berater ist Arzt mit mehrjähriger Spezialausbildung in Genetik und geübt darin, jeden Soll-Satz zu vermeiden. Wenn er diese Vorkehrung nicht trifft, könnte er zur Zahlung von Alimenten verurteilt werden. Aber ebenso muss er sich jedes Ist-Satzes enthalten! Er weiß, dass Genetik ihm nichts Wirkliches, Konkretes, Fleischliches über den Ausgang dieser Schwangerschaft zu sagen erlaubt. Er kann nur von Wahrscheinlichkeiten dieser oder jener Eventualität in einer Population sprechen.

Aus den Protokollen entnehme ich, dass auch heute noch Frauen Hoffnungen, Wünsche, Träume hegen, auch Ängste, „hoffentlich wird es nicht Pauls abstehende Ohren haben, oder Suses zu groß geratene Nase!“ Um die Kluft zu verstehen, die in diesen Beratungen sich zwischen dem Techniker und der Frau öffnet, muss man solche Protokolle gelesen haben. Im zweistündigen Wortaustausch kommt es zu keinem Gespräch. Es kann zu keinem kommen, denn Probabilitäten und Hoffnungen passen in keinen gemeinsamen epistemischen Rahmen. Nicht einmal von einem Kommunikations-Vorgang lässt sich sprechen. Mein Faxgerät hat den Empfang meiner Zusage zu diesem Artikel bestätigt – nichts dergleichen geschieht in diesem ‚Interface‘. Und doch geschieht hier etwas, bleibt etwas hängen: die dunkle, unsagbare Angst vor einer genetischen Abweichung – das Kind kommt im Schatten eines wahrscheinliches Monsters. Ich weiß zu wenig über diese offenbar immer tiefer einschneidende Angst, das Misstrauen dem Leiblichen und Werdenden gegenüber, das die Schwangeren in die Beratungsstellen treibt, obwohl niemand sagen kann, wie das Kind wirklich werden und ob es ‚gesund‘ sein wird. Es scheint mir, als sei diese neue, antrainierte Angst vor dem möglichen ‚Monster‘ ein Zeichen für einen tiefen Verlust an somatischem ‚Wissen‘.

9. Die Produzentin der Ungeborenen

Es fällt mir schwer, an achter Stelle von der Geburt als ‚hygienischer Prozedur‘ zu sprechen. Denn Gebären ist etwas, was Frauen einmal konnten: „(...) etwas was sie tun muss, und was dennoch über sie kommt – wie die Liebe", sagt eine alte Hebamme und fährt fort: „Die Frauen können das nicht mehr." Eine andere, im Schwarzwald: „Das geht heute nicht mehr. Gegen Technik und Spezialisten lässt sich nicht ankommen, (...) die sind immer besser". Und eine andere: „In der Klinik, die hen elles – da ist alles da." Dass dieser Art Urteil über die Verwandlung des Frauenkörpers von noch lebenden, früheren Hausgeburtshebammen kommen soll, macht mich tief traurig. Verstohlen und gründlich hat die Optimierung da mit dem Soma aufgeräumt.

Eine dritte Hebamme aus der Nähe Stuttgarts erinnert sich noch daran, wie's war vor der ‚Klinik‘. Und ‚Klinik‘ spricht im Wortsinn sowohl vom sich Hinlegen vor dem Arzt wie auch von der Unterwerfung: „(...) viele sind damals zu uns zur Geburt gekommen, die noch nie bei einem Arzt wared. (...) Da war die Meinung: Geburt isch a ganz normale Sach, ‚s wird scho werde. Anders wie heut (...) des hat mer zuerschd einführe müssen, dass die Fraue sich kontrolliere lasset." Und wieder eine andere: „Geburt (...) des ham mir selber gemacht."[3] Und noch eine aus dem Uri in der Schweiz: „wir mussten dann halt, in Gottes Namen, warten, warten" (Töngie 1992: 50, vgl. 1993).

Das war im reichsten Sinne *Somatogenesis*, Fleischwerdung, ein Vorgang unter Frauen, der jeder ‚Vergesellschaftung‘ voraus geht. Etwas, was beide Frauen konnten. „Dabei schwitzt mer Blut" sagt Frau Schroth, aber sie wusste, was sie (bei dieser Steisslage) machen musste. Sie beschreibt dieses Wissen als ‚Blitzgedanken‘. Mit diesem Wort wird eine Form des intuitiven, im Moment aktualisierten ‚Wissens‘ angesprochen, das „zwischen Kopf und Händen zu sitzen scheint" (zit. nach Köber 1995: 42).

Das ist nicht, was heute bei einer Hausgeburt vor sich geht, zu der nicht nur die professionelle Hebamme, sondern eventuell auch die Mutter ausgebil-

---

3   Christine Köber hat diese Gespräche mit Hebammen geführt (siehe Köber 1995).

det worden ist. Im Köfferchen der Hebamme sind alle Geräte, die nötig sind
für eine Klinikgeburt im Kleinen, für die Simulation eines – soll ich sagen:
‚traditionsidentischen' – Vorgangs. Warum sage ich das? Weil ich meine, was
an traditionellem, somatischem Können bei der Geburt in den letzten zwei
Jahrzehnten verloren gegangen ist, das lässt sich nicht wieder erlernen.
    Zu Beginn habe ich von meinem Standpunkt gesprochen. Vom Stand-
punkt der Historikerin als dem mir notwendigen Ausgangspunkt zur Histori-
sierung des Frauenkörpers im Schatten der biologischen Wissenschaft und
Propaganda. Ich habe dann acht rezente hygienische Prozeduren angesprochen. Die Deutung der symbolischen Aussage dieser einzelnen Techniken hat
es mir erlaubt, verschiedene Aspekte der weiblichen Existenz zu beleuchten
und sie zum Hilfskonstrukt der ‚entkörperten Frau' zusammenzusetzen. Das
Modell, das sich dabei abgezeichnet hat, ist aus meiner Perspektive eine trau-
rige Gestalt. Nicht alle sehen das so. Vielen sprechen die Prozeduren von Positivem: von Entscheidung, Optionen, Freiheiten, Wissen, Handlungsmöglichkeiten, Gesundheit und Selbstbestimmung der Frauen heute. Diese Bewertung kann aber nur diejenige vertreten, der es gelingt, sich mit dem Modell der ‚entkörperten Frau' zu identifizieren und sich so in den Schatten einer
optimistischen Biowissenschaft zu stellen. Im Licht der Vergangenheit aber
wird sichtbar, für welchen ungeheuren Umbruch ihrer Selbstwahrnehmung
die Frauen heute den Stoff abgeben sollen, und dagegen wende ich mich. Ich
meine, dass wir uns diesen Spuk vom Leib halten sollten.

Literatur

Borck, C. (1996). Anatomien medizinischer Erkenntnis. Der Aktionsradius der Medizin
    zwischen Vermittlungskrise und Biopolitik. In Borck, C. (Hrsg.). Anatomien medizini-
    schen Wissens. Medizin, Macht, Moleküle. Frankfut/Main: Fischer, 30ff.
Bynum, C. (1996). Warum das ganze Theater mit dem Körper? Die Sicht einer Mediävi-
    stin. Historische Anthropologie. Kultur, Gesellschaft, Alltag, 4 (1), 1-33
Daston, L. (2001). Objektivität und die Flucht aus der Perspektive. In Daston, L. (Hrsg.).
    Wunder, Beweise und Tatsachen. Zur Geschichte der Rationalität. Frankfurt/Main: Fi-
    scher, 127-155
Duden, B. (1997). Postmoderne Entkörperung: Das System unter der Haut. Anmerkungen
    zum körpergeschichtlichen Bruch der 1990er Jahre. Österreichische Zeitschrift für Ge-
    schichtswissenschaft, 8 (2), 260-273
Duden, B. (2002). Von ‚der' Pille und unserem ‚Zustand'. In Duden, B. Die Gene im Kopf,
    der Fötus im Bauch. Historisches zum Frauenkörper. Hannover: Offizin 2002 (zuerst in
    Staupe, G./Vieth, L., Hrsg., Die Pille. Von der Lust und von der Liebe. Hamburg: Ro-
    wohlt, 67-79)
Groth, S. (1997). Die Hormonisierung der Wechseljahre: Vom Defizitansatz zum selbstbe-
    stimmten Umgang. Manuskript zur Ringvorlesung in Graz, 1997, 9
Illich, I. (1996). Geplante Armut als Frucht technischer Hilfe. In Illich, I. Klarstellungen.
    Pamphlete und Polemiken. München: Beck (zuerst erschienen 1970 in Celebration of
    Awareness)

Martin, E. (1994). Flexible bodies: tracking immunity in American culture: from the days of polio to the age of Aids. Boston: Beacon Press

Samerski, S. (2002). Die verrechnete Hoffnung. Münster: Westfälisches Dampfboot

Smith, P.C. (1997). From acoustics to optics: the rise of the metaphysical and demise of the melodic in Aristotle's poetics. In Levin, D.M. (ed.). Sites of vision. The discoursive construction of sight in the history of philosophy. Cambridge/Mass: MIT, 69-91

Taylor, J. (2000). Of sonographs and baby prams: prenatal diagnosis, pregnancy, and consumption. Feminist Studies, 26 (2), 391-418

Töngie, C. (1992). Im Zeichen der Geburt – Eine kulturanalytische Untersuchung der Vorgänge um den weiblichen Körper, basierend auf den Erfahrungen und Erinnerungen dreier Urner Hebammen und einer Bäuerin um die Mitte des 20. Jahrhunderts. Eine Oral History Studie. Unveröffentliche Lizentiatsarbeit, Basel

Töngie, C. (1993). Im Zeichen der Geburt. Der Ort des weiblichen Körpers in Gefährdungsvorstellungen am Beispiel eines Urner Bergdorfes. Historische Anthropologie, 1 (2), 250-272

Kapitel III
Materialität, Differenz, Subjekt –
feministische Konzepte

‚Neuerfindungen der Natur' – Chancen und Grenzen transformierender Konzepte*

Carmen Gransee

Reflexionen über Natur- und Körperkonzeptionen haben Hochkonjunktur. Der materiell-leibliche, historisch-kulturell vermittelte (Natur-)Körper ist zu einem zentralen Kristallisationspunkt feministischer theoretischer Auseinandersetzungen in den Kultur- und Sozialwissenschaften wie in der Philosophie avanciert. Zwar gehören kritische Infragestellungen essentialistischer Natur- und Körpervorstellungen längst zum unhinterfragten Repertoire feministischer Theoriedebatten; sie gewinnen allerdings angesichts der Herausforderungen von Gentechnologie und Biomedizin ein neues Gewicht. Die informationstechnologisch inspirierten Naturkonzepte unterlaufen die Grenzziehung zwischen ‚Natur' und ‚Technik'. Die Vision einer Überwindung von ‚Natur-Grenzen', die mit dem technologischen Apriori der Neukonzeption und -kreation von ‚Natur' einhergeht, wird einerseits als Inbegriff neuzeitlicher Naturbeherrschungsphantasmen kritisiert.

Andererseits gibt es durchaus zahlreiche Theoretikerinnen, die den subversiven Potenzialen transformierender Körper- und Naturkonzeptionen nachspüren. Die Identifizierung von ‚Natur' und ‚Weiblichkeit' wird beispielsweise in dem Moment anachronistisch, wenn der Gegensatz zwischen ‚Natur' und ‚Kultur', zwischen ‚Natur' und ‚Technik' unter dem Primat des Technischen sich aufzulösen und Generativität nicht mehr an den Frauenleib gebunden zu sein scheint. Die Implosion der modernen Dichotomien wie Natur-Kultur, Materie-Geist, Organismus-Maschine, die Vermischung von technowissenschaftlichen Narrationen und Kreationen, die mit der biotechnologischen Entwicklung konstatiert wird, enthält Ambivalenzen, die es aus feministischer Perspektive weiter auszuloten und zu nutzen gilt. So sieht es auch die US-amerikanische Wissenschaftstheoretikerin Donna Haraway, deren Thesen ich in meinem Beitrag diskutieren werde.

1. Dichotomien in Bewegung

Der in die moderne okzidentale Zivilisation eingeschriebene Gegensatz von Natur und Kultur verweist auf die Dichotomie von Körper und Geist und steht in einem inneren Zusammenhang zu geschlechtlich konnotierten Grenzziehungen und Hierarchisierungen. Es ist kein Zufall, dass sich feministische Wissenschaftskritik in den letzten Jahren verstärkt den Entwicklungen in den Naturwissenschaften zugewandt hat. Das wissenschaftskritische und -historische Interesse speziell an biologischen, evolutionstheoretischen oder molekulargenetischen Entwürfen und Forschungen scheint nahe liegend, weil in den jeweils spezifischen Diskursen doch auch ganz grundlegende Vorstellungen vom ‚Körper‘, von ‚Natur‘, von ‚Reproduktion‘ oder von ‚Entwicklung‘ und ‚zivilisatorischem Fortschritt‘ entworfen werden, die geschlechtsspezifische Imprägnierungen aufweisen (vgl. Becker-Schmidt in diesem Band).

Im Zuge der technologischen Entwicklungen, durch die sich die Konstruktions- und Wahrnehmungsformen in der Medizin, in den Biowissenschaften und speziell der Molekularbiologie grundlegend gewandelt haben, ist auch eine einschneidende Veränderung in den Naturkonzeptionierungen zu konstatieren. Sie zeichnet sich durch eine zunehmende Präponderanz informationstheoretischer Naturmodelle aus. Denaturalisierung der ‚Natur‘ ist das Kürzel für die vorherrschenden Optionen, die dem Naturbeherrschungsparadigma nach wie vor verpflichtet sind. Diese Entwicklungen in Biomedizin und Molekularbiologie verweisen mehr oder weniger explizit auch auf Fragen, die den okzidentalen Dualismus von Natur und Kultur grundlegend betreffen. Denn die Modelle in der Naturtheorie zeichnen sich durch eine Vermischung von ehemals klar geschiedenen dualistischen Konstruktionen aus: Materie ist nicht mehr von ihrer informationstechnologischen Kodierung trennbar, ‚Natur‘ nicht mehr von ihrer (gen-)technologischen Herstellung.

2. Der Begriff des Lebendigen in den Diskursen der Molekularbiologie

Ist einerseits *Natur an sich* eine Abstraktion, die wir zu denken genötigt sind, um der Äußerlichkeit und Unabhängigkeit der ‚Natur‘ vom Erkenntnissubjekt Rechnung zu tragen (vgl. Habermas 1968: 47) – und somit anzuerkennen, dass es ‚so etwas wie Natur gibt‘ –, so ist andererseits ‚Natur‘, wie sie als Gegenstand der Naturtheorie erscheint, eine Konstruktion, und zwar eine höchst voraussetzungsvolle und gesellschaftsgeschichtlich bestimmte. Sie ist allein in ihrer Vermitteltheit mit Erkenntnis leitenden und methodologischen Prämissen und den gesellschaftlichen Bedingungen der Erkenntnisproduktion bestimmbar (vgl. Schultz 1992: 26).

Wie grundlegend sich die gesellschaftlichen Theoretisierungen der Natur verändern, hat sich im Übergang von den Naturvorstellungen der Renaissance zum mechanistischen Welt- und Naturbild der bürgerlichen Epoche gezeigt. Heute scheint sich ein ähnlich fundamentaler Wandel der Naturthematisierungen in den systemtheoretisch und informationstechnologisch inspirierten Naturkonzepten zu vollziehen (vgl. Becker-Schmidt 1995; Wilke 1994). Im Zuge dieser Veränderungen erfahren auch die zentralen Begriffe der Biologie wie zum Beispiel der des Körpers, des Organismus, der Krankheit und des Lebendigen eine Umdeutung. Informatisierte Modelle vom Körper in der Biomedizin und Molekularbiologie oder computergesteuerte Programme zur Visualisierung bislang unsichtbarer Organe und Gehirnpartien zum Zwecke operativer Eingriffe sind längst keine Zukunftsvisionen mehr. Den ,Körper als Text lesen', die DNS ,als genetischen Code knacken', sind gängige Beschreibungen dessen, was in der medizinisch-biotechnischen Forschung Praxis ist.

1944 schrieb der österreichische Physiker Erwin Schrödinger mit seinem Aufsatz „Was ist Leben?" das physikalisch-biologische Forschungsprogramm des Lebendigen fest. Seine Vermutung, dass es die Gene sind, die es in ihrer Wirkungsweise im Mechanismus der Vererbung zu untersuchen gilt, um die Frage der elementaren Lebensvorgänge beantworten zu können, sollte für den späteren (Mit-)Entdecker der Doppel-Helix-Struktur der DNS Francis Crick richtungsweisend werden (Watson 1968). Auch war es Schrödinger, der erstmals mit dem Begriff des genetischen *Codes* operierte und damit die Bedeutung der physikalischen Natur der genetischen Information hervorhob. Im Jahre 1953 wurde die Doppel-Helix-Struktur des Erbmaterials, der Desoxyribonukleinsäure (DNS), von James Watson und Francis Crick entdeckt. Mit der Feststellung der chemischen Zusammensetzung der DNS und der These, dass sie den materiellen Träger des Erbmaterials, der Gene, darstellt, war das Programm der Molekularbiologie in seinen Anfängen geschrieben. Die Entdeckung der Doppel-Helix-Struktur der DNS verhalf dem Begriff der Erb*information* zu einem gewichtigen Status. Dieser neue Status des Begriffs der genetischen Information setzte sich durch für die weitere Erforschung des Lebendigen (Kollek 1994).

In dem Maße, wie Vorstellungen von lebendigen Organismen zunächst auf ihre kleinste Einheit, das Gen, reduziert wurden, zeigte sich die Vereinseitigung der Forschung und das konzentrierte Interesse an den Erb*informationen* bereits an. Die DNS wurde in diesem Sinne als *Information*ssystem konzipiert (vgl. Scheich 1993), dessen Kode es nur zu *knacken* galt, um weiter gehende Eingriffe oder *Korrekturen* in Naturprozesse vornehmen zu können. Die „soziomorphen Modelle" (Satzinger 1994) in den Naturwissenschaften transformieren sich in technomorphe Modelle. Die Theoreme der Molekularbiologie erscheinen gemäß der rasanten Entwicklung neuer Technologien anpassungsfähig: Aus der Erforschung des ,Heiligen Grals'[1] als *dem* ,Geheimnis des Lebens' wurde ein Forschungsprogramm über den lebendigen Organismus als Netzwerk von Kommunikationsprozessen, Koordination und Funktionalität. Unbestreitbar hat die (informations-)technologische und system-

---

1 Der ,Heilige Gral' ist eine Metapher für das menschliche Genom, die von dem Nobelpreisträger Walter Gilbert 1986 geprägt wurde. Sie verweist auf den Gralsmythos gegen Ende des 12. Jahrhunderts. Demnach symbolisiert der heilige Gral Lebenskraft, ewige Jugend und Gesundheit (Keller 1996; Kollek 1994).

theoretische Durchdringung der Wissenschaften vom Leben einschneidende
Veränderungen bewirkt.

Die systemtheoretische Betrachtungsweise lebender Organismen geht,
folgt man der wissenschaftshistorischen Darstellung von Herbig und Hohlfeld
(1990), bis auf die 1920er Jahre zurück, im Besonderen auf die Schriften von
Ludwig von Bertalanffy. Bertalanffy operierte mit Begriffen wie dem des *of-
fenen Systems* und des *Fließgleichgewichts* und betonte die Austauschvorgän-
ge zwischen lebenden Systemen mit ihrer Umwelt. Er formulierte zugleich
die grundlegende Kritik am mechanistischen Maschinenmodell, die im Kern
darauf zielt, dass das *Werden* des Organismus in derartigen Theoriemodellen
ausgeblendet bleibt (vgl. Herbig/Hohlfeld 1990: 307f.; Palm in diesem Band).
Bei der Ablösung des mechanistischen Maschinenmodells durch das informationstheoretische Automaten- oder Computermodell ist die Bedeutung der alles kodifizierenden Information entscheidend.

Mit der Etablierung system- und informationstechnologischer Theoriekonzepte in der Biologie haben sich zugleich die Vorstellungen von Organismen sowie vom Körper grundlegend gewandelt. Die Molekularbiologie hat
eine neue Vision etabliert, deren Inhalt die umfassende Kontrolle und Steuerung des Lebendigen ist (vgl. Lösch 2000). Diese Denkmuster sind beispielsweise dadurch charakterisiert, dass von den gesellschaftlichen Bedingungen von Krankheitsentstehung und -entwicklung abstrahiert wird. Physi-
sche und psychische Erkrankungen, als unerwünscht deklarierte Bewusst-
seinszustände und Affektlagen, erscheinen als technisch behebbare Defekte
(vgl. Braun 1998: 162) – und die Frage drängt sich auf, wann denn auch der
Tod als ein technisch zu behebender Makel der Evolutionsgeschichte imaginiert wird (vgl. Kollek 1994).

Diesen mit dem informationstechnologischen Begriff des Lebendigen
untrennbar verknüpften Denkmustern ist ein eindimensionales Menschenbild
ebenso eingeschrieben, wie sie Phantasmen der Naturüberwindung als psy-
cho-genetische Untergrundfolie haben. Reduktionistische Theoriemodelle der
synthetischen Biologie und eine molekularbiologische Rhetorik, die technologische Visionen wie Zukunftsphantasien (science fiction) als realitätsgerecht
erscheinen lassen, künden von dem postbiologischen Zeitalter. In diesen Visionen erscheint die Substitution von ‚Natur' machbar.

3. ‚Artefaktische Natur' – Haraways Kritik identitätslogischer Konstruktionen von ‚Natur'

Folgt man der Argumentation Haraways, so bringen die Werkzeuge der Kom-
munikations- und Biotechnologien unter Einbezug der bedeutungsgenerieren-
den Potenziale aller Akteure – von der Labormaus, der Bombe, dem Genom –
die trennscharfe Grenze zwischen Natur und Kultur, zwischen Organischem
und Technischem zum Verschwinden:

„Kommunikationswissenschaft und Biologie sind Konstruktionen natürlich-technischer Erkenntnisobjekte, in denen die Unterschiede zwischen Maschine und Organismus durch und durch verwischt sind – Geist, Körper und Werkzeug sind aufs innigste vereint" (Haraway 1984: 167).

Das, was einst als biologische Entität wahrgenommen, bezeichnet und analysiert wurde, ist seit Mitte dieses Jahrhunderts durch gravierende Wandlungen gekennzeichnet. Haraway geht vom Zusammenbruch dreier Grenzziehungen aus, die im Kontext der US-amerikanischen Wissenschaftskultur im ausgehenden 20. Jahrhundert obsolet geworden sind: 1. die Grenze zwischen Mensch und Tier, 2. die Grenze zwischen Organismus und Maschine und 3. die Grenze zwischen Physikalischem und Nichtphysikalischem (1985: 36ff.). Die biologischen Erkenntnisobjekte haben sich im Übergang zur informationstechnologisierten Gesellschaft zu „kybernetischen Befehls- und Kontrollsystemen" (Haraway 1982: 158) entwickelt.

Die Entwicklungen in der Immunbiologie beispielsweise und die dort vorherrschenden Konzeptionen von Organismen als polymorphe Selbsterkennungssysteme stellen für Haraway ein Paradebeispiel dafür dar, dass sich in der postmodernen Biologie denaturalisierte Modelle von Natur durchgesetzt haben (vgl. 1989: 185ff.). Abstrakte Naturtheorie, die vor dem Hintergrund des informationstechnologischen Apriori ihre Gegenstände in Kodierungsprogramme übersetzt und die zudem den gesellschaftlichen Prämissen eines Produktivitätsparadigmas und der Verwertungslogik untersteht, kreiert ihre eigenen Schöpfungsmythen – Mythen, die dem Übergang ins 21. Jahrhundert adäquat erscheinen.

Diese Schöpfungsmythen oder -narrationen unterscheiden sich strukturell nicht von denjenigen der neuzeitlichen Naturwissenschaften, die sich ganz im Sinne Bacons an der Erfindungsgabe der ,Natur' orientiert haben. Denn das grundlegende Motiv ist das gleiche geblieben: Naturbeherrschung. Die Kontinuität dieses Motivs wird auch bei Haraway nicht unterschlagen, wenn sie von den *vermachten Gesetzesverhältnissen* spricht, die den instrumentellen Naturumgang kennzeichnen. Dennoch ist zu fragen, ob der optimistische Zug ihres Ansatzes nicht auf einer Unterschätzung der Bedeutung dieser Kontinuitäten beruht, die – jenseits aller Wandlungen und Entwicklungen in den Naturtheorien – weiterhin dem Naturbeherrschungsparadigma verpflichtet sind.

Dem Narrationsansatz Haraways zufolge hängt die Neuverhandlung des *Faktums Natur* in den Naturwissenschaften von plausiblen, allgemein anerkannten Erzählpraktiken ab, die eine Neukonzeptionierung von ,Natur' möglich werden lassen und somit neue ,Fakten' schaffen. Die *Neuerfindung der Natur* stellt eine heuristische Umschreibung eines antizipierbaren nicht-instrumentellen Naturumgangs dar, der auf Ontologisierung oder Essentialisierung von ,Natur' verzichtet. Haraway bezeichnet ihren Ansatz als einen „reflexiven Artefaktismus" (1992a: 11), der ethische Dimensionen ebenso wie utopische Momente enthält. Der Verzicht auf die „Illusion eines natürlichen Körpers" (1984: 174) wird aus dieser Perspektive und eingedenk der Gefahr einer ontologischen Konzeption von ‚Natürlichkeit' verständlich. Denn Haraway geht es nicht nur um die Kategorie der Natur im Kontext der Naturwissenschaften. Ihre Analyse – beispielsweise in ihrer Deutung der Primatologie – bezieht die Dekonstruktion der großen Zivilisationsnarrationen mit ein, die das dichotome und hierarchisierende Natur-Kultur-Verhältnis im Rahmen der okzidentalen Kulturgeschichte und damit die Frage nach der ‚Stellung *des Menschen* in der Natur' so maßgeblich geprägt und andro- und ethnozentristisch beantwortet haben (1986: 149).

Dennoch scheint auch hier wieder die Radikalität, mit der ‚Natur', ‚Körper' und Ähnliches als *gemacht* gedacht werden, mit einer erkenntnistheoretischen Nivellierung jenes Problems einherzugehen, das mit dem Topos einer *Natur an sich* bezeichnet ist: dass nämlich ‚Natur' weder in Diskursivität aufgeht noch schlicht präexistent ist, aber dennoch als eine materiale Referenz fungiert und nicht vollends verfügbar ist.

Ich möchte die Problematik zunächst an einem anderen – grundsätzlich mit den gleichen Fragen belasteten – Beispiel deutlich machen. Mit Bezug auf die *sex/gender*-Dichotomie in der feministischen sozialwissenschaftlichen Diskussion stimmt Haraway – in einer Fußnote (!) – mit Evelyn Fox Keller überein, dass „an einer nichtdiskursiven Grundlage von ‚*sex*' und ‚Natur' festzuhalten" sei (1988: Fußnote 16). Die „produktive Spannung" (Haraway 1988: 237), die sich aus der Schnittstelle zwischen den Polen von Diskurs und Materie, von naturwissenschaftlichen Narrationen und ‚Natur', von Text und Körper, von *gender* und *sex* ergibt – und die doch auch in Haraways Texten sehr dunkel bleibt –, stellt meines Erachtens den zentralen Schwachpunkt ihrer Argumentation dar. Denn wenn es gilt – wie sie schreibt – beispielsweise an dem Begriff *sex* festzuhalten, um nicht den Körper selbst preiszugeben, so wird nicht nur an der ‚produktiven Spannung' zwischen den genannten Polen festgehalten, sondern auch an einem nicht genauer bestimmten und im Weiteren aus dem wissenstheoretischen Konzept ausgelagerten Begriff einer *Natur an sich* (vgl. Gransee 1998).

In dem Text „Monströse Versprechen. Eine Erneuerungspolitik für un/an/geeignete Andere" widmet sich Haraway (1992a) ausführlicher diesem Problem. Gegen den philosophischen Realismus gerichtet plädiert Haraway dafür, von *artefaktischer*, *sozialer Natur* zu sprechen – einer Metapher, die die „konstitutive soziale Beziehungshaftigkeit" zwischen menschlichen, organischen, unorganischen und anderen Akteuren betonen soll, die das geschichtliche Artefakt „gesellschaftliche Natur" produzieren (1992a: 42f.). Haraways Anliegen ist es, anstelle der „politischen Semiotik der Repräsentation" eine „politische Semiotik der Artikulation" (1992a: 39) zu praktizieren. Erstere ist dadurch gekennzeichnet, dass sie sich die Autorenschaft über die stummen *Dinge* sichert, indem sie Unrepräsentierbares durch die Mechanismen der Entkontextualisierung und einer *verkehrten* Neukontextualisierung zu repräsentierten Besitz-Objekten macht. Der neue Kontext, so Haraway, stellt eine Narration über Ursprung, Fortschritt und Heilsversprechen dar. Mit Bezug auf die objektiven Naturwissenschaften heißt dies, dass die als präsozial vorgestellte ,Natur' durch Namensgebung und formalisierende Einschreibepraxen verdinglicht wird, um dann im Anschluss daran *entdeckt* und entziffert werden zu können.

Was bei Haraway als Politik der Repräsentation bezeichnet wird, entspricht der Konstitutionsproblematik von ,Natur' im Rahmen instrumenteller Naturtheorien. Ihre Formalisierungen und Abstraktionsleistungen formieren die Naturdinge gemäß des technologischen Apriori, transformieren ,Natur' in tote Materie. Eine andere Variante der Naturalisierung zeigt sich in dem Stellvertreterdiskurs, der die Naturtheoretiker wie die Retter der ,Natur' zu „Bauchrednern" (1992a: 45) der stummen Materie, der ,gefährdeten Natur' stilisiert. Beide Varianten missverstehen ,Natur' positivistisch im Sinne von ,erster Natur'. Dagegen wäre eine „politische Semiotik der Artikulation", Haraway zufolge durch die Sozialität und Interaktion der Ko-Akteure (,Natur', Technik, Mensch, Tier) charakterisiert. Um eine „lebendige Welt" kreieren zu können, bedarf es der unabgeschlossenen Artikulation, die letztlich der „*Nicht-Repräsentierbarkeit* der sozialen Natur" eingedenkt (1992a: 48; Herv. im Orig.).

Trotz der kollektiven Konstitutionsgeschichte der ,Körper', der ,Natur' oder der ,Welt' scheint es aber etwas zu geben, das diesem Konstitutionsprozess vorausgeht: „Ich denke, die Welt ist genau das, was in Doktrinen von Repräsentation und wissenschaftlicher Objektivität *verlorengeht*" (Haraway 1992a: 48; Herv. C.G.). Verlorengehen kann aber nur, was bereits vorhanden war. Was allerdings in den Repräsentations- und Konstruktionspraktiken objektiver Naturwissenschaften nicht eingeholt wird, bleibt bei Haraway unbestimmt. Ebenso unklar bleibt, was mit dem Begriff der *lebendigen Welt* (Haraway 1992b: 17) gemeint ist. An diesen Unklarheiten zeigt sich, dass das Materialitätsproblem im Diskurs, die Frage nach dem Verhältnis von Nichtrepräsentierbarem und Repräsentation, letztlich die Frage nach dem *Ding an sich* und seiner Erscheinung, nicht wirklich gelöst worden ist.

Um das Problem noch deutlicher hervortreten zu lassen, möchte ich im Folgenden auf einen Text von Karin Knorr Cetina (1994) eingehen, den ich als einen alternativen Lösungsvorschlag lese, um der Nicht-Repräsentierbarkeit der ,Natur an sich' gerecht zu werden. Auch Knorr Cetina versucht die Frage nach der sozial-technischen ,Manufaktur' von Naturdingen im naturwissenschaftlichen Labor konstruktivistisch zu beantworten. Allerdings umfasst ihr Begriff der *alterierten Naturen* implizit auch das dem Prozess der Alterierung Vorausgegangene.

Knorr Cetina (1994) geht, ähnlich wie Haraway, von einer technologisch vermittelten Konstruktion von Naturdingen aus. Die *alterierte Natur* ist das Produkt dieser technologisch vermittelten Rekonfiguration, letztlich eine technologische Substitution. Zu den Transformationen, die mit der Alterierung oder Manufaktur von ,Natur' verbunden sind, gehören auch die Verfahren der Computersimulation. Die Autorin beschreibt diese als einen Transformationsprozess in eine andere Realitätsform: ins Symbolische. Die Ersetzung von Naturobjekten durch die Modellrealität ist der Autorin zufolge als kontinuierliche Weiterentwicklung der bereits im Labor vollzogenen (Re-)Konstruktionen von Naturprozessen zu begreifen. Die Aufeinanderfolge der unterschiedlichen, aber aufeinander bezogenen epistemischen Systeme, der Laboratorien in den Labors, schafft epistemische „Spiel-Räume", in denen „Wissensprofite *durch die Entfernung von Natur und Wirklichkeit* statt durch Hinwendung zu ihr erzielt werden können" (1994: 108; Herv. C.G.). Die Computersimulation könnte demnach als alterierte Natur zweiten Grades aufgefasst werden.

Diese Bestimmung des Verhältnisses von ‚Labor' und ‚alterierter Natur' weist Affinitäten zu Haraways Konzeption der ‚artefaktischen Natur' auf, bei der neben *Akteuren* und *Aktanten* die (Repräsentations-)Technologien und Kontexte eine entscheidende Rolle spielen. Den Begriff der Aktanten bestimmt Haraway in Anlehnung an Latour „als kollektive Wesenheiten", „die in einem strukturierten und strukturierenden Handlungsfeld Dinge tun" (1992a: 47). Worin genau der Unterschied zwischen Aktanten und Akteuren liegt, bleibt unklar. Denn beide werden zunächst gleich bestimmt eingeführt und als nicht-/menschliche Entitäten aufgefasst. Erst ein kleiner Hinweis gibt Aufschluss darüber, dass der Unterschied zwischen AkteurInnen und Aktanten vielleicht doch in der Unterscheidung menschlich/nicht-menschlich liegen könnte (1992a: Fußnote 11).

Der Vorzug der Bestimmung der ‚alterierten Natur' von Knorr Cetina gegenüber der Konzeption von Haraway liegt in der Unterscheidung zwischen dem, was die Modellierung und Alterierung von Naturobjekten als ‚Natur' hervorbringt, und dem, was man als die unbestimmbare Materie dieser Prozesse bezeichnen könnte. Anders gewendet: Knorr Cetina geht davon aus, dass eine *zunehmende Distanzierung* zur ‚Natur' die unterschiedlichen epistemischen Systeme bedingt. Sie begreift beispielsweise die Labormaus auch als einen Artefakt, als eine Rekonfiguration wie Haraway. Aber sie versäumt nicht darauf hinzuweisen, dass sich die Labormaus – eine im *Laboratop* (Amman) gezüchtete, keimfrei gehaltene und unter strikter Einhaltung der Versuchsanordnungen wie etwa Diät, Lichteinfluss, Temperatur malträtierte Kreatur –, dass sich dieses *Modellsystem* von der Feldmaus unterscheidet. Und selbst die Labormaus bleibt bis zu einem gewissen Grad resistent gegen eine vollständige Rekreation.

Die Differenz dieser zwei *Ontologien* – wie es Knorr Cetina bezeichnet – zu bedenken impliziert, dass unterschieden werden muss zwischen den alterierten Naturen der Naturwissenschaften und dem, was der Alterierung vorausgeht. Dieses *Etwas*, das uns im alltagsweltlichen Kontext als Feldmaus begegnet, im Kontext einer Versuchsanordnung als Versuchsobjekt, Produktionsmittel oder Artefakt, ist in dem Sinne in zwei verschiedene Seinsordnungen eingebunden, als sich die Wahrnehmung, die Behandlung und die Bedeutung dieses Etwas gänzlich unterscheidet. Beiden ist jedoch gemein, dass sie als lebendige Kreaturen nicht in den Prozessen der Modellierung, Konstruktion und Produktion gänzlich aufgehen.

Haraway vereinfacht die Konstitutionsproblematik. Dies hat unter Anderem damit zu tun, dass sie gerade nicht die stärksten Argumentations-

,Gegner' vor Augen hat. Da ist zunächst die ,Zurück-zur-Natur-Rhetorik'. Sie stellt eine hilflose, wenn auch populäre und nicht selten mit ethischen Argumenten gespickte Antwort auf möglicherweise drohende apokalyptische Naturzustände dar. Die dieser Position inhärente, nicht reflektierte Ontologisierung von ,Natur' steht oft in der Tradition von Reinheitsdiskursen und Heilsversprechen. Haraway ist zuzustimmen, dass diese Argumentation eine romantisch verklärte, verkürzende und zudem falsche Antwort auf das Zusammenspiel von instrumentellem Naturumgang und technologisch induzierter Destruktivität darstellt. Dennoch stellt sich die Frage, ob der Rekurs auf die ,Natürlichkeit' von Körpern unweigerlich mit einem statischen Naturbegriff zusammen gehen *muss* und ob die Alternative ausschließlich in der Präferenz eines Artefaktismus liegen kann.

Andererseits erweist sich Haraways Argumentation als geschärft am hegemonialen Denaturalisierungsprogramm objektivierender Naturwissenschaften. Diese scheinen meta-reflexiv ihren (dem physikalischen Weltbild entliehenen) Naturbegriff selbst zu überdenken (vgl. Wilke 1994: 27). Chaostheorie, Synergetik oder Autopoiesistheorien, um nur Beispiele zu nennen, betonen gerade die Eigenaktivität und Komplexität von Naturdingen, die es in der Theorie zu reflektieren gilt. Sie bleiben aber, wie Haraway (1989) an den Theoriekonzepten der Immunbiologie aufzeigt, dem *rationalistischen Paradigma*, dessen höchstes Prinzip die zentrale Steuerung ist, gefangen. In Abgrenzung zu diesen Varianten instrumenteller Naturtheorie visiert Haraway einen *gegen-rationalistischen* Diskurs an, der entgegen der Entkörperungstendenzen an den Topoi der Verletzbarkeit, der Endlichkeit und der Kontingenz orientiert ist, sich aber zugleich für die Motive der ,Vermischung' des Getrennten, des ,Austauschs' und der ,Mutation' offen zeigt. Ihre Konzeption der artefaktischen Natur, die in Abgrenzung zu den objektivierenden, entkörpernden Naturtheorien steht, möchte sie als einen emanzipatorischen Ansatz verstanden wissen, der sich der Umformulierung etablierter Erzählweisen verdankt. Damit begibt sie sich jedoch auf eine schmale Gratwanderung zwischen abstrakter Naturtheorie einerseits und dem informationstechnologischen Paradigma andererseits.

Ich möchte einen Aspekt aufgreifen, der diese Gratwanderung verdeutlichen soll: die Auflösung der Subjekt-Objekt-Dialektik im Rahmen der Konstitutionsproblematik. Haraway betont die beiden Seiten der Naturkonstitution, die narrative Erzeugung und die Eigenaktivität der Materie bei der Bedeutungsproduktion. Dabei fallen die beiden Pole der Subjekt-Objekt-Dialektik in eins, da Subjekt und Objekt als Produkte diskursiver Konstitutionen und als Sedimente interaktiver Konstruktionen bestimmt werden (1995a: 109). Die epistemologische Differenz zwischen Subjekt und Objekt, zwischen Begriff und Sache ist aufgehoben im narrativen Feld, in dem alle Akteure verkörpertes Wissen produzieren und wissenserzeugende Körper darstellen. Es gibt keine dialektische Spannung, kein Modus der Vermittlung, keine Widerständigkeit mehr. Auch die Hierarchisierung zwischen Subjekt und Objekt, zwischen begreifendem Geist und begriffener Materie, die in der Kritik der objektivierenden Naturtheorie wie am Idealismus eine zentrale Rolle spielt, erscheint in diesem Konzeption nicht nur als auflösbar, sondern – zugunsten einer Diskursvorrangigkeit – als aufgelöst (vgl. Gransee 1998). Dadurch wird allerdings auch die Differenz zwischen dem Modellsystem, der artefaktischen Natur, und der ‚Natur' als Objekt der Naturbeherrschung nivelliert. Pointiert formuliert: Eine Kritik des instrumentellen Naturumgangs, der die Objektivierung von Natur voraussetzt, ist nicht mehr möglich.

Wenn ich im Folgenden den Naturbegriff als einen nicht weiter bestimmbaren, aber auch nicht hintergehbaren Grenzbegriff (Thyen 1989) einführe, so soll damit angezeigt werden, dass – in diesem Punkt stimme ich mit dem Postulat von Haraway überein – die Objektkonstitution nicht in Diskursivität aufgehen kann. Aber für die Beantwortung der Konstitutionsfrage ist bedeutsam, welche Perspektive eingenommen wird: Fragen wir von der Objektseite her oder aus der Perspektive der (menschlichen) Konstrukteure? Auch wäre die Doppelschichtigkeit eines subjektiven wie historisch-gesellschaftlichen Konstitutionsprozesses der Wissensgegenstände mit Blick auf gesellschaftliche Objektivität zu bedenken (vgl. Adorno 1966: 172).

In Abgrenzung zu Haraways Konzeption schlage ich daher eine andere Grenzmarkierung vor. Die Objektgrenze materialisiert sich nicht erst in der diskursiven Aushandlung unter Beteiligung aller nicht-/menschlichen Akteure. Das Objekt selbst muss vielmehr als Grenze der Diskurse, der Begriffe bestimmt werden. Anstatt das Problem des Nicht-Repräsentierbaren in der Repräsentation auf einen ausgelagerten Begriff ‚Natur' oder ‚Welt' zu verschieben (Haraway 1988: Fußnote 16), schlage ich vor, ‚Natur' in Absetzung zu den alterierten Naturen als Grenzbegriff zu bestimmen. Alterierte Natur, verstanden als formalisierte Naturerscheinung in der abstrakten Naturtheorie, wäre demzufolge zu unterscheiden von der *lebendigen Natur an sich*, über die wir keine Bestimmungen treffen können.

Der Begriff der lebendigen Natur steht in engem Zusammenhang zu dem Topos „Eingedenken der Natur im Subjekt" (Horkheimer/Adorno 1947: 39). Denn das Eingedenken der Dialektik von Natur und Geist impliziert die Selbstbesinnung des Geistes auf sich selbst als Natur. Als Grenzbegriff markiert der Begriff der „lebendigen Natur" die „Negationserfahrung, die die Reflexion an ihrem Gegenstand erlebt" (Thyen 1989: 209). Er ist keineswegs zu verstehen als eine positive Bestimmung des Lebendigen im Sinne des Vitalismus. Vielmehr ist er, in Abgrenzung zum mechanistischen Begriff des Lebendigen, in der Absicht konzipiert, dem Nichtverfügbaren im wissenschaftlichen Begriff der ‚Natur' zu seinem Recht zu verhelfen. Damit wird der Begriff der ‚lebendigen Natur' zugleich zu einem normativen, der an das zu erinnern sucht, was in der alterierten Natur der Naturwissenschaft der Abstraktion zum Opfer fällt.

Nicht zuletzt am Beispiel der Molekularbiologie wird eines offensichtlich: Auch wenn sich, wie ich gezeigt habe, der Begriff des Lebendigen in der Molekularbiologie als ein Phantasma der Selbsterzeugung, der *technisch machbaren Rekreation und Kodierung von ‚Natur'* erwiesen hat, so kann paradoxerweise nicht auf den ‚lebendigen' Anteil dieser Konstruktion verzichtet werden. Als Grenzbegriff umfasst ‚lebendige Natur' auch deren Gegenteil: die Endlichkeit. Ganz im Sinne Haraways ließen sich die Topoi der Verwundbarkeit und Vergänglichkeit – und das bedeutet immer auch Leid und Schmerz – der informationstechnologischen Konzeption *toter Materie* und den darin mitschwingenden Omnipotenzphantasien entgegensetzen. Von diesem Grenzbegriff ausgehend kann somit geprüft werden, warum bestimmte Abstraktionen – beispielsweise die Vorstellung der technischen Herstellbarkeit von ‚Natur' – an unüberwindbare Grenzen stoßen. Der Begriff der ‚lebendigen Natur' verweist auf die Gemeinsamkeit aller lebendigen Materie und schließt eine Grenzsetzung zu nichtorganischer Materie und Technik ein. Die Grenzlinie verläuft nicht mehr zwischen (menschlicher) Natur und Kultur, sondern im kritischen Sinn zwischen dem Lebendigen und Technik.

Diese Grenzziehung stellt einen entscheidenden Unterschied zur Konzeption von Haraway dar. Scheint der Natur-Kultur-Dualismus bei Haraway als Illusion der Moderne durch die postmoderne und postbiologische Vermischung von Text, Technik und ‚Natur' aufhebbar und begrüßenswert, so beurteile ich diese Grenzverschiebung grundlegend skeptischer. Ausgehend von der These dass sich das Natur-Kultur-Dilemma nicht lediglich als eine moderne Narration begreifen lässt, scheint sich im Gegenteil diese Problematik im informationstheoretisch inspirierten Naturbegriff nur zu wiederholen, indem die ‚Natur' wiederum – und in dem Sinne ganz modern – zum Objekt des instrumentellen Naturumgangs degradiert wird.

Mit der Unterscheidung zwischen einer unerkennbaren ‚lebendigen Natur an sich' und der zur bloßen ‚Materie' verdinglichten und formalisierten Natur abstrakter Naturtheorie bleibt die Möglichkeit gewahrt, Naturbeherrschung als solche begreifen zu können. Schließlich kann mit dieser Unterscheidung gezeigt werden, welche Größenfantasien die Abstraktionen begleiten, die mit der *Distanzierung* von ‚lebendiger Natur' einhergehen, ohne dabei die reale Produktivität dieser Abstraktionen und die aus ihr resultierenden Transformationen leugnen zu müssen.

4. Technologische Subversion identitätslogischer Setzungen

Der Theorieansatz von Haraway zielt auf verkörperte Wissensproduktion, die die Hermetik der modernen Ursprungsnarrationen zu überwinden versucht. Ihre Kritik des westlichen Rationalismus/Idealismus fokussiert das Denken in Dichotomien. Jenseits der großentworfenen teleologischen Zivilisationskonzeptionen, in denen von der Autonomie des Menschen/Mannes ebenso wie von der Übermacht des Geistes gegenüber dem Leiblichen/Weiblichen/Tierischen die Rede ist, gilt es dissidente Optionen und Narrationen zu entwickeln. Die für alle anderen hierarchisch strukturierten Dualismen formgebende Dichotomie wird in der Herrschaft des einen Selbst gegenüber dem Heteroge-

nen, dem zum Anderen Konstituierten begriffen (1985: 67). Die Technoscience und die damit verbundenen Entgrenzungen werden dagegen als eine paradigmatische Infragestellung des Dualimusdenkens wahrgenommen. Der so
genannte Cyberfeminismus (vgl. Braidotti 2000; Mittag 2000; Saupe 1998;
Weber 2001), für den auch heute noch Haraways *Cyborg-Manifest* (1985) eine Schüsselstellung zukommt, stellt ein Forum dar, das grundlegende Infragestellungen binären Denkens und identitätslogischer Zwänge der Moderne intendiert.

Die geschlechtsspezifischen Dimensionen dieser Entwicklungen betreffen
vor allem eine Erosion tradierter Assoziierungen von Natur- und Geschlech-
terkonstruktionen. Feministische technowissenschaftliche Visionen rekurrieren auf Identitätspolitiken jenseits von ‚Natur' und ‚Geschlecht' (vgl. Gransee
1999b). Cyborg-Identitäten fungieren als Chiffren einer intendierten Aufhebung des Identitätszwangs, der auf Naturalisierungen rekurriert. Der nicht
stillgestellte Bedeutungshorizont des Cyborg, postmoderne Ikone technisch-
natürlichen Grenzgängertums, dient in diesem Zusammenhang als ästheti-
siertes Musterexemplar fragiler, unabgeschlossener, sich stets transformierender Identitätsmuster, als politisch-mythische Figur imaginärer, utopischer Ho-
rizonte einer Zukunft ohne normierende Geschlechter- oder Ethnizitäts-
Verordnungen (vgl. Becker 2000: 45ff.; Mittag 2000: 212).[2] Die technologische und vor allem naturwissenschaftliche Infragestellung der Grenze zwischen Natur und Kultur/Technik soll forciert und somit auch die damit ver-
wobenen Dichotomien (männlich/weiblich, Geist/Körper, zivilisiert/primitiv,
öffentlich/privat, SchöpferIn/Geschöpf, Realität/Erscheinung etc.) entgrenzt
werden: „Die Kultur der Hochtechnologie stellt eine faszinierend intrigante
Herausforderung dieser Dualismen dar" (Haraway 1985: 67). Technologien,
literarische Praktiken, Kulturanalysen und feministische Kritiken wissenschaftlicher Praxis gehören zu dem Werkzeug, um eine andere, ‚lebbare Welt'
entwerfen zu können. Fraglich bleibt jedoch, ob all die genannten Trennungen
und Entgegensetzungen durch die *tektonischen Verschiebungen* (vgl. zu diesem Begriff Breuer 1992: 175) in Frage gestellt sind und im ‚Schwarzen
Loch' des Schwerkrafttrichters des postbiologischen Zeitalters verschwinden
(vgl. Haraway 1992b: Fußnote 6).

In der Analyse der patriarchalen Narrationen des Westens verschmelzen
Philosophie- und Sozialgeschichte, Ideengeschichte und Erkenntnistheorie zu
einer modernen Universalnarration. Sind die genannten Trennungen nicht
aber auf völlig unterschiedlichen Ebenen entstanden, wirksam und/oder obsolet? Regina Becker-Schmidt merkt zum Umgang mit Dichotomien kritisch
an, Haraway verliere aus den Augen, „auf welche sozialen Konflikte Dualismen zurückverweisen und inwieweit sie Resultate realer gesellschaftlicher
Trennungsprozesse sind" (1998: 117). Handelt es sich nicht in erster Linie um

---

2   Zu dem Spannungsfeld empirisch anzutreffender traditioneller Weiblichkeitsklischees
     im Internet einerseits, cyberfeministischen Versuchen symbolischer Neukodierung
     von ‚Geschlecht' andererseits siehe Weber (2001: 88ff.).

die Erosion von nur einer elementaren Entgegensetzung, die sich aufzulösen abzeichnet, nämlich die Natur-Technik-Dichotomie? Zumindest für den Bereich der Naturwissenschaften, vornehmlich der Molekularbiologie, erscheint der konzeptionelle Versuch, die Dichotomie Natur/Technik in Frage zu stellen, evident und erfolgreich zugleich: ,Natur' wird technisch herstellbar und in der Konsequenz von Technik nicht mehr unterscheidbar.

Betrachtet man das Medium dieses Transformationsprozesses geauer, so erscheint es zweifelhaft, ob tatsächlich eine Aufhebung des antagonistischen Verhältnisses von Natur und Kultur, von Körper und Geist stattgefunden hat. Die technomorphen Naturmodelle eines postbiologischen Zeitalters stehen unter dem Zeichen der Denaturalisierung (vgl. Becker-Schmidt 1996: 337). Doch die Entqualifizierung und gleichzeitige Formalisierung von ,Natur' ist bereits der neuzeitlich abstrakten Naturtheorie eigen gewesen.

Anstatt wie Haraway vorschnell von einem historischen Bruch auszugehen, der in der Naturtheorie durch die Implosion der Natur-Kultur-Entgegensetzung einen Ausdruck findet, müsste auch den Kontinuitäten eines instrumentellen Naturumgangs und den Fortschreibungen abstrakter Naturtheorie nachgegangen werden. In diesem Lichte betrachtet, würde auch die mit der angenommenen Implosion scheinbar verbundene Aufhebung der Identifizierung von ,Natur', die sich für rassistische und andere naturalisierende Diskurse funktionalisieren ließ, gar nicht mehr als Errungenschaft erscheinen. Im Obsoletwerden der Naturalisierungsmechanismen im Kontext von *gender* (männlich/weiblich) und *Ethnie* (primitiv/zivilisiert) sieht Haraway den epistemologischen und gesellschaftlichen Spielraum, um hierarchisierende Identitätspolitiken unterlaufen zu können, weil ,Natur' eben keinen ,reinen' Referenzpunkt mehr darstellen kann.

Wenn aber die informationstechnologische Konstruktion von ,Natur' nach wie vor dem Identitätsprinzip im Kontext einer Distanzierungs-, Ausgrenzungs- und Verwertungslogik verpflichtet ist, wenn sie also nach wie vor einer Herrschaftslogik folgt, warum sollten dann nicht neue Identitätszwänge damit verbunden sein, die lediglich unter dem Deckmantel der Vervielfältigung und Differenzierung unsichtbar geworden sind? Denkbar sind neue, technologischen Normierungen unterworfene Identitätszwänge.[3] Meines Erachtens gilt es, den Geltungsbereich identitätskritischer Interventionen genauer zu bestimmen und auf mögliche Fallstricke ausgesparter Reflexionen aufmerksam zu werden. Mit den politischen Kontexten von Technoscience und Biomedizin ist ein Spannungsfeld aufgemacht zwischen den Polen transfor-

---

3 Was den Einen als ,Freiheit zum Selbst-Entwurf' erscheint, wird von Anderen eher als ein ,normgerechtes Design körperlicher Materialität' kritisiert. Diese Entwicklungen müssten stärker noch in ihrer Ambivalenz zwischen Utopie und biopolitischem Normativismus ausgelotet werden. Spielerische Inszenierungen von Grenzüberschreitungen wären dabei zu unterscheiden von neuen Normierungsprozessen, die eventuell mit den Verfahren der Genmanipulation und der Stammzellenforschung verbunden sind.

mierender Körper- und Naturkonzepte einerseits, re-naturalisierenden, normativen Entwürfen andererseits.

Eine daran anschließende Frage in diesem Zusammenhang wäre, inwieweit die tendenzielle Textualisierung von Leiblichkeit durch die Entschlüsselung des genetischen Codes erneut Prozesse der Re-Naturalisierung zur Folge hat, indem beispielsweise Ursachenzusammenhänge für Erkrankungen auf genetische Dispositionen reduziert werden. Die neuen Wissensformen implizieren über eine re-naturalisierende Sprachpolitik hinausgehend normative Prämissen und haben Auswirkungen auf Vorstellungen und Konstruktionen von Gesundheit, Krankheit, Heilung und Wohlergehen wie auch auf Definitionen vom Menschen überhaupt. Mit Bezug auf die Visualisierungstechniken in der Hirnforschung beschreibt beispielsweise Michael Hagner (1996) die Umkehrung von einer der Heilung verpflichteten zu einer technologisch normierenden Medizin.

Nicht zuletzt zeigt das Beispiel der pränatalen Gendiagnostik durch eine Fruchtwasseruntersuchung bei schwangeren Frauen, die ab dem Alter von 35 Jahren als ‚Risikogruppe‘ eingestuft werden, dass sich eine Früherkennungstechnologie allzu schnell in eine Normierungstechnologie verwandeln kann. Hierdurch entsteht über die Bestimmung eines gesundheitlichen Risikos hinaus ein Klima, das durch die Neuverhandlung über akzeptable und nicht mehr akzeptable potenzielle Schädigungen des Föten charakterisiert ist (vgl. Borck 1996: 31; Hofmann 1998: 55).

Die möglich gewordene Trennung der Fortpflanzung vom Frauenkörper kann als eine technische Entkörperung von prokreativen Prozessen verstanden werden, die letztlich eine ‚Naturvergessenheit‘ verdoppelt, die für die Moderne charakteristisch war. Andererseits werden aufgrund der Entwicklungen in der Reproduktionsmedizin kulturelle Konstruktionen von Herkunft beziehungsweise Verwandtschaftsbeziehungen möglich, die nicht mehr auf ‚biologische Abstammungsverhältnisse‘ rekurrieren. Welche Auswirkungen haben beispielsweise Biopolitik und Biotechnik auf neue Konstruktionen von ‚Genealogie‘, ‚Verwandtschaftsbeziehungen‘ und ‚Geschlecht‘?

Haraways Frage, ob eine Zukunft vorstellbar ist, in der das soziale Geschlecht „vielleicht noch nicht die letzte Identität" (1984: 183) darstellen wird, sondern mittels der technischen Möglichkeiten auch die körperlichen Grenzen in der Weise verflüssigt werden, dass Mechanismen der Naturalisierungen gar keinen Referenzpunkt mehr haben können, kann angesichts derartiger Beispiele bejaht werden. Ob damit Identitätszwänge subversiv unterlaufen werden oder neue Identitätsnormierungen entstehen, hängt zwar weniger von der Technik an sich als vielmehr von den Zielvorgaben und den gesellschaftlichen Kontexten ihrer Anwendung ab. Es stellt sich dennoch die Frage, ob nicht die Abstraktionen, die mit dem Medium der Technik verbunden sind, in gewisser Weise diese Zielvorgaben beeinflussen.

Betrachtet man die Aufhebung der metaphorischen Trennungen, die mit der Geschlechterdifferenz verbunden sind, so erscheint die Sachlage nicht weniger komplex. Mit den neuen Schöpfungsmythen, die sich im molekularbiologischen Diskurs andeuten, erweist sich die Naturalisierung des Weiblichen als überholt. Der *zweiten Geburt*, die sich dem Verstand verdankt (Leonardo da Vinci; vgl. Breuer 1992: 163), folgt die dritte der Technoscience (Haraway 1992a: 21). Ob sie eine „feministische Allegorie (der) ,un/an/geeignete(n) Anderen' (...) in eine Science-Fiction-Welt mit Namen Anderswo" (Haraway 1992a: 21) entlässt, muss dahingestellt bleiben. Gewiss ist nur, dass der metaphorische Überschuss, der mit der Vergesellschaftung des Weiblichen über den Körper verbunden war, zu einem sinnentleerten Zeichen zusammenschmilzt (vgl. Scheich 1993: 291).

5. ‚Natur' als Grenzbegriff

Bemerkenswert ist nicht nur, dass gerade im Moment der technischen Entkörperung von prokreativen Prozessen auch die ‚Natürlichkeit' der Geschlechtskörper in Frage gestellt wird. Bemerkenswert sind auch die Legierungen von Diskursen der Technoscience, der Rede von der ‚artefaktischen Natur' als einer positiv besetzten Option und der Ent- beziehungsweise Denaturalisierung des Geschlechtlichen.

Barbara Becker weist darüber hinaus darauf hin, dass der Rekurs auf unser visionäres Cyberdasein, auf die Entwürfe und Realisierungen in virtuellen Welten auch Ausblendungen impliziert, die Unverfügbares und Widerständiges gleichermaßen betreffen. Von Allmachtsphantasien begleitet, führen diese – ungewollt – zur erneuten Präponderanz von Subjektivität gegenüber leiblicher Materialität.

„Als Konsequenz solcher Ausblendungsstrategien finden wir die Konstruktion beliebig manipulierbarer Welten und Artefakte und einen Rückzug auf die imaginären Räume des eigenen Selbst, das in einem die eigene wie fremde materielle Widerständigkeit ausklammernden Fehlschluss als verfügbares Eigenes gedeutet wird. (...) So führt die Abkehr von der Widerständigkeit der eigenen und fremden Materialität zur Dominanz des Subjektiven und seiner imaginären Welt. (...) Cyberspace-Identitäten und postbiologische Subjekte stellen also nicht das Ende, sondern die Perfektionierung des cartesianischen Subjekts dar" (Becker 2000: 63f.).

Ein Unbehagen schleicht sich nicht nur aufgrund einiger (unbeabsichtigter) Affinitäten ein, sondern vor allem, weil hier ein zentrales Motiv der Kritik in Vergessenheit zu geraten scheint: Die Kritik an der Verleugnung der ‚Natur im Subjekt' beziehungsweise einer imaginierten grenzenlosen Verfügungsgewalt über ‚innere' und ‚äußere Natur'. Angesichts der denaturierten, informatisierten Naturkonzeptionen im Rahmen der Biotechnik und den darin angelegten Optionen der Naturüberwindung zeigt sich, dass Denkmotive vorherrschend sind, die sich gegen das Unverfügbare richten. Das Motiv des „Eingedenkens der Natur im Subjekt", das Theodor W. Adorno und Max Horkheimer in der *Dialektik der Aufklärung* formuliert haben, intendiert gerade ein Gewahrwerden des Nicht-Verfügbaren im Sinne einer Selbstreflexion des Menschen auf seine unaufhebbare Naturgebundenheit (Horkheimer/Adorno 1947). Diese Selbstreflexivität, die den Suprematieansprüchen des Denkens wie der Wissenschaft gegenüber Leiblich-Materialem Grenzen setzt, scheint mir dringlicher denn je.

Allerdings: die Kritik der Gewaltförmigkeit naturwissenschaftlicher Abstraktionen von ‚Natur' kann sich nicht auf positiv Bestimmtes beziehen. Die Einsicht in die historisch-kulturelle Zurichtung oder genauer: Vermittlung von ‚Leiblichkeit' unter dem Diktat gesellschaftlicher Naturbeherrschung und -distanzierung ist unhintergehbar. Jenseits einer Idealisierung einer vermeintlich unberührten ‚Natur an sich' oder einer ‚authentischen Leiberfahrung' gilt es die Negativität eines nicht einholbaren Grenzbegriffs ‚Natur' zu bewahren. Das ‚Eingedenken der Natur im Subjekt' setzt einen negativen Begriff von ‚Natur' voraus, um der Gewalt identitätslogischer Setzungen gewahr werden zu können. Das Denken des Abstraktums einer ‚Natur an sich' ist notwendig, um die Abstraktionen von einer eben nicht restlos verfügbaren ‚Natur' kritisieren zu können. Es ist auch deshalb notwendig, damit die Kritikverfahren, die auf eine Entnaturalisierung der Geschlechterdifferenz zielen, keine Entmaterialisierung des Körpers im Sinne seiner vollständigen Diskursivierung nach sich ziehen. Mit Blick sowohl auf die Körperkonstruktionen als auch auf das Erkenntnissubjekt selbst gilt, was Adorno in materialistisch-erkenntniskritischer Perspektive formuliert: „Irreduzibel ist das somatische Moment als das nicht rein Cognitive an der Erkenntnis" (1966: 194).

Der These einer zumindest ambivalenten ‚postbiologischen' Naturtheorie, die eine (postmoderne) Durchkreuzung der modernen Erzählungen über Identität, Subjekt, Ursprung, Natur darstellt, soll eine pessimistischere Gegenthese gegenübergestellt werden: Jeder Versuch, den Natur-Kultur-Gegensatz nicht nur als *dilemmatische Konstruktion*, sondern darüber hinaus auch als *gesellschaftliche Problematik* quer zur Geschlechterdichotomie zu begreifen, bleibt auf einen Begriff von der ‚Natur' als Grenzbegriff angewiesen. ‚Natur' ist einerseits als soziales Konstrukt zu begreifen; andererseits bezieht sich dieses Konstrukt auf ‚etwas', das weder in Diskursivität aufgeht noch in diese ganz eingeholt werden kann. Wenn die Reflexion auf Nichtidentisches im Prozess der Wissens- und Körperproduktion und damit auch das Gewahrwerden unverfügbarer Momente im Verhältnis von menschlicher ‚Natur' und Technik einen Bezugspunkt für die Selbstreflexivität von Wissenschaft sein könnte, dann stellt sich weiter die Frage, ob nicht das Theorem des ‚Eingedenkens der Natur im Subjekt' als Synonym für das Moment von Unverfügbarkeit im leiblichen Selbstverhältnis und dem damit verbundenen kränkenden Verweis auf die unaufhebbare Naturgebundenheit des Subjekts eine Referenz bieten kann.

* *In diesem Beitrag fasse ich Argumentationen zusammen, die ich in meiner Dissertation (Gransee 1999a) ausführlicher dargelegt und für dieses Buch teilweise überarbeitet und aktualisiert habe.*

Literatur

Adorno, T. W. (1966). Negative Dialektik. Frankfurt/Main: Suhrkamp (6. Aufl. 1990)

Becker, B. (2000). Cyborgs, Robots und „Transhumanisten" – Anmerkungen über die Widerständigkeit eigener und fremder Materialität. In Becker, B./Schneider, I. (Hrsg.). Was vom Körper übrig bleibt. Körperlichkeit – Identität – Medien. Frankfurt/Main: Campus, 41-69

Becker-Schmidt, R. (1995). Homo-Morphismus. Autopoietische Systeme und gesellschaftliche Rationalisierung. In Aulenbacher, B./Siegel, T. (Hrsg.). Diese Welt wird völlig anders sein. Denkmuster der Rationalisierung, Pfaffenweiler: Centaurus, 99-120

Becker-Schmidt, R. (1996). Computer sapiens. Problemaufriß und sechs feministische Thesen zum Verhältnis von Wissenschaft, Technik und gesellschaftlicher Entwicklung. In Scheich, E. (Hrsg.). Vermittelte Weiblichkeit. Feministische Wissenschafts- und Gesellschaftstheorie. Hamburg: Hamburger Edition, 335-346

Becker-Schmidt, R. (1998). Trennung, Verknüpfung, Vermittlung: zum feministischen Umgang mit Dichotomien. In Knapp, G.-A. (Hrsg.). Kurskorrekturen. Feminismus zwischen Kritischer Theorie und Postmoderne. Frankfurt/Main: Campus, 84-125

Borck, C. (Hrsg.) (1996). Anatomien medizinischen Wissens. Medizin – Macht – Moleküle. Frankfurt/Main: Fischer

Braidotti, R. (2000). Cyberfeminism with a difference. www.let.ruu.nl/womens_studies/rosi/cyberfem.htm

Braun, K. (1998). Mensch, Tier, Chimäre. Grenzauflösungen durch Technologie. In Knapp, G.-A. (Hrsg.). Kurskorrekturen. Feminismus zwischen Kritischer Theorie und Postmoderne. Frankfurt/Main: Campus, 153-177

Breuer, S. (1992). Technik und Wissenschaft als Hierophanie. In Breuer, S. (Hrsg.). Die Gesellschaft des Verschwindens. Von der Selbstzerstörung der technischen Zivilisation. Hamburg: Junius (2. Aufl. 1993), 157-172

Gransee, C. (1998). Grenz-Bestimmungen. Erkenntniskritische Anmerkungen zum Naturbegriff von Donna Haraway. In Knapp, G.-A. (Hrsg.). Kurskorrekturen. Feministisches Denken zwischen Kritischer Theorie und Postmoderne. Frankfurt/Main: Campus, 126-152

Gransee, C. (1999a). Grenz-Bestimmungen. Zum Problem identitätslogischer Konstruktionen von ‚Natur' und ‚Geschlecht'. Tübingen: edition diskord

Gransee, C. (1999b). „Geschlecht" als „artefaktische Natur"? Anmerkungen zum identitätskritischen Ansatz von Donna Haraway. In Behm, B. L./Heinrichs, G./Tiedemann, H. (Hrsg.). Das Geschlecht der Bildung – Die Bildung der Geschlechter. Opladen: Leske + Budrich, 203-217

Habermas, J. (1968). Erkenntnis und Interesse. Frankfurt/Main: Suhrkamp

Hagner, M. (1996). Der Geist bei der Arbeit. Überlegungen zur visuellen Präsentation cerebraler Prozesse. In Borck, C. (Hrsg.). Anatomien medizinischen Wissens. Medizin – Macht – Moleküle. Frankfurt/Main: Fischer, 259-286

Haraway, D. (1982). Klasse, Rasse, Geschlecht als Objekte der Wissenschaft. In Haraway, D. (1995a). Monströse Versprechen. Hamburg/Berlin: Argument AS 234, 149-164

Haraway, D. (1984). Lieber Kyborg als Göttin! Für eine sozialistisch-feministische Unterwanderung der Gentechnologie. In Haraway, D. (1995a). Monströse Versprechen. Hamburg/Berlin: Argument AS 234, 165-184

Haraway, D. (1985). A manifesto for cyborgs: science, technology, and socialist feminism in the 1980s. Socialist Review, 80, 65-108

Haraway, D. (1986). Primatology is politics by other means. In Bleier, R. (ed.). Feminist approaches to science. New York: Pergamon, 77-118

Haraway, D. (1988). Situated knowledges: the science question in feminism as a site of discourse on the privilege of partial perspective. Feminist Studies, 14 (3), 575-599

Haraway, D. (1989). The biopolitics of postmodern bodies: determination of self in the immune system discourse. Differences, 1 (1), 3-43

Haraway, D. (1992a). Monströse Versprechen. Eine Erneuerungspolitik für un/an/geeignete Andere. In Haraway, D. (1995a). Monströse Versprechen. Hamburg/Berlin: Argument AS 234, 11-80

Haraway, D. (1992b). The promises of monsters: a regenerative politics for inappropriate/d others. In Grossberg, L./Nelson, C./Treichler, P. (eds.). Cultural studies. New York: Routledge, 295-337

Haraway, D. (1995a). Monströse Versprechen. Coyote-Geschichten zu Feminismus und Technowissenschaft. Hamburg/Berlin: Argument AS 234

Haraway, D. (1995b). Die Neuerfindung der Natur. Primaten, Cyborgs und Frauen. Frankfurt/Main: Campus

Herbig, J./Hohlfeld, R. (Hrsg.) (1990). Die zweite Schöpfung. Geist und Ungeist in der Biologie des 20. Jahrhunderts. München/Wien: Hanser

Hofmann, H. (1998). Die feministischen Diskurse über Reproduktionstechnologien. Positionen und Kontroversen in der BRD und den USA. Frankfurt/Main: Campus

Horkheimer, M./Adorno, T. W. (1947). Dialektik der Aufklärung. Amsterdam: Querido (Frankfurt/Main 1986: Suhrkamp)

Keller, E. F. (1996). Der Organismus: Verschwinden, Wiederentdeckung und Transformation einer biologischen Kategorie. In Scheich, E. (Hrsg.). Vermittelte Weiblichkeit. Feministische Wissenschafts- und Gesellschaftstheorie. Hamburg: Hamburger Edition, 313-334

Knorr Cetina, K. (1994). Die Manufaktur der Natur oder: Die alterierten Naturen der Naturwissenschaft. In Landeshauptstadt Stuttgart, Kulturamt (Hrsg.). Zum Naturbegriff der Gegenwart. Kongreßdokumentation zum Projekt „Natur im Kopf", Bd. 1. Stuttgart: frommann-holzboog, 95-114

Kollek, R. (1994). Der Gral der Genetik. Das menschliche Genom als Symbol wissenschaftlicher Heilserwartungen des 21. Jahrhunderts. Mittelweg 36, Zeitschrift des Hamburger Instituts für Sozialforschung, 1/94, 5-14

Lösch, A. (2000). Genomprojekt und Moderne. Soziologische Analysen des bioethischen Diskurses. Frankfurt/Main: Campus

Mittag, M. (2000). Mutierte Körper – Der Cyborg im Text und der Text als Cyborg. In Becker, B./Schneider, I. (Hrsg.). Was vom Körper übrig bleibt. Körperlichkeit – Identität – Medien. Frankfurt/Main: Campus, 209-233

Satzinger, H. (1994). Feministische Naturwissenschaftskritik am Beispiel der Gentechnik. In Buchen, J. et al. (Hrsg.). Das Umweltproblem ist nicht geschlechtsneutral: feministische Perspektiven. Bielefeld: Kleine, 67-86

Saupe, A. (1998). Mythos Cyborg – Zur Politik der Dekonstruktion technologischer Rationalität. Freiburger FrauenStudien, 1/98, 167-189

Scheich, E. (1993). Naturbeherrschung und Weiblichkeit. Denkformen und Phantasmen in den neuzeitlichen Naturwissenschaften. Pfaffenweiler: Centaurus

Schrödinger, E. (1944). What is life? Cambridge: Cambridge University Press

Schultz, I. (1992). Julie & Juliette und die Nachtseite der Geschichte Europas. Naturwissen, Aufklärung und pathetische Projektion in der „Dialektik der Aufklärung" von Adorno und Horkheimer. In Kulke, C./Scheich, E. (Hrsg.). Zwielicht der Vernunft. Die Dialektik der Aufklärung aus der Sicht von Frauen. Pfaffenweiler: Centaurus, 25-40

Thyen, A. (1989). Negative Dialektik und Erfahrung. Zur Rationalität des Nichtidentischen bei Adorno. Frankfurt/Main: Suhrkamp

Watson, J. D. (1968). The double helix. London: Weidenfeld & Nicolson

Weber, J. (2001). Ironie, Erotik und Techno-Politik: Cyberfeminismus als Virus in der neuen Weltordnung? Eine Einführung. Die Philosophin, Heft 24, 81-97

Wilke, J. (1994). Was ist Natur? Natur als Gegenstand der Naturwissenschaften. In Landeshauptstadt Stuttgart, Kulturamt (Hrsg.). Zum Naturbegriff der Gegenwart. Kongreßdokumentation zum Projekt „Natur im Kopf", Bd. 1. Stuttgart: frommann-holzboog, 27-28

Subjekt, BioMacht und Widerstand – Butler und Foucault. Eine Skizze

Christine Hauskeller

Das Individuum ist immer schon in Kontexte gesellschaftlichen Denkens, Sprechens und Handelns eingebunden, innerhalb derer es überhaupt erst zum Subjekt wird. Diese vorrangigen kulturspezifischen und historischen Formationen von Gesellschaft autorisieren erst die je konkrete Weise, Subjektsein überhaupt auszubilden und zu leben. Die formierten Positionen des sprechenden ‚Subjekts' sind darum als Bestätigung und Re-Autorisierung der heteronomen Herrschaftsstrukturen immer auch entfremdet. Eine Aneignung des versprochenen Subjektseins kommt – wenn überhaupt – zustande, wenn die Individuen diese Position kritisch nutzen, also widerständige Denk-, Sprech- und Handlungsakte vollziehen. Widerstand heißt, die konkrete Subjektposition umzuwenden, in der zum Beispiel Diskriminierung erlebt wird. Widerstand wird bei Butler als ein diskursiver konstruiert und damit als paradoxe Strategie, bei Foucault hingegen als laterale Überschreitung. Diese letztere Methode scheint mir, zumindest gegenüber dem Dispositiv der BioMacht, die vielversprechendere. Die Machtverhältnisse der BioMacht umgreifen und erfassen das Leben als körperliches und den Körper als Maschine, als rechen-, zähl- und erkennbares Gebilde, das zu kennen heißt, es zu beherrschen. Widerstand dagegen kann nicht nur an diskursiven Gegenkonzeptionen ansetzen, er muss, um der Bemächtigung des lebendigen Leibes sich zu widersetzen, diesen selbst als Bezugspunkt nutzen.

Ein erster Vorschlag für eine Gegenbewegung gegen die Besetzung und Überhöhung des Lebens als physiologischem Prozess durch die BioMacht wäre die Suche nach einer anderen – neuen – Kultur des Trauerns, des Umgangs mit Sterblichkeit und Tod. In diesem Punkt könnte vielleicht an Foucaults Analysen zu einer möglichen Ästhetik der Existenz angeknüpft werden. Jedoch nicht als Demonstration eines schönen Todes, der den Abschluss eines gelungenen Lebens für die Mit- und Nachwelt bildet, sondern als Versuch, sich von der normativen Doktrin der Lebenserhaltung um jeden Preis zu distanzieren. Kritik an Fremdbestimmung hieße auch, zu heteronomen Übergriffen auf die leibliche wie seelische und moralische Lebensweise Nein sagen zu können. Widerständigkeit gegen die BioMacht, die eine schwache Form von Autonomie, besser die Möglichkeit zur Distanzierung aus den gegebenen Abhängigkeiten, voraussetzt, könnte etwa in der affirmativen Bezugnahme auf die widerständige Leiblichkeit, die nicht anderen verfügbar und zugerichtet sein soll, bestehen.

1. Autonomie, Widerständigkeit, Unterwerfung und Subjektsein

Über Subjekt und Autonomie bei Judith Butler und Michel Foucault schreiben zu sollen im Rahmenthema Biowissenschaften als Arena der Geschlechterpolitik provoziert zum Einen dazu, den Begriff Autonomie zurückzuweisen und zum Anderen, Spekulationen zur Frage von BioMacht und Widerständigkeit der Subjekte anzustellen. Von Autonomie zu sprechen wäre inadäquat, denn autonom zumindest im starken Sinne von selbständig und unabhängig ist das Subjekt weder für Butler noch für Foucault. Foucault denkt Subjekt vom Französischen *assujetissement* beziehungsweise vom Lateinischen *subjicere* – unterwerfen – her (Foucault 1987a). Entsprechend bestimmt er das Subjekt als das Unterworfene, Abgeleitete. Es ist durch die gesellschaftlichen Formationen vorstrukturiert, innerhalb derer ein Mensch sozialisiert wird und sich als Individuum herausbildet. Die oder der Einzelne ist also auch und gerade als Subjekt nicht unabhängig, sondern im Gegenteil: Was jeweils Subjektsein ausmacht und wie und wo Individuen als Subjekte agieren können, ist historisch und kulturell präformiert.

Dennoch spricht der späte Foucault (1987b: 255) davon, dass Subjekte frei seien, allerdings im Sinne von unterschiedlichen Handlungsmöglichkeiten und Formen der Lebensführung. Doch diese Freiheit ist nicht Autonomie und Selbstbestimmtheit. Um nun den Unterschied zwischen Autonomie und Widerständigkeit deutlich zu machen: Wenn durch die modernen biomedizinischen Technologien Frauen als Subjekte darüber entscheiden können, ob sie Mütter werden und die damit zumeist verbundenen Einschränkungen beruflicher Tätigkeit akzeptieren wollen oder nicht, so sind diese Technologien meines Erachtens falsch beschrieben als Errungenschaften, die Frauen Autonomie von den Zwängen ihrer Körper erlauben. Vielmehr existieren eine ganze Reihe von gesellschaftlichen Dogmen und Machtkonstellationen, die unhinterfragt bleiben, wenn solche technischen Lösungen frauenspezifischer Konflikte als Freiheitsermöglichungen gelten. Ich will nur einige dieser Zwänge nennen:

– die patriarchalen Vorstellungen von Frausein und verantwortlicher Mutterschaft,
– die Organisation der Berufs- und Arbeitswelt mit ihrem Rückhalt in der Kleinfamilie,
– die Bedeutung, die dem Geschlecht für die Identitätsbildung zukommt,
– die Rolle der Sexualität als existenzieller Praxis der vermeintlichen Triebbefriedigung in so genannten aufgeklärten Gesellschaften.

Die modernen Verhütungstechniken sind Mittel, um dem mittlerweile offizi-
ell als legitim anerkannten Wunsch der Frauen nach gleichberechtigteren
Verhältnissen Genüge zu tun, ohne dass sich an diesen fundamentalen Zwängen patriarchaler Denk- und Gesellschaftsstrukturen Wesentliches ändert.
Was als Autonomie über den physiologischen Naturzwang der Verbindung
von Sex und Mutterschaft gefeiert wurde, geht gesundheitlich ausschließlich
zu Lasten der Frauen und ist dabei für bestimmte Industriezweige ausgespro-
chen lukrativ. Diese Art einer neuen Freiheit ist symptomatisch für die modernen Versuche, Widerstand gegen Zwänge durch neue Technologien zu lösen, die an einem bestimmten Punkt des Problemkomplexes ansetzen und verfügbar machen, was bisher nicht beherrscht werden konnte. Doch die im Kern
fremdbestimmte technische Verfügung über den eigenen Körper, der unter
anderem den Ansprüchen nach sexueller Praxis ohne Mutterschaft genügen
soll, ist eben nicht Autonomie, sondern vielmehr eine Unterwerfung, die die
Zwänge individuell erträglich erscheinen lässt, aber doch einen hohen Preis
fordert.

Subjekt ist das Individuum dann und sofern es diesen normativ aufgela-
denen von ihm selbst als kontingent erlebten Subjektvorstellungen genügt.
Dieses Subjekt ist nicht autonom und unabhängig, sondern im Kern fremdbe-
stimmt, denn noch seine Widerständigkeit ist vormodelliert, und doch ist es
nicht fix in diese Gewordenheit eingepresst, sondern kann sich reflexiv und
emotional partiell davon distanzieren.

2. Subjektsein als widerständige Position

Judith Butler schließt an dieses Verständnis von Subjekt an und führt es weiter aus. Das Paradox von Unterwerfung und Widerständigkeit des Subjekts zu
beschreiben ist ihr zentrales Anliegen. "Hence, subjection is (...) a certain
kind of restriction in production, a restriction without which the production of
the subject cannot take place" (Butler 1997: 84). Sie fragt, wie aus gesellschaftlichen und diskursiven Vermittlungsprozessen heraus, welche doch die
Subjekte überhaupt erst generieren, diesen Subjekten die Fähigkeit zur eigen-
sinnigen, ungeplanten Aussage, Handlung oder Lebensform erwachsen kann.
Diese Widerständigkeit als Umschreibung der Vorgaben ist etwas Anderes als
die aufgezwungene Wahl zwischen angebotenen Alternativen. Mit Foucault
teilt sie die Überzeugung, dass eine solche spontane Möglichkeit zur Veränderung besteht. Der politische Anspruch der Philosophie beider basiert auf
dieser Überzeugung.

Subjekt in diesem Sinne des Ausbrechens aus den vorgegebenen Alternativen und Modi zu sein und damit nicht Subjekt verstanden im üblichen Sinne
von selbständig definitions- und handlungsmächtig, aber Subjekt im Sinne
von kreativ und eigensinnig, was die Reaktion auf die Regeln und den Anpassungsdruck angeht, ist ein Individuum stets bestenfalls im Augenblick. In

konkreten Situationen und Konstellationen hat es eine Subjektposition inne. Subjekt ist eine bestimmte Positionierung, keine ontologisch fassbare Entität.

Butler (1998) versteht in *Haß spricht* die SprecherInnenposition der ersten Person singular als zentrales Merkmal von Subjektsein. Subjekt ist, wer von sich als Ich spricht und aktiv Anderes beschreibt und zuschreibt. In diese Position ist sie oder er jeweils durch vorrangige Sprechakte oder Handlungen hineingestellt, es besteht aber im konkreten Moment die Möglichkeit, sie zu okkupieren und die Vorgaben umzudeuten. Diese spezifische Position des Subjekts ist von den vorrangigen und historisch kontingent entstandenen Strukturen der Sprache und Bedeutung, der Macht und ihrer Angriffsweisen figuriert und markiert worden. Die jeweiligen kulturellen Formen der diskursiven Strukturen, der Grammatik und der kommunikativen Situation stellen sie als Machtpositionen bereit. Die herrschenden Ordnungen der Geschlechter und der Rassen beispielsweise sind Kategorien, die großen Einfluss darauf haben, ob, wann, wo und vor allem auch wie ein Individuum sprechen darf. Das Thema der Begrenzung von Möglichkeiten, Subjekt zu sein, steht in vielen Texten Butlers im Mittelpunkt. Wie ist es möglich, dass auch diejenigen, denen strukturell die Mitsprache verweigert wird, denen das Recht und die Möglichkeit abgesprochen wird, Subjekt zu sein, sich beteiligen können? Wie können die Zulassungskriterien für Subjektsein verändert, verschoben oder ausgesetzt werden?

Die gesellschaftlichen und sprachlichen Strukturen geben Plätze vor, doch eine Veränderung dieser Plätze und dessen, was von ihnen aus gesagt werden kann, ist möglich, denn diese Strukturen folgen keinen unverrückbaren Gesetzen, sondern sie sind kontingente Folgen der historischen Entwicklung von Machtbeziehungen. Zum Einen ist das konkrete Individuum nicht einfach ungebrochen das Produkt dieser subjekterzeugenden Bedingungen. Zum Anderen sind diese Machtbeziehungen nicht linear und gleichgeschaltet, sondern widersprüchlich, vielschichtig und in sich gebrochen, sodass stets nicht positiv erfasste Räume existieren, die im Denken, Sprechen und Handeln betreten werden können. Prädestiniert für solches *queer-acting* sind diejenigen, die besonders deutlich nicht in die gesellschaftlichen Normierungsraster eingepasst sind, die eben *queer* sind. Dazu gehören Frauen als das unbestimmte Geschlecht ebenso wie – noch deutlicher – Homosexuelle oder Menschen anderer kultureller Herkunft.

Doch relativ zu den normierenden Vorgaben von ‚normalem Subjektsein‘ ist jedes Individuum auch außerhalb der hegemonialen Leitbilder, denn kein Individuum geht in den positiven Bestimmungen von Normalität auf in dem Sinne, dass es ihnen differenzlos zu entsprechen vermöchte. Dieses Motiv findet sich anders beschrieben im Konzept der Kritischen Theorie von der Vergesellschaftung des Individuums und der Natur – der äußeren, der inneren und der Beziehungsnatur (Adorno/Horkheimer 1947). Wie in Adornos *Negativer Dialektik* (1966) ist auch bei Butler und Foucault das Reservoir der Widerständigkeit in jenem Unbestimmten, das nicht beherrschbar ist. Das bedeutet nicht, dass dieses Unbestimmte immer das Gleiche sei, ein An-Sich, das aus einer fiktiven objektiven Perspektive als das Unbeherrschbare formiert wird, sondern je nach den gesellschaftlichen Machtverhältnissen sind es wohl historisch jeweils andere Bereiche, die aus dem positiven Bestimmungsfokus ausgeblendet und ins Unbestimmte abgedrängt werden. Foucault beschreibt, dass jede Machtformation ihr Unbestimmtes, Ausgeschlossenes hat, und dass dementsprechend jede Macht auch Widerstand evoziert – auch wenn je nach den Ansatzpunkten der Macht die Energien und Bereiche des Widerstands andere sind. Foucault (1983: 117) geht so weit zu sagen, dass es keine Macht ohne Widerstand gibt. In ihren Widerstandskonzeptionen liegen – deutlicher als in den bisher beschriebenen Aspekten des Subjektverständnisses – die Unterschiede zwischen Butlers und Foucaults Denken.

3. Widerstand als kognitiv-diskursiver bei Butler

Die Position des Subjekts einzunehmen ist für das Individuum der Augenblick, in welchem es die reale Macht hat, zumindest in einer konkreten Situation die Zuschreibungen, die an es herangetragen werden, umzudeuten, andere Akzente zu setzen und sich selbst und damit diese Position neu auszugestalten. Butler (1998) gibt in *Haß spricht* einzelne Beispiele dafür, wie die Antwort auf eine Zuschreibung eben diese zu verändern und den Ort des Subjekts neu zu bestimmen vermag. In ihren früheren Arbeiten hatte sie die Parodie als Mittel des Widerstands favorisiert (Butler 1991), nun geht sie zur aktiven Resignifikation beziehungsweise Neuschreibung über. Dazu gehört freilich, dass das Individuum sich der in der jeweiligen Situation enthaltenen Zuschreibungen bewusst ist, dass es diese ablehnt und die Fantasie und Kraft aufbringt, seine eigene, andere Lesart seiner selbst darin einzutragen. Butlers Beispiele hierfür sind verbale oder nonverbale Zurückweisungen sexistischer oder rassistischer Äußerungen.

Diese Macht umzugestalten setzt nicht Autonomie voraus, sondern sie ist die konkrete, auf das Vorgegebene bezogene Möglichkeit des Widerstands gegen die heteronomen Begrenzungen, sein Leben zu führen. Da jede gesellschaftliche Formation solche Begrenzungen aufbaut, um die zulässigen Lebensformen hervorzubringen, sind diese Grenzen konkret veränderlich, aber grundsätzlich stets wirksam. Wir werden zu Männern oder Frauen, weil wir unsere Existenz von Grund auf innerhalb dieses Schemas der Geschlechtertrennung beschreiben. Die Muster von Weiblichkeit und Männlichkeit, die historisch kulturell um diese Unterscheidung entwickelt werden, sind für unsere Individuation konstitutiv, und wir streben danach, Identität durch die Annäherung an diese Vorgaben zu entwickeln. Doch die Orientierung an Idealtypen scheitert zwangsläufig. Die Kategorie Geschlecht, das Idealbild unseres Geschlechts, ist uns – so sehr wir uns als Frauen oder Männer fühlen – doch auch fremd und äußerlich. Wir entsprechen diesem Bild nicht und wir erfahren uns immer als mehr als dies. Dieses zwangsläufige Scheitern der Identifikation und Entsprechung mit dem Ideal ist für Butler das auslösende Motiv für den Widerstand der Individuen.

Dieses Motiv findet sich bei Adorno oder Foucault ebenfalls, allerdings bleibt bei Butler das Scheitern der Identifikation mit den Vorgaben in gewissem Sinne eindimensional, weil sie den subjektiven Selbst- und Fremdbezug ebenfalls stets als ausschließlich diskursiv vermittelten denkt und die zusätzliche Dimension des Scheiterns dieser diskursiven Bezugnahmen an der Widerständigkeit der naturhaften oder leiblichen Existenzweise nicht mit thematisieren kann. Der Grund dafür ist Butlers erkenntnistheoretische Fundierung in einer rein diskursiven Konstitution des Subjekts, dass sie dieses nur im Immanenzraum der Sprache sich bewegen lässt. Auch die Methode der Kritik Butlers wird dadurch geprägt.

Die Methode der Kritik ist für sie das Paradox. Es sind paradoxe Strukturen der Aneignung und das Verfehlen des Ideals, die Subjekte hervorbringen. Die Parodie beziehungsweise die Uminterpretation und Neuschreibung der konkreten Situation ist die Methode des Widerstands gegen die Zwänge, Identität entlang der Vorgaben durchzuhalten.

Das Paradox, dass wir in heteronomen diskursiven Machtstrukturen überhaupt erst zu Subjekten werden, die doch zumindest potenziell in die Lage versetzt sind, diesen Strukturen Widerstand entgegen zu setzen, kann sie weder auflösen noch stehen lassen. Sie möchte Widerständigkeit erklären und verfängt sich dabei meines Erachtens in der fundamental diskursiven Struktur von Wissen, Erfahrung und Aktion, die sie zum Ausgangspunkt nimmt. Butler geht strikt von der Unhintergehbarkeit des Sprachlich-Kognitiven aus. Es könnte da wohl – hier bezieht sie sich auf Derrida – nicht einmal einen ,Begriff' für das absolute Draußen geben (Butler 1995: 55; Derrida 1986: 127). Aber alles, was drinnen ist, was in der Gegenwart denk- und erfahrbar ist, ist immer schon sprachlich diskursiv formiert und insofern Produkt der Machtverhältnisse.

Ich habe in meiner Dissertation zur Subjektkonzeption bei Butler und Foucault ausgeführt, dass Butler in dieser paradoxalen Struktur des Subjekts feststeckt und die Widerständigkeit von Subjekten darum nicht befriedigend konzipieren kann (Hauskeller 2000). Dieses Scheitern wird meines Erachtens am deutlichsten in *The Psychic Life of Power* (Butler 1997), das kürzlich auf Deutsch erschienen ist (Butler 2001a). Butler beschreibt dort im Rekurs auf Sigmund Freud die innerpsychischen Mechanismen der Unterwerfung des Individuums und stellt fest, dass das Subjekt wohl eher in Melancholie fällt statt fantasievolle Parodien zu entwickeln.

Sie äußert in einem jüngst veröffentlichten Interview, dass sie theoretisch feststecke, wenn es darum geht zu sagen, was der Andere ist, über das hinaus, was sich über ihn sagen lässt (Butler 2001b: 591). Die körperliche Realpräsenz des Anderen als ethische Forderung an mich, die zum Beispiel in Levinas Ethik eine so zentrale Rolle spielt, anerkennt sie zwar als Herausforderung des Sozialkonstruktivismus. Aber sie selbst kann damit nicht operieren, eben weil sie dem Körper als Außersprachlichem in ihrer Denkweise keine Wirklichkeit einräumen kann.

4. Paradoxie und Lateralität – Die Widerständigkeit des Leibes

Aus dieser Sackgasse der Melancholie scheint mir Foucaults Hinweis in *Der Wille zum Wissen* – „Gegen das Sexualitätsdispositiv kann der Stützpunkt des Gegenangriffs nicht das Sex-Begehren sein, sondern die Körper und die Lüste" (Foucault 1983: 187) – einen Ausweg zu zeigen. Allerdings hat Foucault es diesbezüglich bei dem zitierten Hinweis auf die Körper und die Lüste belassen. Das Motiv der Widerständigkeit des Leibes ist auch in der kritischen Philosophie Adornos (1966) formuliert – doch auch dort nicht entwickelt. Vom Leib geht nach Adorno ein Impuls aus, der erleben lässt, dass in ihren Zwängen die Welt nicht ist, wie sie sein sollte. Ein somatischer Impuls, der Widerständigkeit evoziert und für Momente eine Identät des Ich mit sich erzeugt, in der Freiheit aufscheint. Doch diese Freiheit ist keine, die durch bloße Denkakte möglich wäre; erst das Hinzutretende macht die kurzzeitige Erfahrung von Freiheit als Ich möglich.

Die Philosophin Petra Gehring (2001) operierte in einem kürzlich in Damstadt gehaltenen Vortrag mit einer Unterscheidung, die ich für die Differenz des Widerstandskonzeptes bei Butler und Foucault fruchtbar machen werde. Gehring unterscheidet zwischen Paradoxie und Lateralität als zwei Wegen, das Problem der Sprach-Immanenz zu überwinden, das sich aus dem Bewusstsein der stets nur symbolisch vermittelten Gegebenheit der Welt ergibt. Dadurch geht, wie sie sagt, der Theorie jeder andere als der sprach- oder textförmige Seinsbezug verloren. Sie rekonstruiert zwei Denkfiguren im spätmodernen Denken, die das Problem der Sprachimmanenz unter Vermeidung des metaphysischen Rückfalls bearbeiten – eben Paradoxie und Lateralität. Das paradoxe Modell entwickelt sie an Niklas Luhmanns Systemtheorie, in der Paradoxien als Schlüssel zur Einheit der Systeme gelten. Auch in Jacques Derridas Methode der Dekonstruktion, die die unhinterfragten Unterscheidungen in Gefügen von Differenzen herausarbeitet, sind die Paradoxien und blinden Flecken von Theorien der Zielpunkt der Kritik. Durch die konstruktive Arbeit der Dekonstruktion wird die Differenz aufgezeigt, in der sich der sprachliche Weltbezug stets zum Gemeinten und zu sich selbst bewegt. Die Paradoxie ist dabei ein immanentes Phänomen, in dem der Umschlagpunkt jeglicher Erkenntnis erreicht und angezeigt ist.

Die Art und Weise, wie Butler Widerständigkeit konzipiert, entspricht dieser Methode der Suche nach paradoxen Strukturen und Figuren. Sie untersucht die Entstehung und das Motiv der Widerständigkeit und findet es im Scheitern der Identität mit dem Ideal. Doch so interessant diese Perspektive zur Erklärung von Widerständigkeit im Kognitiven ist, so wenig ergiebig scheint sie mir für die Erklärung der Praxis von Widerständigkeit. In *Haß spricht* sind die Individuen letztlich auf ihre eigene Sensibilität, Kreativität und Abgrenzungsfähigkeit zurückgeworfen, wenn sie sich gegen Fremdbestimmung wehren wollen. In *Psyche der Macht* wird dann die Schwäche dieser Konzeption für die Praxis deutlich, wenn Butler die Melancholie als notwendiges Durchgangsstadium konzipiert und nichts mehr angeben kann, woher die Kraft zum Widerstand rühren könnte.

Die andere Herangehensweise, nämlich beim Köper beziehungsweise Leib anzusetzen, halte ich für wesentlich erfolgversprechender, wenn praktische Widerständigkeit von Subjekten erklärt und für diese sensibel gemacht werden soll. Gehring spricht hier vom Modell der Lateralität. Die DenkerInnen eines ‚seitlichen Überschreitungspotentials' der Vermitteltheit von Welt gehen vom Leib als tragendem Element aus. Am Beispiel von Merleau Pontys Leibbegriff erklärt Gehring, wie diese seitliche Überschreitung gemeint ist. Für Merleau Ponty ist der Leib das Medium der Wahrnehmung und der Rede. Der Leib erst bringt die Bedeutung, das Evidenzerlebnis hervor. Er ist darum nicht das Andere der Sprache, sondern er ist ein (*etre a deux*) ‚zweiblättriges Wesen' zwischen der Ordnung des Subjekts, des Objekts und der Intersubjektivität. Gehring sagt, dass die Texte nicht nur – mit der leiblichen Dichte im Rücken – schöpferisch ausgreifen auf leibliche Erfahrung, sondern dass „Texte, Worte, Sprachgesten sich einmischen, sich regelrecht körperlich verwickeln in die Welt – Machtfragen inklusive" (2001: 6). In der Leiblichkeit ist demnach die Sagbarkeit antizipiert. Sie gewährleistet und bedingt, dass Sprache sich entgrenzen, über Sprachliches hinausgehen kann und muss.

Während die Paradoxie auf das „frontale Außerkraftsetzen und gleichsam die Implosion des Sinns" setzt,

> „umspielt das Modell der Lateralität das Problem der Differenzierung und die verborgene Stofflichkeit wie auch der Praxis dessen, was als Differenz genommen wird in einer Art von offenem Durchgang" (Gehring 2001: 5f.).

Was heißt das aber nun für Foucaults oder auch Adornos Rede vom Leib, der sicher in beiden Fällen keine phänomenologische Leibkonzeption zugrunde liegt? Der einfache Anschluss an Merleau-Ponty steht nicht zur Diskussion. Ich meine jedoch, dass Adornos Rede vom somatischen Impuls und Foucaults Hinweis auf den Leib[1] und die Lüste als Widerstandpunkte gegen das Sexualitätsdispositiv mit diesem Modell der seitlichen Überschreitung gut expliziert werden können.

5. Der Leibbegriff bei Foucault

Ich habe gesagt, dass Subjektsein keine feste Qualität von Individuen ist, sondern eine situative Position, die von gesellschaftlichen Diskurs- und Machtpraktiken markiert wird. Was jeweils ein Individuum ist und wie ein solches sich selbst erlebt, ist ebenfalls durch diese, dem Einzelnen vorgängigen über-

---

1   Ich spreche im Folgenden auch betreffs Foucault vom Leib, weil nur dieses deutsche Wort zutreffend bezeichnet, was wohl hier gemeint ist, wenn Foucault im Französischen *corps* schreibt.

individuellen Prozesse gesellschaftlicher Formationen bestimmt. Das heißt, dass auch die Körper- und Leibwahrnehmung nichts Ahistorisches ist. Foucault (1977) hat in *Überwachen und Strafen* und seinen späteren Büchern besonders auch die Disziplinierung und gesellschaftliche Konstruktion von Körpern als objektivierbare Anteile des Selbst thematisiert. Diese Körper als Objekte des Selbstbezuges, aber auch Gegenstände der Medizin, sind keine festen Bezugspunkte, selbst wenn sie in der naturwissenschaftlichen Orientierung der Medizin so gefasst werden.

Ebenso wenig sind die Leiberfahrung und die Lüste überhistorisch. Eine der zentralen Aussagen von *Der Wille zum Wissen* (Foucault 1983) ist, dass Lüste – interpretiert als Erfüllung von Triebbedürfnissen – eine historische Formation zur Gängelung der Individuen geworden sind. Identität und Subjektsein werden mit einer Fixierung auf beschränkte Bereiche der menschlichen Existenz und der intersubjektiven Beziehungen verknüpft. Foucault prägt den Begriff Sexualitätsdispositiv, um diese historische Ordnung der Begierden als Triebregungen und ihrer Entzifferung als bevorzugter Selbstbeziehungsweise zu kennzeichnen. Wenn er als Ausgangspunkte für den Widerstand gegen diese Formation die Lüste und den Leib anführt, so sehe ich darin einen Versuch, dieses Dispositiv von der Seite her auszusetzen. Es werden diejenigen Anteile der leiblichen Selbsterfahrung benannt, die vom Dispositiv besetzt werden sollten, aber dem begrifflichen und habituellen Zugriff der jeweiligen Machtformationen und ihrer Aneignungsstrategien entzogen blieben – diejenigen Momente am Leiberleben, derer die übergriffige und industriell zugerichtete Form des Machtdispositivs Sexualität nicht habhaft werden konnte. Dass dabei mit scheinbar unmodernen Worten operiert wird, ist ein Indiz für diese Interpretation. Will Foucault sich auf somatische Widerstandsmotive beziehen, so muss er diese irgendwie bezeichnen und er versucht, an die Begriffswelt vor dem Sexualitätsdispositiv anzuschließen, um wenigstens eine Idee davon zu geben, welche Weise des Welterlebens er meint.

Butler (1991) hat darin in *Das Unbehagen der Geschlechter* eine Idealisierung des Lusterlebens vor dem Dispositiv vermutet und Foucault Ursprungsdenken vorgeworfen. Ich bin sicher, dass das eine Fehldeutung ist. Diese entsteht durch die Notwendigkeit, das, was von der Seite kommt, das – mit Adorno Naturhafte, mit Foucault in meiner Lesart – Leibliche, das von der Zurichtung nicht erfasst ist, bezeichnen zu müssen.

Im Unterschied zu einer Konzeption, die den Widerstand des Subjekts gegen die jeweiligen Machtverhältnisse grundsätzlich als vom Leib her kommend denkt – wie das bei phänomenologischen Ansätzen der Fall ist – möchte ich jedoch betonen, dass Foucaults Äußerung sich konkret auf das historische Machtphänomen Sexualitätsdispositiv bezieht. Wenn die heteronomen Weisen der Hervorbringung und Beschränkungen von Individuen sich ändern, ändern sich auch die Möglichkeiten und Formen des Widerstands. Der vermeintliche Hedonismus einer egozentrischen und auf industriell zu befriedigende Sex-Bedürfnisse fixierten Selbst- und Fremdbeziehungsweise kann mit dem Versuch, Lüste und Leib zu erleben und sich damit diesen Angebogeboten zu verweigern, zurückgewiesen werden. Setzt die Macht jedoch in anderer Weise an und konzentriert sich weniger auf die körperliche Zurichtung und Fixierung der Individuen, ergeben sich wohl auch andere Formen der Kritik und des Widerstands. So könnte vielleicht die erotisierende Bezugnahme des Sokrates auf Alkibiades, die Foucault in seiner Deutung von Platons Symposion rekonstruiert, als Widerstandsmotiv in einer durch strikte homosexuelle Tabuisierungen geprägten Kultur gelesen werden? Zumindest legt *Der Gebrauch der Lüste* (Foucault 1989) eine solche Lesart der Suche Foucaults nach widerständigen Beziehungsformen nicht weniger nahe als die Deutung einer Suche nach dem guten Leben im Angesicht der Krankheit, die ihn zu einer Wende im Denken bewogen und der sublimierten (reinen) Geburt der Philosophie im Garten der Lüste (Schmid 1987) zugewandt haben soll.

6. Historisch gewordene Leiblichkeit als Reaktion auf die BioMacht

Wenn wir jedoch über Widerständigkeit von Individuen als Subjekten in der Gegenwart nachdenken, so ist unübersehbar, dass die BioMacht als biotechnologische immer stärker auf uns einwirkt. Nach der ökonomischen Besetzung der Körper im Sexualitätsdispositiv entwickelt sich nun eine technologische Aneignung und Durchdringung der Körper mit fremden Substanzen und Materialien, die die bislang intakt gelassene Integrität des Leibes als körperlichem mehr und mehr durchkreuzt. Wichtige Merkmale, die kaum jemand zurückweisen kann, wie Verschönerung, Lebensverlängerung oder steigende Lebensqualität werden mit Zusatz- und Ersatzteilen aus medizinisch-biotechnologischer Produktion erwerbbar. Foucault hat auch dieses Phänomen der BioMacht als Gegenwartsdispositiv benannt. Er hat sich aber hauptsächlich mit den modernen Methoden der statistischen Überwachung von Bevölkerungsbewegungen wie Abnahme oder Zunahme der Geburtenzahlen oder Sterberaten im Dienste der politischen Kontrolle befasst.

Wenngleich diese Dimension der Bevölkerungskontrolle heute keineswegs abgenommen hat, so sind doch heute noch andere Zugriffsweisen dieser BioMacht auf die Individuen hinzugekommen, während ein wesentlicher Zug dieser Machtform – das Sexualitätsdispositiv – seine Funktion durch eine Fixierung der Individuen an die geschlechtliche Identitätsbildung, deren Gelingen sich in befriedigenden heterosexuellen Sexpraktiken zeigen sollte, unterworfene Subjekte hervorzubringen einbüßt. Sex ist gegenwärtig wohl weder als repressives noch als befreiendes Moment individueller Lebensvollzüge mehr sonderlich wirksam. Die industriell-ökonomische und massenmediale Präsenz des Lebensbeglückungsprogramms ‚befriedigender Sex‘ hat dazu sicher einen nicht zu unterschätzenden Anteil beigetragen.

Foucault (1983) hat in den letzten Abschnitten von *Der Wille zum Wissen* über die Ergreifung „der Macht Leben zu lassen und Sterben zu machen" geschrieben und die bürgerliche Herrschaft als eine beschrieben, die am Leben als Voraussetzung aller individuellen Existenz ansetzt. Die BioMacht als gegenwärtiges Phänomen der politischen, ökonomischen und auch moralischen und kognitiven Unterwerfung der Menschen unter den Imperativ, alles gutheißen und unterstützen zu müssen, was Leben schafft, erhält oder zurückzugeben verspricht, ist eine Verbindung der Machtpotentiale der bürgerlichen Politik, der Klinik und der Medizintechnologie.

7. Strategien der BioMacht und Ansatzpunkte für Widerstand — Forschungsfragen

Der Lebensbegriff und seine Überdeterminiertheit, so meine These, bieten Ansatzpunkte für die Suche nach widerständigen Potenzialen. Der Leib und die Lüste scheinen jedoch nicht die Referenten für Widerstand gegen die Strategien der BioMacht zu sein. Vielmehr müssen wir nach der Qualität von Leben sowie nach dem Sterben-Können und dem Tod fragen, auch im Sinne der Trauer. In psychoanalytischen Begriffen ausgedrückt könnte das Sexualitätsdispositiv als eine patriarchale Form der Fixierung der Individuen auf die genitale Entwicklungsstufe gedeutet werden. Das vorherrschende Konstrukt der männlichen Trieberfüllung stand dabei im Vordergrund und sollte sich realisieren. Weibliche Sexualität als das ‚Andere‘ blieb in dieser Formation sexueller Identitäten unbestimmt. Darum wurden Frauen mit der Figur der machtlosen Hysterika identifiziert, deren Triebleben sich nicht entäußern kann.

In der BioMacht spielt die Geschlechterdichotomie jedoch in anderer Weise eine Rolle. Der Lebenswert sowie der Anspruch auf angemessene medizinische Behandlung sind unterschiedlich auf die Geschlechter verteilt — nicht programmatisch freilich, sondern in der alltäglichen klinischen Praxis. Die Idee der nahezu unbegrenzten Wunscherfüllung in der gegenwärtigen Ausformung der BioMacht als biotechnologische Medizin trägt eher die Züge einer Potenz- und Größenfantasie, wie sie nach Freud für die vorgenitale Entwicklungsstufe charakteristisch sind: Was ich nicht habe, kann oder bin, kann ich mir einkaufen — wenn ich vermögend genug bin oder den Leidensdruck hinreichend plausibel machen kann.

Hier könnte sich möglicherweise eine neue Praxis der Lebenskunst als widerständiges Ethos erweisen. Allerdings nicht wie in den modischen Bezugnahmen auf den späten Foucault als Ästhetisierung der Existenz mit esoterischem Beigeschmack und unter Zuhilfenahme der Technologien der Lebensoptimierung, sondern wohl eher als Praxis der Kunst des Trauerns, der Bescheidenheit und der Kunst zu sterben. Eine solche Haltung könnte in einer Zeit Widerhall finden, in der das Verhältnis vieler Menschen zum technischen Fortschritt nicht mehr so ungebrochen affirmativ wie noch vor 30 Jahren, sondern stark ambivalent geworden ist. Damit ist nicht gemeint, eine zukunftspessimistische und technikfeindliche Position sei per se die adäquate

Form des Widerstandes gegen die BioMacht. Es lässt sich schon aus prinzipiellen Gründen schwer positiv formulieren, wie eine solche Widerständigkeit auszusehen habe. Foucault hat das aus guten Gründen nicht getan und auch ich will und kann keine allgemeine Leitlinie widerständiger Existenz formulieren. Schon in der Festlegung verbindlicher Widerständigkeit läge ein Selbstwiderspruch, der das Festgelegte untauglich machen würde, um darüber zumindest situativ individuelle Freiheit erfahren zu können.

Festzuhalten ist, dass unterschieden werden sollte zwischen dieser letztgenannten individuellen Verweigerung, die mit Foucault als *Dissidenz* bezeichnet werden könnte, und dem Widerstand (besonders von Gruppen) als politisch-gesellschaftlicher Aufgabe der Behauptung gegen heteronome Machtformationen und deren Zumutungen. Über Widerstandsstrategien im politischen Feld muss anders verhandelt werden als über individuelle Widerstandsreaktionen, die mit Selbstbehauptung und Freiheit des Einzelnen zu tun haben, aber in ihrer gesellschaftlichen Relevanz und Wirkung in der Regel marginal sind. Beide Widerstandsformen sind wichtig, sie arbeiten jedoch mit anderen Methoden und Zielen. Die Entwicklung gesellschaftlich wirksamer Widerstandspolitiken erfordert eine breite gesellschaftliche Auseinandersetzung mit der realen und fantasierten Macht der Medizin und wie wir uns ihr und ihren Leitwerten von Gesundheit und Normalität als Normierungen unterwerfen wollen. Die folgenden Überlegungen beziehen sich darum erst einmal auf Widerstand als Dissidenz.

Hier scheint mir zumindest ein Moment abstrakt benennbar zu sein: Auch im individuellen Widerstand gegen die BioMacht ist der Leib gefordert, allerdings nicht als Leib der Lüste und der Überschreitung vorgegebener Formen der intersubjektiven Beziehungnahme, sondern als nicht-technologische, eigene Basis individuellen Lebens, Überlebens und Leidens. Die ‚Naturgegebenheit‘ dieser Basis – der Begriff ist freilich problematisch und hier im Sinne Adornos zu verstehen – könnte ein gleichberechtigter Ausgang menschlicher Existenz sein, der gegen die technische und profitinteressierte Durchdringung behauptet werden sollte. Den technisch-industriellen Übergriffen auf Leib und Körper als somatische Basis und Vollzugsmodus individuellen Lebens könnte durch ein geschärftes Bewusstsein und Empfinden für die Heteronomie dieses Dispositivs begegnet werden, das aus Individuen Exemplare von Körperfunktionen, Zell- und Immunabwehrtypen zu machen bestrebt ist (vgl. Hauskeller 2001, 2002 a, b).

Diese Widerständigkeit ist stets nur partikular und situativ, wie es für das Subjektsein im Sinne von Selbstbestimmung generell gilt. Kein Individuum steht außerhalb des Dispositivs und könnte dessen Wertorientierungen und Sinnstiftungen rundweg ablehnen. Aber das Unbehagen und die Kehrseite der jeweiligen Normierungen zu empfinden und zumindest gelegentlich den Verführungen zur angepassten Unterwerfung zu widerstehen bleibt Aufgabe der Kritik und Bedingung der Selbstbehauptung.

Das Dispositiv der BioMacht von der Seite her anzugreifen scheint mir eine vielversprechende Strategie der Selbstbehauptung. Dabei werden dann nicht seine immanenten Widersprüche analysiert, sondern Lebensentscheidungen und Lebensstil als Verweigerungen im Sinne von anderen Praktiken des Verhältnisses von Körper- und Selbstbezug *gelebt*. Ich wähle in diesem Zusammenhang den *Leib*begriff, weil der Leib als ‚altmodischer‘ Ausdruck für eine nicht-distanzierte, nicht-objektivistische Weise des Bezuges auf die materiale Basis des Lebens den Verweisungszusammenhang von Körper, Seele und Kognition impliziert. Hierdurch wird bereits ein wenig Widerstand gegen die Zurichtung des Körpers als Maschine zum Ausdruck gebracht, die nur Vehikel für die psychische und rationale Lebenspraxis ist.

Literatur

Adorno, Th.W./Horkheimer, M. (1947). Dialektik der Aufklärung. In Horkheimer, M. Gesammelte Schriften, Bd. 5. Frankfurt a. Main: Fischer (erschienen 1987)

Adorno, Th.W. (1966). Negative Dialektik. Frankfurt a. Main: Suhrkamp

Butler, J. (1991). Das Unbehagen der Geschlechter. Frankfurt a. Main: Suhrkamp

Butler, J. (1995). Körper von Gewicht. Die diskursiven Grenzen des Geschlechts. Berlin: Berlin Verlag

Butler, J. (1997). The Psychic Life of Power. Theories in Subjection. Stanford: Stanford University Press

Butler, J. (1998). Haß spricht. Zur Politik des Performativen. Berlin: Berlin Verlag

Butler, J. (2001a). Psyche der Macht. Frankfurt a. Main: Suhrkamp

Butler, J. (2001b). Eine Welt in der Antigone am Leben geblieben wäre. Interview mit Judith Butler. Deutsche Zeitschrift für Philosophie, Heft 4, 591

Derrida, J. (1986). Positionen. Graz/Wien: edition Passagen

Gehring, P. (2001). Paradoxie oder Lateralität? Zwei Wege, das Problem der Sprachimmanenz zu überwinden. Vortrag gehalten an der TU Darmstadt am 9. Juni 2001, unveröff. Vortragsmanuskript

Hauskeller, C. (2000). Das paradoxe Subjekt. Unterwerfung und Widerstand bei Judith Butler und Michel Foucault. Tübingen: edition diskord

Hauskeller, C. (2001). Die Stammzellforschung. Sachstand und ethische Problemstellungen. Aus Politik und Zeitgeschichte, Beilage zur Wochenzeitschrift Das Parlament, 29. Juni 2001, 7-16

Hauskeller, C. (Hrsg.) (2002a). Humane Stammzellen: therapeutische Optionen, ökonomische Perspektiven, mediale Vermittlung. Lengerich: Pabst-Publishers (im Druck)

Hauskeller, C. (2002b). Stammzellforschung und Menschenwürde. Plädoyer für einen Blickwechsel. In Kettner, M. (Hrsg.). Biomedizin und Menschenwürde. Frankfurt a. Main: edition suhrkamp (im Druck)

Foucault, M. (1977). Überwachen und Strafen. Die Geburt des Gefängnisses. Frankfurt a. Main: Suhrkamp

Foucault, M. (1983). Der Wille zum Wissen. Sexualität und Wahrheit. Frankfurt a. Main: Suhrkamp

Foucault, M. (1987a). Warum ich Macht untersuche. In Dreyfus, H.L./Rabinow, P. (Hrsg.). Michel Foucault. Zwischen Strukturalismus und Hermeneutik. Frankfurt a. Main: Athenäum

Foucault, M. (1987b). Wie wird Macht ausgeübt? In Dreyfus, H.L./Rabinow, P. (Hrsg.). Michel Foucault. Zwischen Strukturalismus und Hermeneutik. Frankfurt a. Main: Athenäum

Foucault, M. (1989). Der Gebrauch der Lüste. Frankfurt a. Main: Suhrkamp

Schmid, W. (1987). Die Geburt der Philosophie im Garten der Lüste. Foucaults Archäologie des platonischen Eros. Frankfurt a. Main: Fischer

The Body of Gender: oder The Body of What? Zur Leere des Geschlechts und seiner Fassade*

Marie-Luise Angerer

Das ‚Vertrauen in das Geschlecht‘ ist mehrfach entschwunden:

– Zunächst einmal durch die Kritik an der Kategorie Frauen: women of color, lesbische Frauen, und andere kritisieren die hegemoniale Setzung von Frauen als weiß, Mittelklasseangehörige sowie heterosexuell. Teresa de Lauretis (1987) verwirft die Kategorie radikal unter dem Hinweis auf ihre Opposition zur Kategorie Mann. Aus dieser heterosexuellen Dichotomie erwüchse für die Theorie des Feminismus sowie seiner Politik ein Gefängnis, der Binarismus Mann-Frau wäre eine intellektuelle und politische Falle.

– Dies führt zur Ersetzung von woman/women durch die Kategorie ‚gender‘. Wieder ist es de Lauretis, die die ersten entscheidenden Definitionsversuche vorschlägt, die sodann mit Judith Butlers *gender trouble*(1990) weiterverfolgt werden sollten. Während für de Lauretis gender zunächst einmal als relationale Kategorie ihre Bedeutung gewinnt, wird Butler – ebenfalls unter anderem auf die Sprechakttheorie zurückgreifend – gender als performativen Akt beschreiben: ‚gender is something we do‘.

– Dieses *doing gender* – das in der Folge begeisterte Aufnahme in den meisten Disziplinen finden wird – ist allerdings eines, dem kein wie immer geartetes Subjekt vorausgeht, das tut. Das Tun kreiert den Tuer/die Tuerin.

– Das Vertrauen in die Kategorie gender ist durch Butler so gefestigt worden, dahingehend, dass ihre Theorie einen neuen festen Grund für große Teile der feministischen Theoriebildung angeboten hat. Doch auch dieser Grund sollte nicht allzu lange unangetastet bleiben.

– Butler (wie andere auch) kritisiert in diesem Kontext die Unterscheidung *sex/gender*. Mit Jacques Lacan (1996) erklärt sie, dass das Signifikat erst durch sein Gleiten in der Signifikantenkette ‚produziert‘ wird, also keine eigene Existenz besitzt und – was weitaus entscheidender ist: Signifikat und Signifikant sind durch eine Sperre radikal getrennt. Sie sind nicht nur willkürlich aufeinander bezogen, wie dies noch bei de Saussure der Fall ist, sondern sind gar nicht aufeinander bezogen.

– Dies wiederum ist nun für Elizabeth Grosz (1994a, b) der Ausgangs- und Kritikpunkt. Für Grosz ist gender eine redundante Kategorie, die sie mit

Hinweis auf Michel Foucault ablehnt: In ihrer Theorie ist vielmehr der Körper variabel, nicht gender. Butler würde eine unnötige Trennung zwischen dem Körper (als dem Ort von Sexualität) und gender als dessen performative Überstülpung vornehmen. Mit Foucault kann sex jedoch nicht als Grund angenommen werden, dem Sexualität und gender hinzu addiert werde, sondern sex – so Grosz – ist sexuelle Differenz und gehört in den Bereich der Morphologie des Körpers, der allerdings nicht von den Machtregimen der Sexualität unberührt oder gar vor diesen (zeitlich vor ihnen) existiere. Die Inskription der Macht kreiert die Körper aktiv und retrospektiv.

– Doch auch Grosz bleibt letztendlich an der Frage hängen, wie es zur Exklusivität der beiden Geschlechter kommt. Auch bei ihr taucht eine Leerstelle auf – in Form der Spur – , die ich in meinen Arbeiten, insbesondere in „body options. Körper.Spuren.Medien.Bilder" (1999) in eine *Fassade des Geschlechts* eingekleidet habe: Geschlecht als radikale Nachträglichkeit und ‚zweite Bearbeitung‘.

1. Die Leere des Geschlechts und seine Fassade

Ich möchte folgenden Weg einschlagen: Ich beginne mit Judith Butler, um dann mit der Definition von sexueller Differenz von Elizabeth Grosz weiter fortzufahren. Über ihren Begriff der sexuellen Differenz werde ich allerdings wieder auf Butler zurückkommen, speziell auf ihren Begriff der ‚imaginären Morphologie‘, worin sich Psychisches und Körperliches kreuzen. Vor diesem Hintergrund werde ich dann meine Vorstellung von der Leere des Geschlechts und seiner Fassade ausführen.

Mit Judith Butlers *Gender Trouble* (1990, deutsch 1991) läßt sich ein neuer Ansatz in der Körperdebatte festsetzen. Was hat Butler eingeführt? Nichts anderes, als dass sie vor dem Hintergrund einer linguistisch-psychoanalytischen Fassung dem sex, also dem biologisch/anatomischen Geschlecht, das von gender, als seiner kulturellen Umformung, als getrennt gedacht wurde, jede eigene, unabhängige Setzung aberkannte. Vielmehr konstatiert sie, dass sex immer schon in der Position von gender sein muss, gewesen sein muss, um als intelligibel in einer Kultur/Gesellschaft durchzugehen. Signifikant/Signifikat, de Saussures arbiträre Sprachzeichen-Beziehung, die von Lacan radikalisiert wird dahingehend, dass Signifikant und Signifikat durch die bar (durch die bank, Anm. d. Hrsg.) absolut getrennt sind, was bedeutet, dass das Signifikat immer schon in der Position eines Signifikanten gewesen sein muss, um als Signifikat nachträglich gesetzt zu werden.

Butler bestimmt gender also als in der Signifikantenkette gleitend, hierbei mit Lacan übereinstimmend, der das Geschlechterverhältnis in der symbolischen Ordnung verortet. Hieraus folgert nun jedoch, dass gender nicht festgesetzt, fixiert ist, sondern sich permanent verschiebt, verdichtet, substituiert.

Als weitere wichtige Bestimmung von Butler muß der *Kopiencharakter* von gender genannt werden. Gender befindet sich stets in der Position der Kopie. Das ständige Tun ist ein permanentes Wiederholen, und in diesem wiederholten Tun setzt, verschiebt sein Tuer/seine Tuerin. Ich lasse dies einmal so stehen, da ich auf Butler und ihre Gender-Körper-Bestimmung nochmals zurückkommen werde.

Auf Butlers aufgeregte Rezeption erfolgte nicht nur Ruhe, sondern auch Revisionen entscheidender Aspekte ihrer Arbeit. Elizabeth Grosz war sicherlich dabei eine der klarsten oder entschiedensten: indem sie nämlich die Kategorie gender von Butler als redundante, überflüssige abwies. Anstelle dessen fragte sie sich, ob es nicht radikaler wäre, eine irreduzible Instabilität dem sexuell markierten Körper als zutiefst eingeschrieben anzuerkennen, anstatt gender als variablen Faktor ins Spiel zu bringen:

„That there is an instability at the very heart of sex and bodies, that the body is what it is capable of doing, and what anybody is capable of doing is well beyond the tolerance of any given culture?" (Grosz 1994b: 140).

Nicht, was ein Körper ist, sondern was ein Körper zu tun imstande ist, ist also die Frage von Grosz. Ihr sei durchaus bewusst, wie sie betont, dass Feministinnen sich jahrelang bemüht hätten, aus den jeweils spezifischen Eigenheiten weiblicher/männlicher Körper keine Rückschlüsse beziehungsweise Koppelungen mit ihren je unterschiedlichen sozialen Positionen zuzulassen. Dennoch ließe sich nicht verleugnen, dass die Erfahrungen und kulturellen Aktivitäten von Frauen und Männer mit ihrem je spezifisch Weiblich-Sein und Männlich-Sein korrespondieren – auf ganz bestimmte Art, die es theoretisch zu fassen gelte.

Grosz' Vorhaben besteht also darin, die subversiven Kräfte des Körpers in den Mittelpunkt zu rücken, die durch gesetzliche und kulturelle Bestimmungen/Inschriften geschaffen werden, sich ihnen aber auch ständig entziehen können. Damit stellt sie zum Einen eine Verbindung zu Deleuze und Guattari und deren Begriff des ‚organlosen Körpers' her, ein Körper, der nicht einzwäng- und einteilbar ist, sondern der ein ‚Mehr' des Körpers beschreibt, das über den jeweils aktuellen Körper hinaus weist. Zum Anderen jedoch gibt es aber auch eine klare Verbindung mit Derrida und seiner supplementären Logik, einer Logik, die der dichotomen Opposition zu entkommen trachtet. Wie Derrida in seiner ‚neuen Choreographie der sexuellen Differenz' betont hat, geht es nicht darum, Frauen und Männer aneinander anzugleichen und damit das Männliche stillschweigend als Norm weiter zu wahren. Auch ginge es nicht darum, die Besonderheiten der Geschlechter als Ausgangspunkt zu nehmen, sondern vielmehr darum, eine radikale Vielheit im Sinne einer ‚supplementären Logik' anzustreben, eine Logik, die die binäre Opposition durchbricht. Sexuelle Differenz ist in der Vorstellung Derridas eine Sexualität, die einer exklusiven Zuordnung – männlich und weiblich – vorgelagert ist. Sie ist quasi eine Art ‚Rohmaterial', aus dem sich die Geschlechter erst je nach historisch-psychischer Situation entfalten. Doch wie ist es zu erklären, so Grosz' Frage an Derrida, dass aus dieser unbestimmten Sexualität zwei einander sich gegenseitig ausschließende sexuell markierte Körper entstehen?

Wie soll es denn möglich sein, fragt sie weiter, Derridas Konzept einer „multiplicity of sexually marked voices" als utopisches anzunehmen, ohne die faktischen Limitationen männlicher und weiblicher Körper zu ignorieren (Grosz 1995: 177). Denn mann/frau könne eine Vielzahl von Sexualitäten ausprobieren und spielen, aber der sexuell markierte Körper des/der anderen könne nicht übernommen werden. Es müsse also so etwas wie eine irreduzible Spezifik der Geschlechter geben; es müssen also mindestens, wenn nicht nur, zwei Geschlechter vorhanden sein.

Deshalb nun auch Grosz' Versuch, im Sinne Derridas sexuelle Differenz als ‚Spur' – als *différance* – zu fassen, als originären Aufschub, der in seiner Negativität oder Absenz Positivität erst ermöglicht. Dann kann sie schlussfolgern, dass sexuelle Differenz nicht als sich selbst in Erscheinung treten kann, sondern als der Horizont verstanden werden muss, „that is implied in the very possibility of an entity, an identity, a subject, an other and their relations" (Grosz 1994b: 209).[1]

Doch was sagt sie damit? Nichts anderes nämlich als Butler im Gefolge Lacans, dass Körper in die symbolische Ordnung durch ihre Kennzeichnung aufgenommen werden, dass die Körper auf einer der beiden Seiten – weiblich oder männlich – der Signifikantenkette angeordnet sein müssen. Doch beide – Butler (mit Lacan) und Grosz (mit Deleuze) – stimmen auch darin überein, dass diese Einteilung keine eindeutige ist beziehungsweise keine ist, die nur einmal vorgenommen werden müsste. Vielmehr sind die geschlechtlichen Körper in ihrer imaginären Dimension permanent gefährdet, ihre Fassungen zu verlieren, sich anderen Körpern anzugleichen und die exklusive Opposition zu unterwandern. Dies macht es nun aber notwendig, einen weiteren Begriff zu benennen, der als Verbindungselement fungieren kann – jener des Körperbildes: nicht als Bild des Körpers verstanden – nicht als mediales Bild, – sondern als ein Bild, das leer ist, und dessen Leere durch eine Fassade des Geschlechts *abgedeckt, verdeckt* wird.

In der Psychiatrie und Medizin ist es weit verbreitet, zwischen einem unbewussten Körperbild und einem teilweise bewussten Körperschema zu unterscheiden. Das heißt, es wird von zwei Körpern ausgegangen: eine unbewusste Fassung des Körpers, die den wirklichen, den realen Körper gleichsam einer unsichtbaren Hülle umspannt. Das heißt, es gibt einen Körper, der wir sind, der ‚wirkliche' Körper, und es gibt einen unbewussten Körper, den wir (nicht) haben. Diese Unterscheidung setzt einen tatsächlichen Körper voraus, also einen Körper, der allen Mitgliedern einer Kultur mehr oder weniger glei-

---

1   Vgl. Toril Moi: „Sexual Difference (is) structurally crucial but thematically empty. No specific ‚meaning' of difference can be posited a priori: in different historical and social institutions, the ‚empty' category of difference will be filled with vastly different and variable material" (1992: 324).

chermaßen gegeben ist. Und zwar gegeben im einfachen Sinn, das heißt, Kinder werden mit einem Körper geboren, den sie mit ihrer Kultur teilen. Doch dieser gegebene Körper ist problematisch, was erste Differenzen gleich sichtbar werden lässt. Die Unterscheidung in männliche und weibliche Körper, die als gegebener Fakt erscheinen mag, ist ein historischer Effekt sowohl in ihrer morphologischen Ausformulierung als auch in ihrer kulturellen Bedeutung. Was weibliche und was männliche Körper sind, unterliegt einem Wissenskomplex, der sich verändert, und jedes Mitglied einer Gruppe (wie diejenige der Frauen oder die der Männer) kann sich auf den ‚gleichen‘ Körper nur bedingt verlassen. Grenzsituationen (wie im Falle von Transsexualismus) lassen dies immer wieder deutlich werden.

Wie wenig ein Körper gegeben, wie wenig ein Körper zu haben ist, hat nach Freud vor allem Lacan deutlich gemacht. Wenn Freud durch seine Unterscheidung von Trieb und Instinkt dem Mensch-Sein jede ‚Natürlichkeit‘ absprach, so hat Lacan dem Menschen jeden Zugang zum eigenen körperlichen Sein versperrt. Nach Lacan ist die Herstellung eines einheitlichen Körpers – im Spiegelstadium im Blick des Anderen – nur auf Kosten eines Verlusts, eines unwiederruflichen Verlusts erreichbar. Ein Verlust, der sich in einer imaginären Morphologie des Körpers niederschlägt, einträgt. Der Körper ist in dieser Perspektive nicht mit dem Bild gegeben (wiedergefunden), sondern mit einer „inscription of the void, the intrusion of nothingness, around which the body is structured" (Shepherdson 1994: 168).

Das Körperbild ist in der Lacanschen Psychoanalyse ein Schwellen-Begriff, der sich eben auf Freuds explizite Unterscheidung von Trieb und Instinkt aufbaut. Menschliche Sexualität ist damit immer schon in Repräsentation ver/ge/fangen zu begreifen, markiert durch eine Leere, in die das Begehren sich einsetzen lässt. Denn was Freud in seiner Theorie der Sexualität nie müde geworden ist aufzuzeigen, ist der Umstand, dass dieser Sexualität nichts ‚Natürliches‘ anhaftet, dass es keine ‚normale‘ Sexualität gibt, von der eine andere Form als abweichende festgelegt werden kann.

Obgleich also als Organismus geboren, muss das *menschliche Tier* sich ständig einen Körper erobern, muss es ständig wiedergeboren werden – in und durch das Bild, in und durch den Signifikanten (vgl. Shepherdson 1994: 166f.). Das heißt, der Ort des Körpers ist leer, eine ursprüngliche Leere, die in nachträglichen Verfahren *besetzt* – oder besser: *maskiert* – wird. Als eines dieser nachträglichen Verfahren hat Butler die sexuelle Markierung des/der Körper(s) aufgezeigt, notwendig, um in einer kulturellen Symbolik entzifferbar zu sein.

Doch für Butler ist dieser ursprüngliche Verlust ein Verlust des homosexuellen Begehrens, das in einer Kultur, die auf einem heterosexuellen Vertrag aufgebaut ist, massiv verdrängt werden muss. Für Butler gelangt diese Verdrängung jedoch zurück und inszeniert sich in einer morphologischen Niederschrift im Körper, in seiner Materialität, die diesen Verlust *verkörpert*. Die Rückkehr dieses Verdrängten produziere eine unbewusste Sexualität im Imaginären. Butler spricht in diesem Kontext von einem *morphologischen Imagi-*

nären im Unterschied zu Lacans imaginärer Morphologie.[2] Was sie damit unterstreicht – stärker als Lacan dies tut – ist der Umstand, dass die Materialität des Körpers sich in performativen Akten generiert. Körpergrenzen, Körperperformationen sind in ihren Worten zwischen Psychischem und Materialem verortet beziehungsweise pendeln zwischen beiden ,Terrains'. Weder ist das Psychische dabei als jener Rahmen zu verstehen, der es dem Körper ermöglicht, zu ,erscheinen', noch ist das Materiale des Körpers, seine Physikalität, seine Somatik, als gegebene Tatsache zu sehen, die umgekehrt das Psychische formiert.

Die hier angesprochene Spaltung ist dabei nun jene, die in und durch die Sprache einsetzt. Nur im Symbolischen der Sprache lässt sich diese unlösbare Spannung auffangen: *auffangen*, nicht aufheben, denn dieser Sprache mangelt es eines kohärenten Referenten. In ihrem Buch „The Psychic Life of Power" macht Butler (1997) dies unmissverständlich klar: In „Gender Trouble" hätte sie noch argumentiert, dass gender performativ sei,

> "by which I meant that no gender is 'expressed' by actions, gestures, or speech, but that the performance of gender produces retroactively the illusion that there is an inner gender core. That is, the performance of gender retroactively produces the effect of some true or abiding feminine essence or disposition" (1997: 144).[3]

Geschlecht und seine Performativität müssen allerdings, wie sie weiter ausführt, auch oder vor allem im Hinblick darauf gesehen werden, was aus der Performativität, aus dem Tun des Geschlechts ausgeschlossen ist, *barred*, wie sie den Lacanschen Ausdruck hier auch anführt, der die absolute Trennung zwischen Signifikant und Signifikat bezeichnet: Das ,Reale' des Geschlechts, seine Erinnerung an dem Ort, den Freud mit der Metapher des *Wunderblocks* als jenen der Spuren beschrieben hat. In diese absolute Trennung oder Sperre ist ein Verlust (nachträglich) eingeschrieben, der nicht betrauert werden kann – wie dies Freud für die Melancholie als charakteristisch bezeichnet hat. Gender, wie Butler schreibt, „might be understood in part as the ,acting out' of unresolved grief" (1997: 146).

---

2   Butlers Inversion der Lacanschen Formulierung beruht auf ihrer Kritik an Lacans unterstellter Gleichsetzung von Penis und Phallus. Ihr Versuch, einen lesbischen Phallus zu inthronisieren, zielt darauf ab, ein ,alternatives Imaginäres' zu fassen, dass der Ordnung des ,phallischen' Signifikanten entgeht beziegungsweise nicht um dessen originäre Strukturierung sich arrangiert (Butler 1993: 57ff.).

3   Damit ist Butler eng an Lacan, der im Kontext dieses ursprünglichen Verlusts ebenfalls den Geschlechtskörper zitiert. Lacan spricht von einem Verlust, den das Subjekt erleidet, „indem es zum Zweck der Reproduktion durch den Geschlechtszyklus hindurch muß" (1996: 208). Doch ist damit nicht ein homosexuelles, wie bei Butler, sondern polymorphes Begehren angesprochen, hier durchaus vergleichbar der Deleuzeschen/Guattarischen Bestimmung der Wunschmaschinen, die immer wieder durch entgegengesetzte Bewegungen – Re/territorialisierungsstrategien – in männliche und weibliche Körper ,organisiert' werden.

2. Die eingeschlossene Leere

Durch diese Definition wird das Bild einer eingeschlossenen Leere evoziert, also eines Kerns, um den sich das Geschlecht ‚arrangiert‘. Festzuhalten ist jedoch, dass diese Leere, dieser Kern, nicht existiert, keine ontologisch-essentielle Setzung ist, sondern als Nachträgliches eingeführt wird.

Charles Shepherdson hat hierfür eine Unterscheidung eingeführt, die Elizabeth Grosz' Ansatz unterstützt, obwohl auch er gender und sex unterscheidet. Doch Shepherdson spricht von gender als Rolle und von sex im Sinne sexueller Differenz als ‚Imperativ‘. Während gender so als historisch-sozial sich verändernde Rolle zu verstehen ist, ist sexuelle Differenz keine humane Einrichtung im Sinne einer gesellschaftlichen Institution, sondern ein Imperativ, der sich durch Freuds Unterscheidung zwischen Trieb und Instinkt definiert. Den Imperativ der sexuellen Differenz zu unterstreichen, bedeute dabei, wie er ausführt, auf der strukturellen Unvermeidbarkeit von Repräsentation zu insistieren, die menschliche Sexualität immer schon auszeichnet. Dies wäre alles andere als eine Rückkehr zu einer körperlichen Natur oder natürlichen Körperlichkeit, sondern vielmehr ein Hinweis darauf, dass Sexualität bei Freud weder sex noch gender bezeichne, das heißt also, den Körper weder als biologische Tatsache noch als soziales Konstrukt sehe, sondern Sexualität dort als konstitutiv denaturalisiert bestimmt ist, „organized by the image and the word" (1994: 170).

Hier lässt sich nun der Fassaden-Begriff, wie ihn Rastko Mocnik (1993) eingeführt hat, quasi andocken. Mocnik hat im Kontext seiner Diskussion von Ideologie vorgeschlagen, von Fassade zu sprechen, um Soziales und Psychisches zusammen zu denken.

Ideologie nicht als Überbau oder Manipulation, sondern als imaginärer Bezug zur Realität wurde von Louis Althusser formuliert. Daran – im Anschluss und in weiterer Ausarbeitung – hat Slavoj Zizek (1994) folgendermaßen argumentiert: Ideologische Illusion muss immer auf der Seite des Wissens veranschlagt werden, also immer dahingehend verstanden werden, dass die Menschen wissen, *was sie tun*. In Wahrheit – so Zizek weiter – sind die Subjekte Fetischisten der Praxis und weniger des Wissens. Damit spielt er auf den Umstand an, dass obwohl wir wissen – oder besser: obwohl wir zu wissen vermeinen, – etwas tun und wieder tun. Oder gerade weil wir glauben zu wissen, tun wir es um so leichter, funktionieren wir um so besser.

Um hierfür eine Erklärung anzubieten, verweist Zizek auf den radikalen Unterschied zwischen imaginärer und symbolischer Identifikation, eine Unterscheidung, die die Freudsche und Lacansche Unterscheidung von Idealich und Ichideal aufgreift. Das Ichideal ist hierbei das zeitlich spätere, ist dasjenige, was einen originären Verlust überdeckt, den Verlust des Idealichs – doch dieses muß radikal als nachträglich begriffen werden. Dies wird durch Zizeks weitere Unterscheidung oder Zuordnung deutlich: Er spricht nämlich von einer „konstituierten" und einer „konstitutiven" Identifizierung. Das heißt, die

„*imaginäre* Identifizierung ist eine Identifizierung mit jenem Bild, in welchem wir uns selbst liebenswert erscheinen, (...), während die *symbolische* Identifizierung eine Identifizierung mit eben jenem Ort ist, *von welchem aus* wir beobachtet werden, *von welchem aus* wir uns selbst so betrachten, daß wir uns liebenswert und liebenswürdig erscheinen" (1991: 183).

An diesem Ort nun, von dem aus wir uns so sehen, dass wir liebenswert und liebenswürdig erscheinen, ist die Frage der geschlechtlichen Identität, ist die Unterscheidung von männlicher und weiblicher Positionierung eingeschrieben. Zizek hat in seiner Definition der imaginären Identifikation ganz klar gemacht, dass diese immer eine „Identifizierung für einen bestimmten Blick des Anderen ist" (1991: 184). Das heißt, dass das „Sein für einen Anderen" ein „Fürsich-Sein" ist, denn das Subjekt ist immer bereits „symbolisch mit dem Blick identifiziert, für welchen es diese Rolle spielt" (1991: 185). Während die imaginäre Identifizierung eine Art Annäherung darstellt – das Subjekt ist so wie der andere – bedeutet die symbolische Identifizierung eine Identifizierung mit dem „Punkt der Unnachahmlichkeit" – also mit einem Punkt, der sich jeder Ähnlichkeit entzieht (1991: 188).

Durch dieses Wechselspiel unter der Herrschaft der symbolischen Identifizierung wird das Subjekt in ein ‚sozio-symbolisches Feld' integriert, wobei ihm ‚Mandate' zugesprochen werden. Als ein solches Mandat können nun eben auch geschlechtliche Positionen verstanden werden. Sowohl für Butler als auch für Zizek verbleiben diese Übernahmen und Einnahmen von Mandaten allerdings immer vorläufige, unabgeschlossene, offen, unterworfen der willkürlichen Logik der Wiederholung. *Ideologische Fantasie* ist für Zizek nun jenes Moment, wo mann/frau weiß, dass es sich um eine Illusion handelt, aber dies in der Realität des Tuns untergeht. „(T)hey know that, in their activity, they are following an illusion, but still, they are doing it" (1994: 33).

Rastko Mocnik (1993) schlägt nun den Freudschen Begriff der *sekundären Bearbeitung* vor, um das Funktionieren dieser ideologischen Fantasie zu erklären. Die *zweite Bearbeitung* ist der vierte der von Freud benannten Traummechanismen. Er benennt die Fassade (Maskerade) und Verschleierung gleichzeitig.

In der *Traumdeutung* beschreibt Freud (1972) nach Verdichtung, Verschiebung und Rücksicht auf Darstellbarkeit die sekundäre Bearbeitung und bezeichnet damit jenen Umstand, dass wir uns im Traum ärgern, dass wir uns im Traum selbst versichern, dass dies ja nur ein Traum sei. Für Freud ist dies ein Beweis dafür, dass eine psychische Funktion im Spiel ist, die sich nicht vom wachen Denken unterscheiden lässt. Diese zensierende Instanz schaltet also etwas in den Traum ein, vermehrt diesen. Diese Einschaltungen wären leicht daran zu erkennen, dass der/die Erzähler/in den Satz beginnt mit: ‚Es war so, als ob ...'. Freud nennt diesen Mechanismus nun einen „Fassadenanbau", wobei er betont, dass in den meisten Fällen ein solches Gebilde sich bereits fertig im Material der Traumgedanken selbst vorfindet, was er als „Phantasie" bezeichnet, der er als Analogie im Wachzustand den Tagtraum zur Seite stellt:

„Wir können ohne weiteres sagen, dies unser viertes Moment sucht aus dem ihm dargebotenen Material *etwas wie einen Tagtraum* zu gestalten" (Freud 1972: 474).

Das heißt, den Traum dahingehend umzuformen, sodass er dem Träumer/der Träumerin als intelligibel erscheint, Sinn macht. Wenn man sich nämlich unser waches Denken anschaut, so benehme sich dieses, wie Freud ausführt, genauso wie die sekundäre Bearbeitung:

„In dem Bestreben, die gebotenen Sinneseindrücke verständlich zusammenzusetzen, begehen wir oft die seltsamsten Irrtümer oder fälschen selbst die Wahrheit des uns vorliegenden Materials" (1972: 480).

Mocnik nun verwendet diese *zweite Bearbeitung*, um die Frage zu beantworten: Wie wird eine sozial-abstrakte Forderung mit einem individuellen Unbewussten und dessen spezifischen Begehren in Übereinstimmung gebracht? Dabei kommt nun der Phantasie, so wie sie Freud eingeführt hat, eine basale Rolle zu, nämlich jenen ‚point de capiton' (Lacan) zu bilden, „an element common both to the façade and to what it conceals" (Mocnik 1993: 150).

Ideologie, um Mocnik nochmals zu bemühen, unternimmt also die Anstrengung, eine Fassade zu schaffen, die die Totalität des Systems halluziniert. Wird diese Fantasie nun auf die geschlechtliche Identität übertragen, wird der Aspekt der Fassade in Hinblick auf ein – halluziniertes – Totales sichtbar. Weiblich und männlich sind total, was die Verdrängung ihres *realen* Kerns betrifft.

3. Sexuelle Differenz und das Bild des leeren Körpers

In Grosz' (1994b) Worten ist sexuelle Differenz als jenes Moment zu verstehen, das nicht als sich in Erscheinung tritt, sondern als Spur sich füllt beziehungsweise sich unbewusst erinnert. Der ‚Körper des Geschlechts' muss hierbei als zweifach im Spiel betrachtet werden – als jenes Moment der Fassade und der Verschleierung, also als ob sich etwas in seinem Inneren verbergen würde. Als ob es – wie Butler betont – so etwas wie einen ‚inner core of gender' geben würde.

Anstelle weiterer theoretischer Bestimmungen möchte ich mit einem Beispiel aus der Kunst enden – mit der französischen Performance-Künstlerin Orlan. „I changed my image to make new images". Diese Aussage von Orlan fasst das Thema der Maskerade – und in Übertragung – der Fassade zusammen. Orlan lässt sich in spektakulären Operationen, die über Video in diverse Kunstinstitutionen übertragen werden, ihr Gesicht nach Vorlage von Bildern (zum Beispiel jenes der Mona Lisa) verändern, und meint damit, daß „ich nie habe, was ich bin" (zitiert nach Moss 1996: 68f.).[4]

---

4   Orlan übernimmt dies von Eugénie Lemoine Luccioni, Lacan-Schülerin, die dies folgendermaßen beschrieben hat: „Skin is deceiving – in life, one only has one skin –

Doch was macht die Kunstpraxis von Orlan derart unheimlich, was produziert dieses Grauen beim Anblick des aufgeschnittenen Gesichts vor laufender Videokamera? Eine mögliche Antwort darauf: Innen und außen lassen sich nicht mehr trennen – und damit gerät die gesamte Palette abendländischer dichotomer Strukturen ins Wanken, jene von männlich und weiblich inbegriffen.

Parveen Adams hat die ‚Operation Orlan' als „anamorphosis of space which bears upon sexual difference" (1990: 141) bezeichnet. Was sie damit meint, ist folgendes: Räumliche Anordnungen beruhen auf einer basalen Annahme, dass nämlich innen und außen passen, was zugleich eine logische und eine topologische Frage ist. Die logische bedeutet, dass sie sich gegenseitig ausschließen und gemeinsam vollständig sind. Die zweite meint, dass innen und außen auf einfache Weise übereinstimmen müssen, dass sie isomorph sind. Dieser Isomorphismus bezieht sich nun jedoch nicht nur auf das Paar innen/außen, sondern bestimmt die gesamte Reihe oppositioneller Anordnungen, wodurch sich das abendländische Denken auszeichnet: Körper/Geist, Sein/Schein, Subjekt/Objekt, männlich/weiblich – und schließlich, was Adams (1990) noch hinzufügt, phallisch/kastriert. Werden diese Paare einem anamorphotischen[5] Prozeß unterworfen, wird allerdings deutlich, dass

> "each term of the pair is *not* in contradiction to the other term and the extent to which the relations between them, far from conforming a clean-cut isomorphism, are strewn with strange tresholds and hybrid forms" (Adams 1990: 142).

Orlan wird oft mit dem australischen Künstler Stelarc verglichen, der in zum Teil sehr schmerzvollen Performances seinen Körper weniger der Kunst übergibt, wie dies Orlan für sich in Anspruch nimmt, sondern mehr der technischen Apparatur überantwortet. Doch während Stelarcs Projekt „Body-Obsolete" dahingehend zu verstehen ist, dass er zeigt, wie sehr der Körper als Mechanismus/Organismus Teil einer Gesamtmaschinerie (immer schon gewesen) ist, deckt Orlan den *Betrug* des Körpers und seines Geschlechts auf, dass er (der Körper) vorgibt, etwas zu kaschieren, wo sich nichts befindet, etwas zu bedeuten (das Geschlecht), was sich dem eigenen Tun immer schon entzogen hat. Dieser Gedanke taucht nun aktuell in der Gen- und Reproduktionsdebatte wieder auf. Die Gene und ihre Information werden dort als das Reale und damit vorgeschaltete Ebene der Intelligibilität des Menschen zelebriert. Ignoriert wird dabei – unbewusst – die Tatsache, dass das Reale nicht

---

there is a bad exchange in human relations because one never is what one has. I have the skin of an angel but I am a jackal, the skin of a crocodile but I am a poodle, the skin of a black person, but I am white, the skin of a woman, but I am a man, I never have the skin of what I am. There is no exception to this rule because I am never what I have" (zitiert nach Moss 1996: 67–72).

5   Als Anamorphose wird in der Bildenden Kunst jene Darstellungsweise bezeichnet, die bei normaler Ansicht nur als verzerrt wahrgenommen werden kann. Das Bild „Die französischen Gesandten am englischen Hof" (1533) von Hans Holbein d. J. ist hierfür eines der am häufigsten zitierten Beispiele.

eine Tatsache ist, die erforscht werden kann, sondern jenes Moment eines Systems markiert, das dieses erst ermöglicht. Gene sind hiermit immer schon eingefangen und damit befangen im Netz der Signifikanten (vgl. Angerer 1999; Angerer/Peters/Sofoulis 2002).

* *Dieser Beitrag ist erstmals 1999 abgedruckt in Genus, Münsteraner Arbeitskreis für Gender Studies (Hrsg.), Agenda Verlag, Münster, und wurde mit geringen Veränderungen für dieses Buch übernommen. Wir danken dem Verlag für die Bereitschaft, der Veröffentlichung zuzustimmen.*

Literatur

Adams, P. (1990). Representation and sexuality. In Adams, P./Cowie, E. (eds.). The woman in question. Cambridge (Mass.): Cambridge University Press, 132–152

Angerer, M. (1999). Body options. Körper.Spuren.Medien.Bilder. Wien: Turia & Kant

Angerer, M./Peters, K./Sofoulis, Z. (Hrsg.) (2002). Future Bodies. Zur Visualisierung der Körper in Science und Fiction. Wien/New York: Springer

Butler, J. (1990). Gender trouble – Feminism and the subversion of identity. New York/London: Routledge (deutsch 1991, Das Unbehagen der Geschlechter. Frankfurt: Suhrkamp)

Butler, J. (1993). Bodies that matter. On the discursive limits of sex. London/New York: Routledge

Butler, J. (1997). The psychic life of power. Stanford: Stanford University Press

De Lauretis, T. (1987). Technologies of gender. Bloomington: Indiana University Press

Freud, S. (1972). Die Traumdeutung. Studienausgabe, Bd. II. Frankfurt: Fischer (zuerst 1900)

Grosz, E. (1994a). Experimental desire. Rethinking queer subjectivity. In Copjec, J. (ed.). Supposing the subject. London/New York: Routledge, 133–157

Grosz, E. (1994b). Volatile bodies: Towards a corporeal feminism. Bloomington: Indiana University Press

Grosz, E. (1995). Ontology and equivocation: Derrida's politics of sexual difference. In Grosz, E. (ed.). Space, time and perversion. New York/Sydney: Routledge, 59–82

Lacan, J. (1996). Die vier Grundbegriffe der Psychoanalyse, Das Seminar, Buch XI. Weinheim/Berlin: Quadriga (zuerst 1964)

Mocnik, R. (1993). Ideology and fantasy. In Kaplan, A.E./Sprinker, M. (eds.). The Althusserian legacy. London/New York: Routledge, 139–156

Moi, T. (1992). Feminity revisited. Journal of Gender Studies, EBSCO, 1, 3

Moss, D. (1996). Memories of being. Orlan's theatre of the self. Art + Text, no. 54, 67–72

Shepherdson, C. (1994). The *role* of gender and the *imperative* of sex. In Copjec, J. (ed.). Supposing the subject. London/New York: Routledge, 158–184

Zizek, S. (1991). Der erhabenste aller Hysteriker. Lacans Rückkehr zu Hegel (Übersetzung Isolde Charim). Wien: Turia & Kant

Zizek, S. (1994). The sublime object of ideology. London/New York: Verso

Am Leitfaden des Leibes zeigt sich eine ungeheure Vielfachheit

Der Leib und das Selbst. Zu Nietzsches Metaphorik des Leibes

Brigitte Weisshaupt

Wir denken über den Körper nach und mit dem Körper denken wir über uns und die Welt nach. In dieser Spannweite steht auch meine Beschäftigung mit dem Thema. Das Nachdenken über den Körper umfasst Verschiedenes. Einmal ist es das Erkennen *des Körpers* wie auch das Erkennen *unseres Körpers*, das wir unterscheiden können. Es geht aber auch um das Wahrnehmen, Empfinden, Spüren, das heißt überhaupt um das Erfahren des eigenen Körpers und darum, wie wir mittels des Körpers – unseres Körpers – uns selbst und die Welt erfahren. Damit stellt sich aber zunächst die Frage, wie Körper und Leib des Menschen zu unterscheiden sind. Wir haben hier zwei unterschiedliche Begriffe, die in einem unterschiedlichen Kontext, das heißt in einem unterschiedlichen systematischen oder historischen Zusammenhang stehen.

Ich beschränke mich hier definitorisch auf jene Traditionslinie, die unter Leib den beseelten Körper versteht und unter Körper den ‚unbeseelten Leib‘. Auf einem langen, auch systematischen Entwicklungsweg blieb der Körper als Objekt abgespalten und stand un-vermittelt außerhalb. Erst in letzter Zeit ist eine Rückbesinnung auf den Körper beziehungsweise den Leib, der wir sind, möglich geworden. Dabei *haben* wir nicht unseren Leib, sondern wir *sind* unser Leib.

1. Körper des Individuums als Modell für den Körper der Kultur

Ausgehend von der These, dass der Körper sich seiner eigenen ‚objektiven‘ Definition entziehe, geht Jean Baudrillard in seinem Buch „Die fatalen Strategien" Anomalien und Formen des Zerfalls des menschlichen Körpers nach (1985: 31-40). Das Ausufern des Körpers in die Dickleibigkeit – ein Phänomen, das Baudrillard vor allem in den USA begegnet ist –, oder das Sich-Zerstören des Körpers durch den Krebs, wie es unsere Zivilisation prägt, lässt sich als ‚fatale Strategie‘ beschreiben. Solche im Individuum und in der Gesellschaft festzustellenden Phänomene und Entwicklungen stellen sich dar, „als ob die Gattung genug von ihrer eigenen Definition hätte und sich in ein organisches Delirium stürzen würde" (Baudrillard 1985: 39). Fettleibigkeit und Krebs sind daher Metaphern für die Obszönität einer ganzen Kultur, wie überhaupt der Körper für Baudrillard zum metaphorischen Interpretament der amerikanisierten Zivilisation des Westens geworden ist. Diese Zivilisation hat über den ‚definierten Körper' die Leiblichkeit des Menschen gänzlich vergessen. Baudrillards Überlegungen haben nicht von ungefähr einen Bezug zu Nietzsche, der ebenfalls vom Vergessen des Leibes ausgeht.

2. Der Körper in der neuzeitlichen Philosophie

Die Philosophie der Neuzeit hat mit und seit Descartes den Körper bekanntlich abstrakt als *res extensa* gefasst und dem abstrakten Subjekt entgegengestellt oder ihn dem Subjekt unterworfen. Das unter das Subjekt Gestellte, also das ‚sub-iectum', wurde – wie Heidegger in seiner Kritik der metaphysischen Terminologie vorgeführt hat – als ‚Ob-jekt', also als das dem Subjekt ‚Entgegen-Geworfene' ausgelegt. Für das Ich als Subjekt umfasst das Objektive alles, was nicht Ich, nicht Subjekt ist. Zu dieser Sphäre des Objektiven gehört konsequenterweise auch der eigene Körper; auch er wird ‚zum Objekt gemacht', wird ‚objektiviert'.

In der abstrakten Zweiteilung, die sich in der Erkenntnis der Neuzeit oder Moderne entwickelt und durchgehalten hat, stellt sich das Subjekt eine Welt gegenüber, der auch der eigene Körper angehört. Als Grund für die Aufteilung in Subjekt und Objekt wird das erkennende Subjekt in der Moderne als unhintergehbar gesetzt. Es versteht sich nicht nur als Grundlage der Erkenntnis, sondern auch als Grund des Seins und Wesens der Welt.

Analytisch wird das tradierte Bild vom einheitlichen Menschen getrennt. Die voneinander losgelösten Teilphänomene werden zu Erkenntnisobjekten des vorstellenden Subjekts. Analyse und Objektivation gelten in den geschichtlich folgenden Erkenntnisschritten daher spezifisch den einzelnen Momenten und Teilen des objektivierten Menschen. In der Terminologie Baudrillards gesprochen beleuchtet die Erkenntnis die heraus gebrochenen Bruchstücke und Fragmente. Die Erkenntnis bleibt als solche fragmental, und das menschliche Ganze muss in der Folge zu einem Konstrukt aus solchen Bruchstücken werden. Ergebnis ist die fatale und fraktale Wirklichkeit, als die uns die Moderne begegnet.

Als Konstrukt bleibt ‚der Körper' aber Bruchstück und zerfällt in spezialwissenschaftlich analysierbare Gegenstände. So stellt er sich im Licht der Rationalität dar, in welcher die Bruchstücke je auf den Begriff gebracht werden. Weitere Erfahrungsformen unseres Körpers treten in der radikalen perspektivischen Verkürzung des Verstandes gar nicht hervor. Gemäss dem sich durchdringend entfaltenden Konzept der Rationalität werden auch Gefühl, Sinnlichkeit und Seele rational fixiert. Damit wird definiert, was diese Inhalte für das maßgebende, unhintergehbare Subjekt, das denkende Ich, sind.

Die in diesem Beitrag gegebene Eingrenzung auf den erkenntnistheoretisch-spezialwissenschaftlichen Ansatz stellt nicht in Frage, dass der menschliche Körper heute vielfach in anderen Formen perzipiert wird, zum Beispiel im Film, in der Kunst generell, in den Medien, im Internet. Unser Körper ist nicht nur vergegenständlichte *res extensa*, sondern er ist selbst eine ‚Quelle' der Erkenntnisse und der Erfahrungen mit unerprobten Perspektiven. Hier möchte ich in ersten Ansätzen ein Modell skizzieren und verlorenen und verdeckten Phänomenen der Erkenntnis nachgehen, die den Leib zur Grundlage haben.

Zunächst werfe ich aber noch einen Blick auf einen schärfer umrissenen Entwicklungsstrang, der die neuzeitlichen spezialwissenschaftlichen Zugriffe in ihrer Relevanz für gesundheitspolitische und allgemein gesellschaftliche Entwicklungen zeigt. In seinen Vorlesungen zur Thematik des Leibes verfolgt Gernot Böhme die auf Descartes fußende Differenz von Ich und Körper bis in die moderne Medizin hinein (Böhme 1985: 113-125).

Die medizinischen Wissenschaften sehen den menschlichen Körper zunächst als Stoffwechselapparat. Entsprechend resultieren die möglichen Verhaltensweisen zu dem so konzipierten menschlichen Körper:

„Man muss den Stoffwechsel mit den nötigen Stoffen versorgen und regulieren, man muss die Transportsysteme flotthalten, beschleunigen oder bremsen, man muss in die Informations- und Steuerungssysteme selbst steuernd eingreifen, man muss das Immunsystem blockieren oder, wenn es nicht mehr funktioniert, durch zuführende immunisierende Stoffe unterstützen, man muss die Haut pflegen und reinigen, man muss die Muskeln trainieren und massieren, man muss die Sinnesorgane, wenn sie nicht ausreichen, apparativ verstärken" (Böhme 1985: 117).

Gewiss ist in der Medizin auch präsent, dass es ein Leib-Seele-Problem gibt. Der Anlass zur Behandlung des Körpers ist zumeist die Erfahrung des Schmerzes. Die Behandlung des Körpers findet in der Regel wegen einer ‚seelischen Begleiterscheinung, Parallelerscheinung oder Folge' statt. Demnach ließe sich verallgemeinernd sagen, dass Krankheit primär als ein psychosoziales Phänomen erscheint, dessen Ursache dann erst in einem zweiten Schritt im Somatischen gesucht wird.

Die Ausfaltung der Philosophie in der Moderne hat zumindest augenscheinlich gemacht, dass die Differenz von Körper und Seele wie die Differenz von Leib und Seele auf der „fundamentalen Möglichkeit des Menschen" beruhen, „sich von sich selbst zu distanzieren" (Böhme 1985: 114). Bei Descartes und in der neuzeitlichen Wissenschaft wird diese Distanz in die Extreme getrieben, indem Leib und Seele zwei verschiedene Substanzen, zwei unterschiedlich existierende Wesenheiten repräsentieren. Diese Radikalisierung der Differenz komme, wie Böhme schreibt, dadurch zustande, dass der Leib, der hier als Körper entdeckt werde, streng genommen der Leib des Anderen sei. Was man also genauer erkennt und durchschaut, „ist der Körper des Anderen – und wenn es der eigene Körper ist, so sieht man ihn als Körper des Anderen". Der so entdeckte Körper ist jedoch „nicht mein Leib, den ich spü-

Böhme hält daher terminologisch Körper und Leib auseinander: Körper wird jenes *Körperding* genannt, das sich dem Blick und der Untersuchung des Anderen präsentiert. Als Leib ist dasjenige zu verstehen, als was ich mich selbst spüre. Böhme stützt sich hier auf Hermann Schmitz (Schmitz 1965: § 79 b), der in den letzten Jahrzehnten in seiner Philosophie den Versuch gemacht hat, „ein explizites Wissen vom Leib als dem im eigenleiblichen Spüren Gegebenen zu entwickeln" (Böhme 1985: 120). Im Anschluss an Schmitz bezeichnet Leib auch nach Hilge Landweer

> „den erlebten und gespürten Körper, das, was aus der Perspektive der 1. Person ganzheitlich, d.h. ohne Zuhilfenahme einzelner Sinnesorgane oder der Hände, erfahren wird" (1999: 20).

Der Begriff des Körpers bleibt dann

> „nur noch dem vorbehalten, was aus der Perspektive einer 3. Person am Körper wahrgenommen werden kann; ,Körper' ist der reduzierte, der vergegenständlichte, seiner Subjektivität entkleidete Leib" (1999: 20).

3. Die Erkenntnisquelle Leib und die Sprache des Leibes

Nietzsche hat vor mehr als hundert Jahren, im Anschluss an Schopenhauer und dank diesem, den vergessenen *Faden* des Körpers beziehungsweise des Leibes wieder aufgenommen. Anhand der affektiven Erfahrungen des Leibes versucht Nietzsche das Erkennen auf eine neue Basis zu stellen. Die Erkenntnisquelle Leib dient ihm zugleich als methodische Anleitung, um das *Ich* oder das dominierende *Selbstbewusstsein* aus den Angeln zu heben.

„Am Leitfaden des Leibes zeigt sich" nach Nietzsche „eine ungeheure Vielfachheit". Es sei „methodisch erlaubt", fordert Nietzsche, „das besser studierbare, reichere Phänomen für das Verständnis des ärmeren zu benutzen" (Nietzsche KGW VIII 1: 104). Das ärmere Phänomen ist das neuzeitliche *Ich*, nach dem alles Sein konstituiert und verstanden wird. Für Nietzsche ist das *Ich* „eine perspektivische Illusion", eine „scheinbare Einheit, in der wie in einer Horizontlinie alles sich zusammenschließt" (Nietzsche KGW VIII 1: 104).

Diesem Ich stellt Nietzsche das *Selbst* gegenüber, das „eine Vielheit" ist und sich wesentlich aus dem Leib heraus versteht. Im Zarathustra heißt es:

> „Hinter deinen Gedanken und Gefühlen, mein Bruder, steht ein mächtiger Gebieter, ein unbekannter Weiser – der heißt Selbst. In deinem Leib wohnt er, dein Leib ist er" (Nietzsche KGW VI 1: 36).

Und Nietzsche meint auch, dass, wenn wir sagen: „Leib bin ich und Seele", wir redeten wie das Kind. Dem Kind stellt Nietzsche den „Erwachten und Wissenden" entgegen, der sagt: „Leib bin ich ganz und gar, und Nichts außerdem; und Seele ist nur ein Wort für Etwas am Leibe" (Nietzsche KGW VI 1: 35).

Das Selbst ist für Nietzsche also der Leib. Damit findet bei Nietzsche ein Paradigmenwechsel im Selbstverständnis des Menschen statt. Nicht mehr das Selbstbewusstsein und das Bewusstsein der Einheit, sondern der Leib und mit ihm die ,Vielheit' wird zur Grundkategorie. Der Paradigmenwechsel betrifft bei Nietzsche das erkenntnistheoretische und das praktische Umgehen des Menschen mit sich selbst.

Der Leib ist bei Nietzsche, wie vor ihm schon bei Schopenhauer, Wille und nicht Vorstellung. Man erinnere sich: Für Kant ist ,Vorstellung' der Oberbegriff, unter den sowohl die Begriffe des Verstandes als auch die Gegebenheiten der Anschauung (der Sinne) subsumiert werden. Als Wille aber ist der Leib kein Objekt vorstellungshaften Erkennens, er ist dem Bewusstsein entzogen. Die Frage ist dann, wie der leibliche Wille, das leibliche Unbewusste, das nicht Gegenstand der Vorstellung ist, dem Verstehen zugänglich gemacht werden kann.

In die Ordnung des Begriffes kann das Leibliche nicht eingehen. Die Frage ist, ob es sich dadurch der Sprache gänzlich entzieht. Christof Kalb zeigt in seinem Buch „Desintegration, Studien zu Friedrich Nietzsches Leib- und Sprachphilosophie" auf, dass sich nach Nietzsche die Herausbildung des eigenen Selbst im Medium der Sprache vollzieht. Da die Sprache aber als allgemeines Symbolsystem meiner subjektiven Selbstbildung immer schon voraus liegt, also

> „meinem Sinnvermeinen stets zuvorkommt, können meine singulären Bedürfnisse nur in einer Sprache zum Ausdruck kommen, die gerade nicht die Individualität, sondern die Allgemeinheit zum Ziel hat" (Kalb 2000: 194).

Das bringt es mit sich, dass das Ich sich in der sprachlichen Objektivierung sich selbst entfremdet. Die reflexive, an Sprache gebundene Bildung des Selbst trifft gerade nicht das je individuelle Ich. Insbesondere findet eine Art sprachlicher „Auskoppelung individueller Leiblichkeit aus den selbstreflexiven Prozessen der Selbstbildung" statt. „Es ist die Sprache, die, indem sie die Selbstbildung strukturiert, zugleich ein individuell-unbewusst Leibliches von der Selbstverständigung abspaltet", das reflexiv nicht eingeholt werden kann, das allerdings auch nicht einfach verschwunden ist, sondern das als Unbewusstes die Selbstbildung begleitet.

Nietzsche bezieht sich bei dieser Thematik übrigens auf Argumente eines Zeitgenossen, Gustav Gerber, in dessen Buch „Die Sprache der Kunst" von 1871. Er macht sich die Ausführungen Gerbers im Sinne einer sprachtheoretischen Erklärung dafür zunutze, „wie das leibliche Unbewusste entsteht und warum es von Seiten der Vorstellung und Reflexion her nicht gefasst werden kann". Nietzsche kommt hier, so Kalb, zu der „Einsicht, dass die selbstreflexive Identität auf ihrer bewusstseinsabgewandten Seite eine irreflexive Alterität mit transportiert" (Kalb 2000: 195).

Das Selbstbewusstsein, zunächst einziger Kandidat der Selbstbildung, hat den Leib verdrängt und vergessen. Nietzsche geht es nun um die Aufklärung der verdrängten „leiblichen Fundamente unseres Selbstverständnisses" (Kalb

2000: 194). Obwohl also einerseits die Sprache gerade die Unbewusstma-
chung dieses Grundes bewirkt, ist sie andererseits aber auch das Medium, diesen Grund (wieder) ansichtig zu machen. Es geht Nietzsche um eine Resym-
bolisierung des Leibes. Die Sprache des Begriffs ist dazu allerdings gänzlich
ungeeignet. Nietzsche ist auf der Suche nach einer anderen Sprache, einer
Sprache des Leibes.

An die Stelle der diskursiven, begrifflichen Sprache tritt bei ihm damit
das Modell einer *Sprache des Leibes*. In der Sprache des Leibes, der Sprache
der leiblichen Natur, erhält nun bei Nietzsche die Metapher eine neue, eine
Erkenntnis erschließende Bedeutung. Es ist eine Bedeutung diesseits von
,Subjekt' und ,Objekt', eine Bedeutung, die in den vielfachen leiblichen
Grund der scheinbaren Ich-Einheit führt.

Nietzsche scheint hier auf eine Sprache zu rekurrieren, die unmittelbar
,aus der Natur' selber spricht. In „Die Geburt der Tragödie aus dem Geiste
der Musik" spricht Nietzsche davon, dass uns in der Kunst – er denkt allerdings zunächst an die Musik – die Natur mit ihrer wahren Stimme selber an-
spreche: „In der dionysischen Kunst und in deren tragischer Symbolik redet
uns die Natur (...) mit ihrer wahren, unverstellten Stimme an" (Kalb 2000:
264). Die Kunst – dazu gehört neben der Musik und der bildenden Kunst bei
Nietzsche auch eine metaphorische Sprache – könne angemessenere Formen
des Ausdrucks hergeben zur Veranschaulichung und Interpretation der be-
wusstseinsentzogenen leiblichen Natur des Menschen. Das Selbstverständnis
des *Ich* könne sich dadurch seiner verdrängten individuellen leiblichen Natur
annähern. Seine natürliche Nähe zu Pflanzen und Tieren, alles, was ihn mit
den natürlichen Phänomenen verbinde, könne ihm aufgehen und für sein
Selbstverständnis grundlegend werden. So sich in seiner leiblichen Natur er-
fahrend, stelle sich vielleicht heraus: Was der Natur ,entragt' (Adorno), „das
Menschliche am Menschen, ist vielleicht eine zu vernachlässigende Größe im
Vergleich zu dem, was ihn mit natürlichen Phänomenen verbindet" (Kalb
2000:265).

> „Der Mensch ist ein Phänomen, dass erst dadurch zu einem wesentlichen Ver-
> ständnis seiner selbst käme, dass es sich in den Sprachen einer leiblichen Natur
> artikulierte; daher bietet Nietzsche" – wie Christof Kalb zusammenfasst – „als
> semantische Ressourcen menschlicher Vorstellungswelten Bilder der Sexualität,
> der Schwangerschaft und Geburt, der Medizin, Pathologie und Pharmakologie,
> der Anatomie, Physiognomie und Physiologie an" (Kalb 2000: 267).

Ich nenne (ganz unsystematisch) einige Beispiele: Nietzsche spricht von der
Chirurgie der Seele oder von den *Füßen des Geistes*. Direkt im Zusammenhang mit Gefühlen heißt es:

> „Die schönen Gefühle, die ,erhabenen Wallungen', gehören, physiologisch gere-
> det, unter die narkotischen Mittel: Ihr Missbrauch hat ganz dieselbe Folge, wie
> der Missbrauch eines anderen Opiums, – die *Nervenschwäche*" (Kalb 2000: 267).

In der ,Fröhlichen Wissenschaft' heißt es:

„Wir müssen beständig unsere Gedanken aus unserem Schmerz gebären und mütterlich ihnen Alles mitgeben, was wir von Blut, Herz, Feuer, Lust, Leidenschaft, Qual, Gewissen, Schicksal, Verhängnis in uns haben" (Nietzsche KGW V 2: 17).

Nietzsche bietet „eine metaphorische Sprache der Natur und des Leibes" an:

„Der Leib ist (bei ihm) der Umschlags-, Reflexions-, Projektionspunkt, an dem sich die Natur in den Menschen hinein verlängert – der Ort aber auch, an dem die Rückübersetzung des Menschen in die Natur ihre mächtige Anschaulichkeit gewinnt" (Kalb 2000: 267).

Der Mensch käme aus der Sicht Nietzsches erst zu einem wesentlichen Verständnis seiner selbst, wenn er sich in den Sprachen einer leiblichen Natur artikulierte. Sich in der Sprache – oder vielmehr in den Sprachen – der leiblichen Natur auszudrücken, eröffnet die Möglichkeit vielfältig sich selbst und die Welt zu erkennen. Durch diese Erkenntnisvielfalt des Leiblichen wird die Welt eine Andere, wie auch das Selbst ein Anderes ist.

Dies erfordert zunächst: die Sprache des Leibes lesen lernen. Das heißt wiederum, am Modell leiblicher Bilder erkennen. Die Sprache des Leibes unterläuft die objektivierende Sprache des Begriffs dahingehend, dass auf die Sprache selbst wieder gehört wird, indem ihre sinnlich vermittelnde Funktion unmittelbar wahrgenommen wird, zum Beispiel indem man die Worte riecht oder schmeckt. „Jedes Wort hat seinen Geruch: es gibt eine Harmonie und Disharmonie der Gerüche und also der Worte", schreibt Nietzsche (Nietzsche KGW IV 3: 242).

Gemäß Nietzsche gelte es nun einen Standpunkt zu gewinnen, auf dem die Sprache der Natur nicht mehr ein Sprechen *über* die Natur wäre, sondern ein Sprechen *aus* der Natur. Nietzsches „Sprache des Leibes" ist metaphorisch. Sie ermöglicht gerade durch ihre Bildlichkeit eine neue Einsicht in den leiblichen Grund des Selbst. Kalb schreibt:

„Die ästhetische Sprache des Leibes eröffnet (...) den symbolischen Raum, in dem ein tiefenhermeneutischer Diskurs, der auf die Interpretation bewusstseinsentzogener Leiblichkeit zielt, seine theoretischen Prämissen, seine methodischen Operationen und seinen Gegenstand allererst zu formulieren vermag" (2000: 278).

Die Sprache des Leibes bringt das bewusstseinsentzogene Leibliche zur Anschauung und damit auf den Weg der Erkenntnis. Wenn wir die Sprachen des Leibes lesen lernen, führt dies zu einem ganzheitlichen umfassenden *Wahrnehmen*. Es führt dazu, den abgespalten Leibgrund – den leiblichen Grund – wieder aufzunehmen und *uns* mit ihm zu vermitteln.

4. Die Bedeutung der Metapher

Mit Kalb bin ich der Meinung, Nietzsches Sprache aus der Natur könnte ge-
eignet sein, „das menschlichen Sinnentwürfen Vorausliegende" sprachlich –
mit Hilfe von Metaphern – „an die Welt menschlicher Vorstellung anzubin-
den" (Kalb 2000: 274).

Metaphern sind in Nietzsches Philosophie und Stilistik nicht einfach bei-
läufiger Schmuck (ornatus), sie bekommen vielmehr eine Erkenntnis leitende
und Erkenntnis bestimmende Funktion. Erkennen wird für Nietzsche ein fort-
gesetztes Metaphern bilden. Begriffe sind nach ihm nur eine abstraktere Form
der Metapher, sozusagen verdichtete Metaphern. „Was ist also Wahrheit?"
formuliert er in „Wahrheit und Lüge im außermoralischen Sinn": Sie ist

> „ein bewegliches Heer von Metaphern, Metonymien, Anthropomorphismen kurz
> eine Summe von menschlichen Relationen, die, poetisch und rhetorisch gestei-
> gert, übertragen, geschmückt wurden, und die nach langem Gebrauche einem
> Volke fest, canonisch und verbindlich dünken: die Wahrheiten sind Illusionen,
> von denen man vergessen hat, dass sie welche sind" (Nietzsche KGW III 2:
> 374f.).

Das metaphorische Sprechen bringt das sich Meldende, den Leib in seiner
materialen Plastizität und in seinem intensiven Empfindungsgehalt, in ein
Bild. Die Metapher als Sprachbild und Sprachfigur ist hier bild-sprachliches
Ausdrucksmoment. Der bildhafte Charakter der Metapher ermöglicht im Effekt eine unvermittelte und simultane Darstellung der vielfältigen Welt des
Leibes, auch wenn diese bildliche Darstellung paradoxerweise und notwendig
an die grundsätzliche Diskursivität der Sprache gebunden bleibt (vgl. Weisshaupt 2001). Die Differenz zwischen Darstellung und Dargestelltem wird im
metaphorischen Sprechen aber so gering wie möglich gehalten, sodass der Effekt entsteht, als spräche das Dargestellte in seiner Individualität und Einzigartigkeit, in seiner mir körperlich zugehörenden Unmittelbarkeit sich selber
aus (Strub 1998: 265ff.).

5. Der Leib als ‚sprechender Leib'

Wer sich wie Nietzsche allerdings so der bedeutenden Qualität der Sprache
aussetzt, und versucht, die Welt aus der Perspektive des Willens wahrzunehmen, der löst „nicht einfach ein imaginär blockiertes Selbstverständnis auf,
um sich mit seinem ‚wahren' Selbst ins Benehmen zu setzen: Er setzte sein
Selbst insgesamt aufs Spiel" (Kalb 2000: 274).

Es lässt sich also fragen: Bedeutet Nietzsches Sprechen aus der leiblichen
Natur nicht auch ein sich Ausliefern an dieses Leibliche, und das heißt, an die
Kräfte des Naturhaften im Menschen, oder in Nietzsches Worten: an das Dio-
nysische im Menschen? Geht nicht das Selbst des Menschen in der Vielheit

dieser natur- und triebhaften Mächte unter? Darauf ist zu antworten: Das namenlose Hervordrängen der leiblichen Natur würde das identifizierbare Ich auszulöschen drohen, „wäre der Umgang mit den Ursprungskräften nicht symbolisch abgesichert" (Kalb 2000: 274). Die symbolischen Ausdrucksformen sind es gerade, die die wilde Entfesselung der dionysischen Kräfte regulieren. Nietzsche kann deswegen mit dem „inwendigen Explosivstoff", wie er selber sagt (Kalb 2000: 274), einigermaßen gefahrlos experimentieren, weil die Sprache ein Medium ist, in dem wir uns dem Dionysischen nähern dürfen, ohne unser menschliches Sein zu verlieren. Sloterdijk spricht Nietzsche das Verdienst zu, mit der Sprache der Natur das, was dem Selbstbewusstsein vorausliegt, einen Spalt weit geöffnet zu haben (Sloterdijk 1986: 56).

Damit wird die Konzeption der Einheit des Selbstbewusstseins als letztes, selbst-verständlich gegebenes und unhintergehbares Fundament von Allem hinfällig. Der Leib ist nicht mehr als Objekt aufgefasst, sondern wesentlich als empfindender, wollender und ‚sprechender' Leib, der als solcher symbolisch vermittelt präsent ist und der sich letztlich als Grund von Selbst und Welt erweist.

Literatur

Baudrillard, J. (1985). Die fatalen Strategien. München: Matthes und Seitz

Böhme, G. (1985). Anthropologie in pragmatischer Hinsicht. Darmstädter Vorlesungen. Frankfurt am Main: Suhrkamp

Kalb, C. (2000). Desintegration. Studien zu Friedrich Nietzsches Leib- und Sprachphilosophie. Frankfurt am Main: Suhrkamp

Landweer, H. (1999). Scham und Macht. Phänomenologische Untersuchungen zur Sozialität eines Gefühls. Tübingen: J.C.B. Mohr

Nietzsche, F. Nietzsche Werke: Kritische Gesamtausgabe KGW, Hrsg. Giorgio Colli und Mazzino Montinari. Berlin/New York 1967ff: Walter de Gruyter (Nachgelassene Fragmente 1885 – 1887) (zitiert: Abteilung Band Seite, z.B.: KGW VIII 1: 104)

Schmitz, H. (1965). System der Philosophie, Bd. II,1. § 79 b. Bonn: Bouvier

Sloterdijk, P. (1986). Der Denker auf der Bühne. Nietzsches Materialismus. Frankfurt am Main: Suhrkamp

Strub, C. (1998). Spiegel-Bilder. Zum Verhältnis von metaphorischer Reflexivität und Ikonozität. In Borsche, T./Kreuzer, J./Strub, C. (Hrsg.). Blick und Bild im Spannungsfeld von Sehen, Metaphern und Verstehen. Schriften der Akademie du Midi Bd. III. München: Wilhelm Fink

Weisshaupt, B. (2001). Metapher, Frau, Philosophie. In Nagelschmidt, I. et al. (Hrsg.). Perspektiven der Frauen- und Geschlechterforschung. Materialien der Konferenz, November 1999. Leipzig: Leipziger Universitätsverlag

Zu den Autorinnen

Angerer, Marie-Luise, Jg. 1958, Dr. phil., ist Professorin an der Kunsthochschule für Medien in Köln mit dem Schwerpunkt Gender und Medien. Sie promovierte an der Universität Wien und habilitierte sich an der Universität Salzburg im Fachbereich Kommunikationswissenschaften. Forschungsaufenthalte in den USA, Kanada, Australien und Großbritannien sowie Lehre an der European Central University in Budapest und den Universitäten Zürich, Salzburg, Wien, Ljubljana, Berlin und Bochum. Sie forscht zu Körper, Geschlecht und Medien, aktuelles Projekt: ,Future Bodies'.

Becker-Schmidt, Regina, Jg. 1937, Dr. phil., ist Professorin am Psychologischen Institut der Universität Hannover. Sie studierte Soziologie, Sozialpsychologie/Psychoanalyse, Philosophie und Ökonomie in Frankfurt am Main und forschte und lehrte von 1967 bis 1972 am Institut für Sozialforschung in Frankfurt. Ihre Arbeitsschwerpunkte sind psychoanalytisch orientierte Sozialpsychologie, Biographieforschung, Sozialpsychologie und Soziologie des Geschlechterverhältnisses sowie Sozialpsychologie der Technikentwicklung.

Berg, Giselind, Dr. phil., Soziologin, ist wissenschaftliche Mitarbeiterin am Institut für Ökologie der Technischen Universität Berlin. Sie studierte zunächst Pharmazie und nach einigen Jahren praktischer Tätigkeit Soziologie, Psychologie und Politische Wissenschaften in Berlin und Bielefeld. Ihre Forschungsschwerpunkte sind Migration und Gesundheit, Public Health/Gesundheitswissenschaften, reproduktive Gesundheit, Frauengesundheitsforschung sowie Gen- und Fortpflanzungstechnologien.

Duden, Barbara, ist Historikerin und Professorin am Institut für Soziologie der Universität Hannover. Davor unterrichtete sie in Frankfurt/Main und in Tübingen, in den USA und in der Schweiz. Im Sommer 2000 war sie (lokale) Dekanin der Internationalen Frauenuniversität im Projektbereich ,Körper'. Seit Jahren setzt sie sich öffentlich dafür ein, die Unvergleichlichkeit nicht zu vergessen zwischen dem erlebten, leibhaftigen ,ich' und dem zugeschriebenen, diagnostizierten und professionell verwalteten ,Körper'. Ihre Studienschwerpunkte: Geschichte der Schwangerschaft, des Ungeborenen, des Frauenkörpers und der Medizin.

Gransee, Carmen, Jg. 1962, Dr. phil, Sozialwissenschaftlerin und Kriminologin, ist wissenschaftliche Mitarbeiterin am Psychologischen Institut der Universität Hannover im Begleitforschungsprojekt zum ,Frauenstudiengang an der Fachhochschule Wilhelmshaven'. Ihre Forschungsschwerpunkte sind feministische Theorien und empirische Sozialforschung im Kontext von Soziologie und Kriminologie sowie Natur- und Geschlechterkonzeptionen.

Hauskeller, Christine, Jg. 1964, Dr. phil., ist wissenschaftliche Mitarbeiterin an der Technischen Universität Darmstadt in einem Forschungsprojekt zum Konfliktfeld Stammzellforschung und einem zweiten bei der Interdisziplinären Arbeitsgruppe Naturwissenschaft, Technik und Sicherheit, IANUS, zum Begriff Leben. Sie studierte Philosophie, Soziologie und Psychoanalyse in Frankfurt am Main und promovierte 1999 in Darmstadt im Fach Philosophie. Ihre gegenwärtigen Arbeitsschwerpunkte sind ethische Fragen der biotechnischen Medizin, besonders der Stammzellforschung, Wissenschaftstheorie und praktische politische Philosophie.

Kollek, Regine, Jg. 1950, Dr. rer. nat., ist Professorin für Technologiefolgenabschätzung der modernen Biotechnologie in der Medizin an der Universität Hamburg. Sie studierte Biologie und Chemie in Braunschweig und Würzburg und forschte in den USA wie in Deutschland an verschiedenen natur- und sozialwissenschaftlichen Instituten. Zu ihren Forschungsschwerpunkten gehört die konzeptionelle und methodische Weiterentwicklung der Technologiefolgenabschätzung und -bewertung moderner Biotechnologien in der Medizin in den Bereichen Gendiagnostik, Neurobiologie, Reproduktionsmedizin, Zell- und Gewerbsersatz sowie Ethik in der Medizin.

Kuhlmann, Ellen, Jg. 1957, Dr. rer. soc., M.P.H., ist wissenschaftliche Assistentin am Zentrum für Sozialpolitik der Universität Bremen in der Abteilung Geschlechterpolitik im Wohlfahrtsstaat. Sie war als Krankenschwester tätig, studierte Soziologie in Göttingen und Gesundheitswissenschaften in Bielefeld. Ihre Forschungsschwerpunkte sind feministische (Körper-) Theorien, Gesundheitsstrukturwandel sowie Professionalisierung, Organisation und Geschlecht; aktuelles Forschungsprojekt ,Flexibilisierung und Gendering von Erwerbsformen im Gesundheitssektor'.

Palm, Kerstin, Jg. 1961, Dr. rer. nat., ist wissenschaftliche Assistentin an der Humboldt-Universität Berlin am Institut für Kulturwissenschaften. Sie studierte Biologie, Philosophie und Literaturwissenschaften in Göttingen und Freiburg und promovierte in Biologie. Sie ist im Bereich der feministischen Naturwissenschaftsforschung tätig mit Studien zum Wissenschafts- und Naturverständnis der Biologie; Habilitationsprojekt über die Genealogie des Lebensbegriffs in der Biologie.

Schneider, Ingrid, Jg. 1962, Dr. phil., arbeitet an einem Forschungsprojekt zu Patentierung und Eigentumsverhältnissen am menschlichen Körper am Institut für Politikwissenschaft der Universität Hamburg und ist Mitglied der Enquete-Kommission ,Recht und Ethik der modernen Medizin' des Deutschen Bundestages. Sie studierte Politische Wissenschaften in Hamburg. Ihre Forschungsschwerpunkte sind Technikgenese und Technikfolgenabschätzung, Gen- und Reproduktionstechnologien, Transplantationsmedizin, Stammzellforschung sowie soziale und rechtliche Fragen der Nutzung von Körpersubstanzen in der Biomedizin.

Weisshaupt, Brigitte, Jg. 1939, Dr. phil., lehrt Philosophie und Rhetorik an der Eidgenössischen Technischen Hochschule (ETH) in Zürich und Philosophie und Ethik an der Fachhochschule für Soziale Arbeit Zürich sowie an der Kantonsschule (Gymnasium) Baden. Sie studierte Philosophie, Germanistik und Kunstgeschichte in Freiburg i. Br., München und Heidelberg und promovierte 1967 bei Eugen Fink in Freiburg i. Br. Sie ist Mitglied der Nationalen Ethik-Kommission der Schweiz (NEK) und Mitbegründerin und Ehrenpräsidentin der Internationalen Assoziation von Philosophinnen (IAPh). Ihre Forschungsschwerpunkte sind Vernunftkritik, Ethik, Rhetorik und feministische Philosophie.